数字化时代

高校人才培养模式与教学改革路径探索

陈娜　王丽豪◎著

吉林文史出版社

图书在版编目（CIP）数据

数字化时代高校人才培养模式与教学改革路径探索 / 陈娜，王丽豪著 . — 长春 ：吉林文史出版社，2024. 6.

ISBN 978-7-5752-0309-8

Ⅰ . G649. 2

中国国家版本馆 CIP 数据核字第 2024ME4452 号

数字化时代高校人才培养模式与教学改革路径探索

SHUZIHUA SHIDAI GAOXIAO RENCAI PEIYANG MOSHI YU JIAOXUE GAIGE LUJING TANSUO

著　　者：陈　娜　王丽豪

责任编辑：王　新

出版发行：吉林文史出版社

电　　话：0431-81629359

地　　址：长春市福祉大路 5788 号

邮　　编：130117

网　　址：www.jlws.com.cn

印　　刷：河北万卷印刷有限公司

开　　本：710mm×1000mm　1/16

印　　张：16.5

字　　数：261 千字

版　　次：2024 年 6 月第 1 版

印　　次：2024 年 6 月第 1 次印刷

书　　号：ISBN 978-7-5752-0309-8

定　　价：88.00 元

前　言

随着数字化时代的到来，教育领域正在经历前所未有的变革。本书的目的在于深入探讨数字化时代对教育形态、高校人才培养、教学管理以及教学改革的影响，揭示其中的趋势与挑战，并提出创新的解决策略。

第一章定义了数字化时代的概念及其特征，并探讨了这一时代的技术特点。这些技术不仅改变了我们的日常生活，也深刻影响着教育系统的每一个方面。从教学方法到管理模式，每一环节都在经历着技术驱动下的变革。在这个基础上，我们进一步分析了数字化背景下的教育变革，涵盖了技术运用、课程内容、教学方法以及教育理念的更新等，探讨了数字化教育的未来模式。

第二章转向高等教育领域，探讨了高校人才培养的概念、理论基础及其模式。我们讨论了高校人才培养模式的概念与构成要素，并分析了这些模式的类型及多样化的原因，总结了这些模式的构建原则。这一部分的讨论，对于理解高等教育在数字化时代的发展具有重要意义。

第三章深入探讨了数字化时代人才培养与教育发展的现状和趋势。在这一章中，我们专注于教育转型的各个方面，包括教育教学的现状和科技赋能教育的发展趋势。

第四章则致力于在数字化时代背景下，为高校人才培养提出新思路。这包括了人才培养理念的更新、目标的明确、过程的完善，以及教学管理体系的创新。

第五章聚焦数字化时代人才培养与教学改革策略。在这一章中，我们探讨了如何构建数字化时代的课程新形态、教学新范式、评价新模式、教师的专业发展以及学生学习的新方法。

第六章通过具体的案例，展示了数字化时代人才培养与教学改革在实践中的应用。我们详细介绍了基于项目学习、SPOC 教学模式、个性化学习模

<1>

式的教学改革实践以及混合式教学的创新探索。

本书旨在为教育工作者、政策制定者、学者及对教育变革感兴趣的读者拓宽视野以及提供实用的策略。希望通过对数字化时代教学改革的全面剖析，能够帮助读者更好地适应并引领这一时代的教育变革。在这个充满挑战和机遇的时代，笔者相信，只有不断探索和创新，才能在教育的道路上走得更远、更稳。

本书由陈娜和王丽豪共同撰写，其中，王丽豪负责第一章至第三章第一二节，约10.4万字；第三章第四节由两人共同撰写；第四章至第六章及参考文献由陈娜撰写，约15.7万字。为确保研究内容的丰富性和多样性，笔者在写作过程中参考了一些文献资料，在此向涉及的专家学者表示衷心的感谢。同时，由于作者水平尚有不足之处，本书难免会存在一些疏漏，在此恳请读者批评指正！

目　录

< I >

第一章　数字化时代与教育形态变革

第一节　数字化时代的概念与特征

一、数字化时代的概念

数字化时代是一个以广泛应用数字技术为特征的时期。在这个时代下，数字技术变得无处不在，深刻改变了人们的生活方式、学习方式、工作方式以及社会运作模式。我们通过解读数字化时代的概念，为后续研究提供支撑。

（一）数字

数字，作为一种基本的符号系统，对于人类社会的发展具有深远的影响。从最初作为计数和表示量度的工具，到成为现代信息技术的基础，数字的概念经历了从狭义到广义的演变。

在狭义上，数字指的是用于表达数量的符号，如0、1、2、3等。这些数字在不同文化中有不同的表现形式，如汉字数字、阿拉伯数字、罗马数字等。它们的基本功能是用于计数和量度，是数学和科学研究中不可或缺的元素。在这个意义上，数字是一个科学化、规范化和标准化的工具，用于衡量和比较事物的大小和数量。

然而，随着时间的推移，尤其是在电子计算机和互联网技术的影响下，数字的概念已经扩展到一个更广的范畴。在广义的概念中，数字不仅仅指单纯的数字符号，更是涵盖了二进制代码（0和1）的广泛应用，这些代码是现代计算机语言和信息技术的基础。数字已经成为信息处理、存储和传输的主要方式，极大地推动了人类生产、生活方式乃至思维方式的转变。

此外，数字技术的不断发展和演变，使得数字的应用范围从传统的计数和度量功能延伸到更多领域。数字现在不仅仅是一种表达数量的工具，更成为新兴技术和现代科技的核心。数字的价值和意义在经济和社会发展中越来越凸显，成为了生产工具、生活方式以及沟通方式的重要组成部分。

（二）数字化

数字化，这一概念涵盖了将各种形式的信息转化为计算机可读的二进制代码（即"0"和"1"）的过程。这个过程不仅包括数字的转换，还涉及信息的存储、处理、传输、控制和压缩等各个方面。数字化是由光纤技术、半导体技术、计算机技术等多种高新技术综合进步所引发的一场信息技术革命。它的核心是将人类生活中的各种信息和特征转化为数字形式，实现人与数字的深度融合。

数字化不仅仅是一种技术工具或手段，更是一种连接人与人、人与世界的桥梁。作为一种思维方式和方法，数字化大大推动了生产、生活乃至思维方式的革新。从计算机的发明和使用到互联网的广泛应用，数字化的发展一直在不断加速，促使数字世界的到来。

在这个数字世界中，基于数字技术的发展，世界上的一切都可以被转化为二进制代码。这些数字信息成了沟通、交流的通用语言，不限于人类之间，更是扩展到与机器、与自然界的互动。数字生产变成了经济社会发展的重要工具，数字思维则成了思维方式的新范式。在数字化的推动下，我们的世界正在经历一场深刻的变革，从物理形态到虚拟实体，从传统交流到数字沟通，从人工操作到自动化控制，数字化正在重塑我们的世界观和生活方式。

（三）数字化时代

数字化时代，描述了一个全新的历史阶段，其中数字技术成为社会发展和日常生活的基石。互联网的诞生和发展标志着这个时代的开端，信息技术革命的新浪潮紧随其后，它将传统的物理世界和数字世界融合在一起。

自20世纪90年代以来，互联网的广泛应用成了推动人类社会向数字化转型的主要驱动力。这个时代见证了一系列现代信息技术的迅猛发展，包括大数据、物联网、人工智能、区块链和云计算等。这些技术不仅仅是技术进步的象征，也重新定义了我们的工作方式、社交方式和思考方式。在数字化时代中，原子世界（即物理世界）与比特世界（即数字世界）共存，并且相互交织。现实和虚拟的界限模糊化，使得我们的生活变得多元和动态。此外，这个时代的特征还包括了交互性、在场感、信息的扁平化传播和平等性的提升。这些特点共同构成了数字化时代的独特风貌。

具体来说，数字化时代的发展可以划分为以下三个不同的时期：

1. 早期的数字化时代——以互联网技术为支撑的单一的数字化时代

在数字化时代的早期阶段，主要特征是互联网技术的发明与广泛应用。

< 4 >

自 20 世纪 90 年代起，随着互联网的普及，它开始成为连接人与人、人与物的主要桥梁，开启了人类社会新的发展篇章。这个时期，互联网的蓬勃发展席卷了全球，引领人类进入了一个全新的现实与虚拟共存的时代。在这一时期，数字不再仅仅是一个简单的计数或识别符号，而是开始承载更加丰富和深远的意义。

互联网技术的发展，使得原子世界（物理世界）与比特世界（数字世界）的融合成为可能，这种融合逐渐成为社会发展的新常态。这个时期的数字化不仅改变了人们的思维方式和认知模式，也极大地影响了工作、学习和生活的各个方面。数字化开始作为一种工具和价值观念，影响着人类社会。美国未来学家尼葛洛庞帝所定义的"数字化生存"概念，标志着人类思维和生活方式的显著提升。因此，可以说，早期的数字化时代，以互联网技术为核心，为人类进入数字化的新纪元拉开了帷幕。这一时期，虽然以单一的数字化特征为主，但它奠定了后续复杂和多元的数字化发展的基础，成了人类历史上重要的转折点。在这个时期，数字化开始从简单的技术应用扩展到影响社会的方方面面，成为推动社会进步的重要动力。

2. 当前的数字化时代——各种现代信息技术涌现的发展时代

当前的数字化时代标志着一个全新的信息技术革命时期，这一时期的特点是各种现代信息技术的涌现和广泛应用。自互联网技术普及以来，数字技术经历了不断升级。如今，我们见证了大数据、人工智能、区块链、云计算、物联网以及 ChatGPT 等先进技术的集体崛起，这些技术共同推动了人类生产和生活方式的深刻变革。

在这个时代中，数字化不再仅局限于互联网技术的应用，而是演变成了一个以各类现代信息技术为基础的综合体。这些技术相互融合、协同作用，形成了一个复杂但高效的技术生态系统。比如，云计算提供了坚实的基础设施，大数据成了新时代的重要燃料，人工智能则如同强劲的发动机，三者共同推动着数字化时代的快速发展[①]。这种发展不局限于数字世界，还将互联网技术和商业模式重新整合回物理世界，全面改变了社会的运作方式。同

———————————

① 李彦宏.智能革命：迎接人工智能时代的社会、经济与文化[M].北京：中信出版社，2017：49.

时，当前的数字化时代也是一个不断开放和发展的时代。在这个时代中，新技术和新思维不断涌现，为社会带来了技术结构性的变革。技术的发展不再是线性或单一方向的，而是遵循其内在的逻辑，向多元化和复杂化的方向演变。这个时期的数字化时代，正是人类社会由简单到复杂、由单一到多元的转型过程，这一转型不仅改变了技术本身，也深刻影响了我们的思维方式、生活模式和社会结构。

3. 未来的数字化时代——走向元宇宙时代

未来的数字化时代将演变成元宇宙时代，这不仅仅是互联网科技的进一步发展，更是人类社会发展形态的一次根本性转变。在元宇宙时代，虚拟世界和现实世界将更加紧密地结合在一起，这不仅会激发出无限的创造潜能，还将彻底改变各行各业，加快我们走向数字化社会的步伐。元宇宙让信息技术变得关键，将帮助不同文化之间的交流和融合，开辟新的知识和文明进化的道路。这个新时代的特点是技术的互联互融远远超过了传统互联网，展现了一个更加整合和有机的网络世界，为我们在数字化时代的生活、工作和学习提供了全新的视角。

随着人类文明的演进——从农业到工业再到信息时代——我们一直在经历数字化的不断进步。从依赖互联网技术的初期数字化阶段到现在融合了众多现代技术的复杂数字化阶段，乃至即将到来的元宇宙时代，都标志着我们社会发展的不同层次。这些阶段的共通之处在于，它们都是在数字技术、网络化、大数据和人工智能等现代关键技术迅猛发展和普及的背景下形成的。

总的来说，数字化时代的根基仍旧植根于现代信息技术，这些技术不仅是时代发展的推动力，也是数字化变革的驱动轮。数字化时代是建立在互联网技术之上，以大数据为支柱、人工智能为导向、物联网为纽带、云计算为计算基础、区块链为安全后盾，以及 ChatGPT 等算法更新为代表的现代技术综合体的时代。

（二）数字化时代的特征

数字化时代展现了以下三个鲜明的特征（见图 1-1）。

数字化时代代表了技术的
综合整合

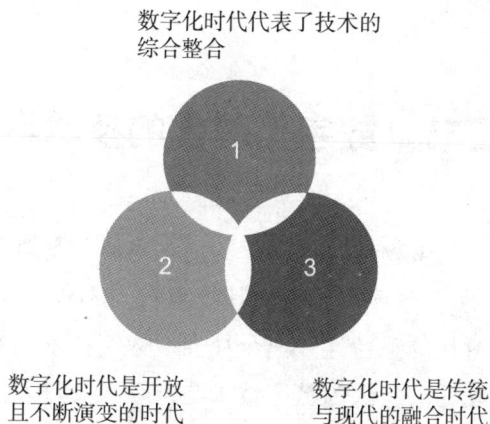

数字化时代是开放
且不断演变的时代

数字化时代是传统
与现代的融合时代

图 1-1 数字化时代的特征

第一，数字化时代代表了技术的综合整合。在这个时代，各种先进的信息技术不再是孤立存在的，而是形成了一个互补、互联的网络。这种集成不仅提高了技术的综合效能，还使得各种技术能够相互作用，共同推进社会的发展。

第二，数字化时代是开放且不断演变的时代。这一时代的特点是持续吸纳新的技术和思维，不断地丰富和完善数字化生活的各个方面。这种开放性不仅表现在技术层面，也体现在思维和文化的层面，使得社会能够灵活地应对快速变化的环境。

第三，数字化时代是传统与现代的融合时代。尽管数字化技术是这一时代的基石，但这并不意味着对传统时代的完全抛弃或否定。相反，数字化时代是在信息技术的推动下，传统与现代交织的产物。在这个时代，传统文化和价值观不仅得以保留，而且与现代技术相结合，共同塑造了一个全新的社会形态。

数字化时代是一个复杂且多元的时代，它不仅仅是技术的革新，更是社会文化和思维方式的一次深刻转变。在这个时代中，我们见证了从传统到现代的平滑过渡，以及从封闭到开放的转变，这些都标志着社会进入了一个全新的数字化阶段。

< 7 >

第二节　数字化时代的技术特点

特点是指区分一个事物与其他事物的内在本质，是对个体或事物独特性的明显展现。对于数字化时代而言，其技术特点不仅揭示了数字技术的本质，还展示了这一时代的独特性。当今社会对数字技术的看法呈现出双重态度：一部分人持乐观看法，认为数字技术是推动人类进入全新数字文明的关键驱动力；另一部分人则表现出对数字技术的担忧，尤其是在隐私侵犯、信息获取和安全泄露等方面。尽管如此，不可否认的是，数字化时代为人类社会的发展带来了前所未有的可能性。数字化时代的技术特点主要包括虚拟与现实的结合、强大的交互性、开放性自创、沉浸式体验以及三维化呈现（见图 1-2）。这些特征共同构成了数字化时代的核心，是推动生产、生活以及思维方式变革的关键因素。

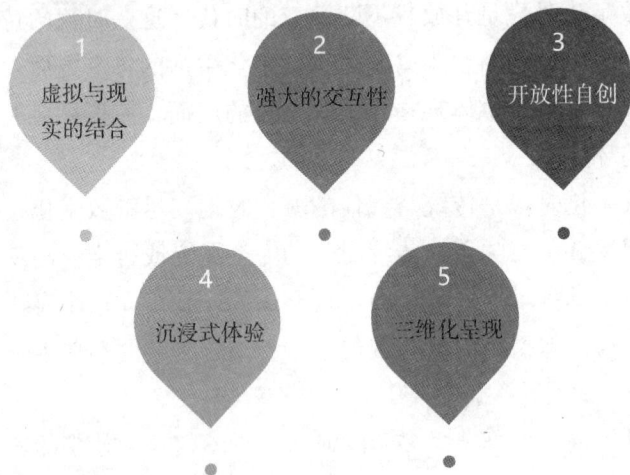

图 1-2　数字化时代的技术特点

一、虚拟与现实的结合

在探索虚拟与现实的结合时，我们首先需要理解这两个概念的本质。虚

<8>

拟与现实是相对的存在，它们的区分和融合是人类对世界理解和互动的结果，在社会的发展历程中不断得到体现和实现。从经典物理学视角来看，现实世界是我们通过五官所感知到的一切，包括我们看到、听到、闻到、尝到和触摸到的一切。相对于这种有形和可感知的现实，虚拟世界是人们基于现实条件，运用主观能动性对未来或其他事物进行的想象和构建。历史上，人们一直在利用这种想象力，创造出丰富多彩、形态各异的虚实共存的画面和空间。

人类对于虚拟与现实的探索源远流长，从古代文学、艺术中的想象，到对外星生命和 UFO 的设想，人们不断通过现实生活中的经验去描绘和构建超越现实的艺术世界。从哲学来说，像柏拉图的洞穴寓言、笛卡尔的恶魔假设及庄子的梦蝶故事，都是人类对虚拟世界的探索，试图超越现实世界的限制，从更高的维度审视人类的存在。这些对虚拟与现实的想象和理解，虽然各有不同的视角和意义，但本质上都体现了人类对虚拟与现实世界甚至整个社会的愿景和探索。随着时间的推移，这种对虚拟与现实的理解和探索正在逐渐融合，为我们提供了全新的视角来看待我们的世界和存在。

随着数字化时代的到来，我们正见证着虚拟与现实的深度融合，这种融合正在逐步成为这一时代的显著特征。虚实的相互作用、相互孕育和共存已经成为当下时代的一个重要标志。特别是元宇宙这一概念，它为人类的生产和生活带来了无限的可能性，使得追求美好生活的愿景在某种程度上得以实现。元宇宙可以被理解为一个平行于现实世界却又独立存在的虚拟空间。它不仅是现实世界的一个虚拟映射，也是一个日益真实的虚拟世界。

长期以来，人类对宇宙的认知受限于我们的认知能力，即使是最先进的科学技术也只能帮助我们观察到有限的宇宙。然而，在虚拟世界中，我们可以打破界限，创造一个没有边界、没有约束的全新世界。这个世界不仅仅是对现实的延伸，也是对人类想象力和创造力的极致挑战。在这个世界里，一切都是可能的，我们可以探索那些在现实的物理世界中难以实现的梦想。

二、强大的交互性

在数字时代，人与人的沟通方式已经突破了传统的限制，从面对面交流转变为线上互动，从二维空间进阶到虚拟与现实交织的三维空间。这种变化

< 9 >

不仅拓宽了沟通的维度，还极大地提升了交流的深度。在这个时代，交流不再受物理空间和时间的限制，通过虚拟现实（VR）、混合现实（MR）、扩展现实（XR）和全息投影等前沿技术，人们能够突破物理限制，实现任何时间、任何地点、任何形式的交流。这种交流模式视每个参与者为平等的主体，让每个人都能在互动中发挥主导作用。这不仅改变了传统的沟通方式，还打破了实体世界中的主从关系。在这种全新的交互模式中，参与者通过交流中的冲突和融合，形成了一种动态的、双向的关系。每个人都能积极参与、全程参与，这种共同主体模式让所有人都能坦诚相待、平等交流。在这样的互动基础上，人们能够获得更加深刻和愉悦的交流体验。因此，在数字化时代，各种现代信息技术的应用不仅打通了人与人之间的沟通渠道，还构建了一种新型的交往模式。这种模式增进了人们之间的理解和支持，促进了良好的人际关系的形成。

在当今数字化的时代，交互已经超越了传统的形式，形成了多元化的互动模式，这包括人与人、人与物体以及人与信息之间的互动。借助于先进的技术如虚拟现实、增强现实和混合现实，我们已经能够实现现实与虚拟、物理与数字的无缝融合，从而带来了前所未有的互动体验。

虚拟现实技术允许用户完全沉浸在一个计算机生成的三维环境中，这个环境与现实世界完全隔离，用户可以在这个虚拟世界中自由探索和互动。与此相对，增强现实技术则是在现实环境中添加或移除计算机生成的可交互虚拟物体或信息，使得虚拟和现实相互融合。混合现实则更进一步，通过全息技术将虚拟和现实世界混合在一起，可以看作是虚拟现实和增强现实的结合体。这些技术的结合不仅创造了新的交互模式，而且极大地拓展了交互的范围和深度。在数字化时代，人们越来越多地依赖于网络和计算机技术进行交互，这种交互被称为虚拟交互，与现实世界的交互形成鲜明对比。虚拟交互主要包括人与机器、人与人之间通过电脑和网络实现的互动。

随着扩展现实、数字生态技术和物联网等现代信息技术的融合使用，我们正在见证越来越多的逼真虚拟环境和空间的诞生。这些技术进步不只是改变了我们的工作和日常生活，还在重新塑造我们的思考模式。在数字化时代，这种虚拟与现实的融合交互成为日常生活的一部分，它不断地推动着社会的发展和进步，为人类的交流和互动开辟了新的可能。

< 10 >

三、开放性自创

在数字化时代，社会正在经历一场深刻的变革，这个变革的核心是打破传统社会的等级和障碍，构建一个开放、自由创造、平等参与的新型社会。这个时代的特征是去中心化的治理结构、分布式和自组织的系统。加入这个时代的社区并不需要特别许可，每个人都可以自由地沉浸在数字世界的体验中。这种新的社会治理模式，依靠的是社区成员之间的共识，遵循的是自我管理的原则。在这样的环境中，所有参与者都可以共同参与建设、创造、管理和分享。

这个数字化时代，特别是未来的元宇宙时代，预示着一个全新的、无门槛的社会形态的诞生。这个社会既有实体存在，也有虚拟存在，两者互相依存、互相影响、共同发展。这种新型的社会组织形式允许其成员在没有等级区分和力量对比的环境中自由发展。通过开放的自我创造，这个社会摒弃了传统的组织结构，实现了真正的去中心化和自下而上的民主决策。在这个社会中，组织的建立和内容的创造完全取决于社区成员的参与。在元宇宙中，这种自我成长的特性表现得尤为明显。元宇宙并不是一个固定的命题，它只提供了成熟的数字技术和基础运作机制与规则。除此之外，它的形态和演变完全取决于用户的自主创造。在这个环境中，没有人能够预测或控制数据的发展方向。简而言之，数字化时代，特别是元宇宙的到来，预示着一个更加开放、自由和平等的社会的诞生，这个社会将极大地影响我们的生活、工作和思维方式。

在数字化时代，尽管去中心化和自治成为主导趋势，但这并不意味着我们可以完全脱离现实生活的框架和管理。无论是当前的数字世界还是未来展望的元宇宙，人们的体验和感知仍然深深植根于对物理世界的感知和理解之上。换言之，尽管我们在数字世界中活动和创造，这些活动的基础和灵感来源仍旧是现实世界的社会互动。数字化时代的核心不是完全摒弃现实生活，而是将现实生活与数字世界相结合。现实世界的经验和规则对于解决数字世界的争议和问题至关重要。因此，虽然数字化时代强调去中心化和自治，但这并不意味着完全的独立自主。现实社会的干预和管理依然是必要的，就像现实生活中政府的作用一样，有时需要外部力量来调节利益冲突和维护秩

< 11 >

序。这种结合现实管理与数字空间自主性的模式，才能充分发挥数字时代的特性。实现虚拟与现实的互动、平台间的互通和内容的共享，是数字化时代的关键特征。这种模式不仅保证了数字世界的创新和自由发展，同时确保了现实世界规则和秩序的有效延伸，使得数字世界成为安全、有序和富有创造力的空间。

四、沉浸式体验

数字化时代的进步推动了数字技术的进化，这些技术也在不断地促进数字化时代的发展，使得人们能够拥有前所未有的沉浸式体验。沉浸式体验，也被称作"心流"，是一种由积极心理学家米哈里·契克森米哈赖提出的概念。他将沉浸描述为一种深度的心理状态，是幸福感的关键要素，体现为个体对某一活动的完全投入和专注[①]。根据米哈里的定义，个体全心全意地投入某项活动，以至于对外界环境完全不觉察，甚至达到一种自我忘却的状态，这便是所谓的沉浸状态。在这种状态下，个体的意识会集中在一个狭窄的范围内，从而过滤掉无关的思考和感知；同时，他们会失去自我意识，拥有明确的目标和清晰的反馈，对所处的环境产生一种控制感。沉浸式体验是一种深刻的个体体验，能够带给人们强烈的充实感和兴奋感。这种体验被认为是一种最佳的体验，或者说是"心流体验"。在数字化时代，这种沉浸式体验变得越来越普遍，它不仅体现在人们沉迷于数字技术和虚拟环境中，也体现在人们在现实生活中对活动的专注和投入。

在数字化时代，沉浸式体验的特质呈现出独特的多样性，它不仅仅是技术层面的深度融入，更是现实世界沉浸感的一种延伸。具体来看，依托于先进的信息技术，数字时代创造了一种仿佛真实存在的数字体验空间。这类空间让人通过实时互动参与学习、交流等活动，感受仿佛身处其中的体验。沉浸式环境不仅增加了参与感，还让每个人都能以自己的方式深入体验，唤醒热情和创造力。在数字时代，这代表了虚拟与现实相结合的新社会形态，不是脱离实际的虚构，而是能与现实世界相连的三维空间。这种体验的特点是即时、真实和互动，让现实生活中的事件和体验通过数字技术以全新的形式

---

① Mihaly Csikszentmihalyi. Beyond Boredom and Anxiety[M]. San Francisco: Jossey-Bass, 1977.

< 12 >

呈现，提供了不同的感知方式。与传统的虚拟空间相比，这种新型体验在增强现实感和拟真感方面有了显著提升。

总的来说，沉浸式体验在数字化时代可以被分解为三个不同的层次，即信息层面的沉浸式体验、感官层面的沉浸式体验以及大脑层面的沉浸式体验（见图1-3）。

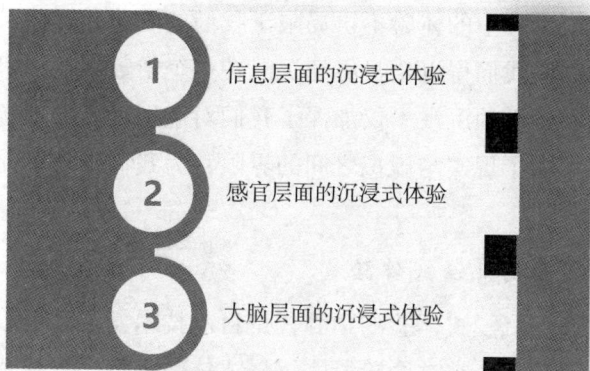

图1-3　沉浸式体验在数字化时代的三个层次

（一）信息层面的沉浸式体验

在数字化时代，沉浸式体验的首个层次是我们在处理信息时所经历的。这个阶段体现在我们日常生活中的常规活动，例如当我们沉迷于电子游戏、聆听音乐或是观看电视剧时。在这些时刻，我们的全部注意力被特定的内容所吸引，以至于我们对周遭的环境和外界的事物几乎毫无察觉。这种对特定信息的深度专注和全身心的投入，让我们仿佛置身于一个与外界隔绝的信息世界中。这个过程中，我们的感知和理解完全聚焦于所接触的内容，从而形成了一种初级但深刻的沉浸感受。这种沉浸感不仅让我们在精神上与所体验的内容产生了强烈的联系，还可能激发出我们的情感反应和思考，使得这种信息层面的沉浸成为我们日常生活中不可或缺的一部分。

（二）感官层面的沉浸式体验

当我们进入沉浸式体验的第二个阶段，扩展现实技术如虚拟现实（VR）和增强现实（AR）开始发挥作用，带来更深层次的沉浸感受。在这一层面，

< 13 >

体验不再局限于视觉和听觉，而是扩展到嗅觉、触觉甚至是我们的整个身体感知。这种技术的进步意味着我们能够以更全面的方式体验和感受虚拟环境。在感官层面的沉浸中，各种感官被同步激活和协调工作，以创造一个全方位的体验。例如，通过特制的设备，我们可以在虚拟环境中"触摸"物体，感受它们的质地，甚至可以"嗅到"环境中的气味。这种全感官的协同作用，使我们的体验变得生动和逼真，仿佛我们真的置身于另一个世界。通过这种技术，虚拟世界中的体验不再局限于我们的眼睛和耳朵，而是涉及我们整个身体，从而使我们得以全身心地沉浸在一个由数字化技术创造的全新环境中。这种感官层面的沉浸不仅加深了我们对虚拟世界的理解和体验，而且在一定程度上模糊了现实与虚拟之间的界限，为我们带来了前所未有的感官体验。

（三）大脑层面的沉浸式体验

这一层次代表着沉浸式体验的顶峰，是目前技术发展的极限所在，同时是未来发展的潜在目标。在这个阶段，沉浸式体验不再仅仅是感官上的，而是变成了一种全脑的体验。我们的大脑会被完全融入一个虚拟的环境，到达一种全然的认知和感觉融合状态。在这种高级沉浸式体验中，虚拟世界与现实世界之间的边界将变得模糊不清。我们的思维、情感甚至是记忆都会与这个虚拟世界紧密相连，创造出一种前所未有的现实感。这种体验不仅仅是通过眼睛或耳朵接收信息，而是让整个大脑——包括我们的情感、记忆和认知——都成为体验的一部分。这种大脑层面的沉浸式体验将使我们感觉到自己不仅仅是在观看或听觉感受一个虚拟的世界，而是真实地"生活"在其中。随着技术的不断进步，大脑层面的沉浸式体验有望成为现实。这种体验将不仅仅改变我们与虚拟世界的互动方式，更有可能深刻地改变我们对现实和虚拟、身体和心灵之间关系的理解。这将是一种全新的、全方位的体验方式，使我们能够以全新的视角和感受方式体验和探索世界。

在数字化时代，以物联网为核心的现代信息技术推动了"万物互联"的趋势，实现了虚拟与现实空间之间快速的信息交流。这不仅为参与者提供了多维度、多感官的深层次沉浸式体验，还创造了全新的虚拟认知体验。这种体验能够实现直观化感知和具象化理解，不仅在物理层面而且在心理层面深化了认知。最终，这将实现物理环境与心理层面的完美融合，达到一种境身

< 14 >

合一的效果。

五、三维化呈现

在当今时代，科技革命正驱动全球发生深刻变革。随着大数据、人工智能、物联网、元计算和拓展现实（如 VR、MR、XR）以及数字孪生技术等新一轮信息技术的发展，我们进入了一个充满无限想象和潜力的数字化时代。这个时代正逐步带领人类走向更高级的元宇宙阶段。元宇宙是基于代码构建的虚拟矩阵，它不仅能够创造资产、映射身份、复制现实，还能以全新的视角审视和抽象现实世界，承载着人类社会发展的先进理念。在数字化时代，现代信息技术正将传统的二维平面空间转化为丰富和生动的三维立体空间。三维空间包含了前后、左右和上下的维度，是由点动成线形成的一维空间、线动成面构建的二维空间以及面动成体展现的三维空间的组合。这样的空间构造不仅增强了立体感和真实感，而且提供了客观和全面的表达方式。在三维世界中，图形和描述从平面的 2D 转变为生动的 3D，带来了逼真和丰富的体验。这种立体化和真实感的增强正推动着元宇宙时代的快速到来。

在未来的发展蓝图中，元宇宙将作为数字化时代发展的顶峰而出现。这个全新的虚拟宇宙将基于当前的信息技术革命而生，综合利用包括 3D 技术、区块链、人工智能、拓展现实（VR、MR、XR）、数字生态技术等在内的一系列先进技术。这些技术的融合将构成未来元宇宙的核心工具，形成一个多维度、立体逼真的数字世界。在数字化时代的推动下，传统的自然世界正在被转化为一个由数字代码构成的全新元宇宙世界。这个世界以数字化语言为基础，以虚拟与现实的互动为其特征，展现方式是立体的三维呈现。元宇宙不单是未来互联网的幻想，更是一个支持去中心化、持续在线的立体虚拟环境。在这个环境中，用户可以自由地探索这个立体的 3D 虚拟世界。因此，在数字化时代，三维化的呈现方式不仅是技术发展的一个重要方向，也是构建元宇宙世界的关键特征。这种立体化的展示方式大大提升了用户体验的真实感和沉浸感，使得虚拟世界不仅仅是一种视觉体验，而是成了一个可以与之互动、探索的生动世界。随着技术的不断进步，这种三维化的虚拟世界将在我们的生活中扮演越来越重要的角色，为我们带来全新的体验和认知方式。

< 15 >

第三节　数字化时代的教育变革

一、开启新一轮数字化教育变革

在当前的时代背景下，数字化教育正处于变革的关键时期。传统教育模式逐渐让位于创新的在线学习方式，这一转变得益于科技的飞速发展和全球疫情的影响。自 2014 年起，网络教育行业开始萌芽，近年来迎来了显著增长。尽管在线教育在最初几年并未受到广泛关注，但随着时间的推移，它已经成了教育领域的一股不可忽视的力量。

伴随着这一发展趋势，众多科技巨头如网易、百度、腾讯和阿里巴巴等开始积极投身于在线教育行业，推动这个领域的创新和成长，为在线教育带来了新的活力和发展方向。这些公司通过投入资源和技术，不仅推动了在线教育模式的多样化，还提高了教育内容的质量和可及性。对于新加入的企业和投资者来说，这一领域提供了新的机遇。为了在竞争激烈的市场中脱颖而出，新入局者需要专注于那些尚未被充分开发的细分市场和潜在领域。通过开发创新的教育科技产品和服务，他们不仅可以深入挖掘在线教育的潜力，还能够创造出独特的市场地位。

在线教育行业，经历过一段艰难的"冬天"后，正在迎来新的"春天"。2015 年，这个领域经历了一次显著的低谷。当时，中国的创业环境热度有所下降，许多投资者对在线教育的短期前景持谨慎态度。这一时期，不少教育平台，包括行业内的领军企业沪江网和"跟谁学"，都面临着融资的困难。沪江网在 2015 年 10 月完成了其 D 轮融资，总额达到 10 亿元人民币，而"跟谁学"在同年 3 月完成了 A 轮融资，规模达 5000 万美元。然而，在随后的几年里，这些企业并未进行更多的融资活动，市场整体呈现出观望的态度。

2015 年，中国在线教育行业的融资企业数量高达 388 家，融资总规模达到 19.15 亿美元。然而，到了 2016 年，融资的在线教育机构数量急剧减少到 100 多家，融资总额降至不足 10 亿美元。这一数据反映出教育资本市

< 16 >

场的冷却和投资者对这一领域的谨慎态度。但转机出现在 2018 年。经历了几年的沉寂和积累后，在线教育市场再次迎来了活跃期。在这一年，不仅传统教育机构和新兴企业重新点燃了对在线教育的热情，连互联网巨头也纷纷加入这场竞争。网易旗下的有道在 4 月宣布完成新一轮融资，百度在同月正式宣布进军智慧课堂领域，腾讯对 4 家教育企业进行了投资。这些动作标志着在线教育行业新一轮的增长和变革。

在线教育的这一波潮流不仅是技术和市场的结合，更是教育理念的革新。随着技术的发展和市场需求的增长，传统的教育模式正在被更加灵活、个性化的在线学习所取代。从互动式学习平台到 AI 驱动的个性化教学，从 MOOC（大规模开放在线课程）到微课程，各种创新的教学方法和技术正在不断涌现，为学生提供了多样化的学习选择。

在线教育行业正在经历一场前所未有的变革，这一变革不仅得益于技术的突飞猛进，还因政策的大力支持和行业内的深度沉淀。2020 年，这一行业更是迎来了新的发展高峰，成为教育领域的主流趋势。出现这种情况的原因可总结为三点：

第一，技术的进步是推动在线教育发展的关键因素。语音识别、人工智能、互动直播、大数据和云计算等前沿技术的应用，为这个领域注入了新的活力。这些技术不仅提高了在线教育的教学质量和互动性，还极大地增强了教学的个性化和灵活性。因此，即使是新进入这一领域的企业，也能依靠这些先进技术在特定垂直领域快速成长。

第二，政策的支持对在线教育的发展至关重要。2018 年以来，教育部通过发文大力推动智慧教育的发展，并计划建设智慧教育示范区，为在线教育的发展提供了重要的政策支持。众多互联网巨头，如百度、腾讯和网易，都积极响应政策号召，将网络教育作为其业务发展的重点领域。

第三，行业内的深度沉淀是在线教育持续增长的重要基础。自从在线教育兴起以来，各大平台持续完善和丰富课程内容体系。目前，教育课程资源已能满足从幼儿园到职场人士的各个年龄段用户。以网易为例，其提供的教育内容已覆盖了从小学到大学甚至职业培训的各个层面。这些丰富的课程资源为在线教育的市场化运作提供了坚实的基础。

2020 年，在线教育成为获取知识的首选方式，这不仅加速了数字化教

< 17 >

育的普及，也推动了新一轮的教育变革。在这个大背景下，在线教育不仅为学生提供了灵活多样的学习途径，也为教育工作者带来了新的教学方式和机遇。此外，家长和学生对在线教育的接受度显著提高，这促进了行业的健康发展。

技术革新、政策支持和行业沉淀共同推动了在线教育行业的飞速发展。在疫情的影响下，这一领域正在迎来新的发展机遇，不仅改变了传统的教育模式，也为全球教育事业的长远发展开辟了新的道路。随着技术的进步和市场的不断成熟，我们有理由相信，在线教育将在全球教育领域扮演越来越重要的角色。

二、数字化教育环境下的技术应用

在数字化教育的新时代，技术的应用正成为推动行业发展的关键力量。随着云计算、大数据和互联网技术的融合与创新，教育领域正在经历一场深刻的变革。这些技术不仅极大地提高了教育资源的可访问性和存储能力，还增强了教育服务的个性化和针对性。利用大数据技术，教育机构现在能够有效地收集和分析教学、学生、管理以及科研等方面的信息。这种数据驱动的方法使得教育更加精准和高效，能够为每个学生提供定制化的学习计划和资源。同时，云计算的应用使知识存储变得高效和安全，为大规模在线教育提供了强大的后端支持。此外，互联网技术的普及打破了地理和时间上的限制，使得学习变得无处不在、无时不可。学生可以通过移动设备随时随地访问丰富的学习资源。社交网络的整合增强了在线教育的互动性和社区感，学生和教师能够通过这些平台进行有效的沟通和协作。详见图1-4所示。

1 云计算

2 大数据

3 互联网、移动网、物联网与端

图1-4 数字化教育环境下的技术应用

< 18 >

（一）云计算

云计算技术在教育行业的应用正日益成为推动教育信息化发展的核心力量。这一现象表现为"教育云"的广泛应用，它不仅为教育信息化建设提供了坚实的基础架构，还通过其系统化的硬件计算资源优化了教育资源的管理和数字化处理。这种技术的应用，无疑为教育工作者、学生和教育部门提供了强大的平台支持，极大地丰富了教学、学习和教育管理的方式。

中国政府对云教育的推广和发展给予了强有力的支持。2012 年，教育部启动了"中国数字教育 2020"行动计划，旨在构建一个全面的教育云资源平台。同年 2 月，国家规划办将亚洲教育网素质教育云平台纳入"十二五"规划课题，这一举措吸引了许多企业加入教育云领域。多个相关政府部门也积极参与云平台的建设，陆续推出了如华北基础教育云、华师京城教育云、国家开放大学教育云和国云科技教育云等多个平台。与此同时，在国际层面，众多知名的信息技术企业开始布局教育云市场。全球科技巨头如联想、惠普、微软和谷歌等，都纷纷推出自己的云教育平台。这些国际企业的参与不仅加速了教育云技术的全球化进程，也为教育行业的数字化转型提供了多元的解决方案。

教育云的广泛应用为教育行业带来了显著变化。首先，它极大地提高了教育资源的存储和管理效率，使得教育内容可以更加便捷地进行分享和传播。其次，教育云的应用促进了教育的个性化和定制化，使得学习方式多样化，能满足不同学习者的需求。最后，随着云技术的深入应用，教育行业的信息化水平得到了显著提升，这提高了教育的质量，也优化了教育管理的效率。

（二）大数据

在数字化时代，大数据正在成为教育领域的一股重要力量，它不仅服务于教师的课堂教学，提升教学效率与质量，还助力学生的自主学习，培养其自主学习习惯和能力。此外，大数据在促进城乡教育均衡、提高农村教育质量方面也发挥着关键作用，有助于缩小城乡教育差距、推动教育公平。在应对重大公共事件方面，它更是提升了基础教育的应急响应能力。为进一步推动这一进程，2021 年中国教育部与国家发展改革委、工业和信息化部、财

< 19 >

政部及国家广播电视总局联合发布了《关于大力加强中小学线上教育教学资源建设与应用的意见》。该意见旨在到 2025 年构建三个主要体系：第一，一个定位清晰、互联互通、共建共享的线上教育平台体系；第二，一个覆盖各类专题教育和各教材版本的学科课程资源体系；第三，一个涵盖建设运维、资源开发、教学应用及推进实施等方面的政策保障制度体系。

这些发展规划和实施意见的出台，不仅标志着大数据在教育领域的应用进入了一个新的阶段，也预示着中国教育将进一步走向数字化、智能化和个性化。通过大数据的应用，可以实现教育资源的优化配置，提高教育的质量和效率，同时更好地满足不同学生的个性化学习需求。未来，随着大数据技术的不断发展，它将在教育领域发挥更加重要的作用，为全球教育的发展贡献新的动力。

（三）互联网、移动网、物联网与端

在当今的数字化教育浪潮中，互联网、移动网和物联网等网络技术的融合和发展正在构建一个全新的教育生态系统。这个系统以多样化的"端"为基础，通过开放的端口实现网络体系的延伸和"网"与"端"的有效连接，为数字化教育的拓展和深入发展提供了坚实的基础。

"三通两平台"项目的实施标志着宽带网络的广泛覆盖，将大多数校园纳入了这一高效的互联网体系。这一举措不仅提高了网络的可达性，也为数字化教育的实施提供了关键的基础保障。随着宽带网络的普及和强化，校园内外的教育资源得以畅通无阻地共享，为教育的现代化打下了坚实的基石。同时，移动网络和物联网技术的发展为教育领域带来了革命性变化。移动网络的普及使得学习活动不再局限于传统的教室环境，学生和教师可以在任何时间、任何地点进行交流和学习，极大地提高了学习的灵活性和便利性。物联网技术的应用，拓展了教育的边界，通过将各种教学设备和资源智能化，为学生提供了丰富和互动的学习体验。

三、互联网巨头的数字化教育布局

国内互联网巨头在数字化教育领域的战略布局展现了各自独特的特点和发展方向。随着在线教育市场的蓬勃发展，腾讯、网易、百度和阿里巴巴等公司纷纷投身于这一领域，采取不同的策略以适应和引领这一新兴市场的变革。

< 20 >

腾讯在在线教育领域注重产业投资。自 2018 年以来，腾讯已投资了多个教育项目，并向第三方教育合作伙伴开放平台，共同构建在线教育生态。这种开放式的生态系统策略显示了腾讯在推动行业合作和生态构建方面的雄心。

网易在在线教育的布局上着重于构建一个完整的生态体系。公司不仅拥有独立的产品和服务项目，而且建立了一个兼具硬件和软件的生态系统，形成了一个完整的闭环。这种模式使得网易能够依靠其强大的产品开发能力深度挖掘市场价值，为其未来的市场发展奠定了坚实的基础。

百度选择在 ToB（对企业）领域进行布局，主要为学校提供平台支撑和技术资源，强化与学校之间的合作关系。这种策略使得百度能够在教育领域发挥其在技术上的优势，同时为教育机构提供了更多的技术支持和服务。

阿里巴巴及其旗下的云峰基金则更加注重于教育行业的投资。截至 2019 年 6 月，阿里巴巴已经投资了包括 VIPKID、宝宝树、TutorABC、作业盒子、兰迪少儿英语、CC 英语等在内的 10 家教育公司。阿里巴巴的投资主要集中在学前教育和少儿英语等中晚期项目上。与腾讯和百度相比，阿里巴巴的投资力度介于两者之间。

（一）腾讯赛路切换

腾讯在在线教育领域的发展策略经历了显著的转变，从最初的自研逐步过渡到投资生态的构建。这一战略调整反映了腾讯对于教育行业趋势的敏锐洞察和对市场需求的深入理解。

在早期阶段，腾讯集中力量于自主研发教育产品和服务。2013 年，腾讯推出以职业教育为主的精品课程；紧接着在 2014 年上线了腾讯课堂，进一步在 2015 年开始运营腾讯大学；到了 2016 年，又推出了企鹅辅导，涵盖从幼儿园到中学各个教育阶段的内容。这一系列举措标志着腾讯在教育领域的深入布局和坚实步伐。随着业务的不断发展和市场的日益成熟，腾讯的教育业务在智能化方面取得了显著进步。公司利用其数字化技术优势，如微信和 QQ 平台，来支持和推广其教育产品，从而实现了教育内容和服务的更广泛传播。然而，随着市场竞争的加剧和教育行业的快速发展，腾讯开始调整其在线教育策略，将重点转向投资和构建教育生态系统。这一转变意味着腾讯开始将更多业务内容委托给专业的第三方企业来承担，从而能更有效地利

< 21 >

用市场资源和专业能力，推动在线教育生态的多元化和可持续发展。

腾讯在在线教育领域的战略布局经历了显著变化，即由最初的自主研发逐步转向专注于基础设施建设和智慧教育解决方案的提供。这一变化体现了腾讯对在线教育市场深远发展趋势的洞察和对教育公平、个性化及智慧化的追求。

近年来，腾讯在教育领域的投资不断增加，显示出其对在线教育市场重要性的认识和对该领域未来发展的信心。腾讯在 2019 年的全球数字生态大会中推出的"腾讯教育"品牌，标志着其在智慧教育领域的全面布局。腾讯教育的战略重点是"3C"战略，即"连接""内容"和"责任"，并以 ToB 市场为主攻方向，旨在通过数字化手段实现教育的公平化、个性化和智慧化。

在实现这一战略目标的过程中，腾讯教育致力于为个人、学校、教育机构以及教育管理部门提供全面的智能连接、教学、科研和管理解决方案。作为教育行业的"数字助手"，腾讯教育的主要任务是帮助教育企业和学校机构完成数字化转型。对于教育企业，腾讯提供的不仅仅是教育平台和软件技术支持，还包括科学的管理系统，以优化教师的教学质量和体验。

腾讯在教育领域的战略布局体现了一种综合性和长远的视角。一方面，腾讯通过为学校、教育机构和管理机构提供技术支持和产品合作，巩固了其在教育技术服务领域的地位。另一方面，通过对大量教育企业的投资，腾讯建立了广泛的外部合作网络，实现了多方面的市场渗透和业务拓展。

腾讯的战略不仅注重投资和合作的广度，而且在合作模式上富有策略性，强调持久和深入的合作关系。在这个过程，腾讯充分发挥其在社交平台方面的优势，将社交元素融入教育产品和服务中。例如，在腾讯课堂平台上，用户需要通过微信或 QQ 登录才能听课，课程支付同样依赖微信支付系统。此外，腾讯微校的应用则加强了学生、学校与微信的紧密结合。

（二）网易的"群狼矩阵"

网易在在线教育领域的战略布局呈现出与腾讯截然不同的特色。网易专注于构建一个以内容、硬件、教师资源为核心的综合性教育生态体系，重点服务于 C 端用户，即直接面向消费者。这种策略使网易在提供软硬件工具产品方面独树一帜，深入服务于不同教育阶段的用户群体。

不同于腾讯的广泛投资和合作策略，网易注重于自身产品的研发和打造。

< 22 >

在这方面，网易已经逐步形成了自己的"群狼矩阵"。具体来说，网易通过旗下的有道精品课、网易公开课等教育平台，辅以有道词典、有道云笔记、有道卡搭等应用工具，构建了一个多元化的在线教育服务体系。这种矩阵式的布局不仅提供了全面的教育内容，还为用户的学习过程提供了有力的支持。

据数据统计，网易有道的工具类移动应用已经聚集了超过 8 亿的用户，其中仅有道词典一项就拥有超过 7 亿用户，日活跃用户数 1700 万以上。这些工具类产品被广泛应用于用户的日常学习和生活中，极大地提升了用户黏性。这不仅为网易提供了庞大的流量资源，也为其他相关教育产品的推广和发展提供了有力支撑。

网易在在线教育市场的发展策略体现了其对教育内容和硬件产品的深入投入和创新。公司不仅建立了一个多元化的教育内容体系，还推出了一系列与教育相关的硬件产品，共同构成了一个全面的教育生态系统。

在课程内容方面，网易通过有道精品课、网易公开课、网易云课堂、网易卡搭编程、网易 100 分等多个平台，提供了涵盖学前教育、小学、中学、高等教育和职业技能教育等多个阶段的丰富教育内容和专业资源。这种全面覆盖不同教育阶段的策略体现了网易对教育市场的深入理解和对用户需求的精准把握。网易在课程内容的打造上注重名师资源的引进和专业机构的合作，特别是在网易云课堂上，集中力量打造特定行业的专业知识和技能，同时强调 IP 推广和服务提供。

在硬件产品的发展上，网易采取了硬件与软件相结合的策略，丰富了其产品生态体系。网易推出的智能答题板、有道词典笔、有道翻译蛋等硬件产品，虽然应用场景特定，但在教育信息化的快速发展推动下，这些新兴的学习型硬件产品正逐渐在学生群体中使用。这些产品不仅提升了用户的学习效率，也增强了学习体验的互动性和趣味性。

综合来看，网易在在线教育领域的布局体现了其在内容创新和技术应用上的双重优势。通过提供高质量的教育内容和创新的学习工具，网易不仅满足了不同用户群体的教育需求，也推动了教育技术的发展和应用。

（三）百度的两个场景

百度在教育领域的战略布局聚焦于构建一个涵盖用户自学和学校教学两大场景的智慧教育生态体系，通过百度文库、百度阅读和百度智慧课堂这三大产品线，实现了对教育市场的全面覆盖。在这个生态体系中，百度综合利用其技术优势，满足了不同用户群体的教育需求，并在推动教育方式的变革中发挥了重要作用。

在面向 C 端的用户自学场景中，百度文库已经成为一个庞大的教育资源库，涵盖超过 50 个领域，文档数量近 2 亿份。此外，百度阅读通过与 500 家出版集团的合作，向市场推出了超过 20 万本正规书，为个人用户提供了丰富的学习资料和阅读选择。

面向 B 端的学校教学场景中，百度智慧课堂专注于满足教师、学生和学校的需求。这一产品线通过推出一系列基于人工智能的课程内容和智能工具解决方案，在备课、课堂教学和课后互动等多个环节提供支持。利用大数据技术，百度智慧课堂能够促进校内资源的有效整合，提高教育资源的管理能力，并加速信息的流通，帮助教师全面了解学生的学习状况。

百度在线教育的这一布局方式在多方面展现了其优势。首先，考虑到学校在国内教育体系中的主导地位，以学校为切入点开展智慧教育是一种高效可行的策略。通过技术手段，百度能够对学生的学习兴趣和能力进行准确定位，提供针对性的学习方案和丰富的教学内容，同时提高了教师的备课效率和教学质量。然而，百度在面向 C 端用户的工具产品和课程资源方面仍有待加强，以便全面地满足个人用户的学习需求。

（四）阿里巴巴的两个逻辑

阿里巴巴集团在教育领域的战略布局遵循两个核心逻辑：内部服务和外部投资。这种双轨并行的策略展现了阿里对教育领域深远影响力的认识和利用。一方面，阿里巴巴通过内部教育项目的发展，如"阿里云大学合作计划"和淘宝大学，致力于推动其自身业务的增长和员工技能的提升。这些教育项目不仅加深了员工对电商、业务和职业教育的理解，也为阿里巴巴的内部人才培养和企业文化建设提供了支持。另一方面，阿里巴巴在教育领域的外部投资，如对 TutorGroup 在线教育机构和超级课程表的投资，显示了其看好教育市场发展潜力的态度。这些投资不仅拓宽了阿里巴巴在教育领域的影响力，也为公司带来了多元化的商业机会。此外，阿里巴巴对线下教育项目的投资，如云谷学校和湖畔大学，同样反映了其对教育综合发展的重视，旨在通过实体教育项目服务于公司的长远发展。

< 24 >

四、数字化教育的未来模型

通过观察腾讯、网易、百度等互联网巨头在教育领域的战略布局，我们可以预见数字化教育未来发展的趋势，我们可以把其称之为数字化教育的未来模型，详见图1-5。

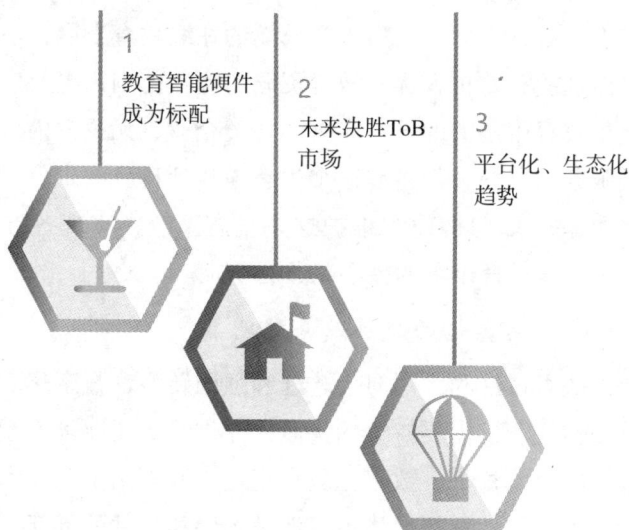

图1-5　数字化教育未来模型

（一）教育智能硬件成为标配

随着教育领域数字化水平的日益提高，教育智能硬件逐渐成为未来教育发展的关键组成部分。传统的教育模式，依赖于黑板、课本等纸质工具，正在向集成大数据、云计算和网络信息技术的高科技教育硬件转变。这一趋势中，像有道这样的公司已在2018年开始聚焦于教育硬件产品的开发，标志着对这一领域的重视。谷歌也不甘落后，在其2018年的I/O大会上宣布了虚拟现实实验室的构建，旨在支持远程学习，以及发布了全球首款ChromeOS平板电脑，致力于基础教育的发展。

这些动作表明，教育硬件在行业的发展中越来越占据核心地位。然而，硬件产品的开发和市场投放是一个漫长且资金密集的过程，需要企业的持续财务支持。在这方面，网易凭借其早期布局和投资，已经在教育硬件领域获

< 25 >

得了显著的优势。未来，随着更多企业加入这一竞争，我们可以预期教育智能硬件将成为提升教育质量和效率的关键因素，同时将为学生和教育工作者带来丰富、高效的学习体验。

（二）未来决胜 ToB 市场

在未来的教育市场中，ToB（对企业）模式将成为决胜关键。中国的教育体系以学校为中心，因此，聚焦于学校端的在线教育发展，不仅适应了国内教育环境，而且能有效扩大优质教育资源的覆盖范围，惠及广泛的学生群体。随着数字化教育生态圈的日益完善，各类企业，无论是内容提供商、技术支持者还是服务运营商，都将在这个生态中找到自己的定位，并共同推动数字化教育的发展。如何构建和维护这一生态系统，实现各方利益的最大化，将成为未来在线教育市场的核心竞争力所在。

（三）平台化、生态化的趋势越来越明显

随着中国正从人口红利大国向人才红利强国转型，数字化教育的重要性日益凸显。这一转变不仅需要持续的优质人才供给，还要求不断的科研投入和技术升级。在这个背景下，数字化教育正逐步展现出平台化和生态化的趋势。这意味着，未来的教育行业将不仅涉及硬件和软件的创新，还将包含内容创造和运营的整合。

数字化教育的平台化和生态化特征表明，教育行业将形成统一的标准和系统化的服务。这种模式能够更好地满足个性化和多样化的学习需求，同时促进教育资源的有效分配和利用。在这个发展模式下，各类教育相关企业将在数字化平台上互相协作、共同发展，形成一个互联互通、资源共享的教育生态系统。这种系统不仅有助于提高教育质量和效率，还能推动教育行业的整体创新和发展。

< 26 >

第二章　高校人才培养及其模式概述

第一节　高校人才培养的概念和理论基础

一、高校人才培养的概念

在当代社会中，人才的培养已成为推动社会发展和建设的关键因素，特别是在社会主义国家的背景下，高素质人才的培养对于国家的全面发展至关重要。随着经济的迅速发展和科技的不断进步，国家和地区的发展程度与人才的质量、数量紧密相关。在这个背景下，高等教育作为人才培养的主阵地，其核心任务是提升教育的质量，以适应社会的需求和挑战。高校在人才培养过程中，需要面对科技革新、经济社会发展以及教育改革带来的新挑战。这要求高校不仅要增强改革的使命感和责任感，还需要不断优化教育模式，提高教育质量，为社会培养出更多高素质的人才。

在人才培养的实践中，高校需要关注以下几个关键方面。首先，明确人才培养的目标理念，确立教育的方向和目标。其次，确定人才培养的对象，即明确培养哪类人才，以满足社会和经济发展的需要。再次，确立具体的人才培养目标，包括知识、能力和素养等方面。此外，还须开发多样的人才培养主体，比如师资队伍、教学资源等。然后，人才培养的途径和方法也是关键，包括教学方法、实践活动等多种方式。优化人才培养过程，提高教育效率和质量是必不可少的。最后，建立和完善人才培养制度，形成有效的教育模式。

总之，人才培养是一个全面的工程，其涵盖了理念、对象、主体、目标、途径、制度等多个方面。在快速发展的时代背景下，高校人才培养的任务愈发重要，不仅关系到教育质量的提升，也是国家和社会发展的重要保障。

《国家中长期教育改革和发展规划纲要（2010—2020年）》指出，牢固确立人才培养在高校工作中的中心地位，并且把教学作为教师考核的首要内容，把教授为低年级学生授课作为重要制度。这一规定反映了国家教育管理

< 29 >

部门对于高校人才培养工作的高度重视。

人才培养远远超越了传统的教学范畴。在高等教育中，特别是在我国社会主义体制下，高校教育的目标是培养具备专业知识和技能的社会主义建设者和接班人。这种教育不同于基础教育的普通性质，它具有明显的专业导向。人才培养与教学之间的关系常被误解，导致人们将二者视为同一概念。实际上，人才培养是高等教育的核心，而教学仅是实现这一目标的手段之一。教育的本质在于塑造全面发展的社会人，不仅包括基础学科知识，还应涵盖德、智、体、美、劳等多方面的素养。在培养合格的社会主义现代化专业人才过程中，不仅要注重学生的基础知识，更要重视其人格素质的培养。例如，职业素养、沟通能力、合作意识和团队合作能力都是现代社会所需的关键素质。显然，要想培养出既有知识又具备能力的人才，不能仅依靠单一的教学方法，而应该采取综合性的培养策略。除了课堂教学外，还须结合校园文化建设、社会实践和各类社团活动，以促进学生全面素质的提高。高等教育不能仅仅成为知识传授的场所，更应成为培养学生综合素质和能力的综合性平台。如果大学教育仅限于课堂知识的灌输，那么高校将会沦为仅提供学历证书的场所，失去了教育的本质和深远意义。

二、高校人才培养的理论基础

高校人才培养主要以下面七种理论作为基础，如图 2-1 所示。

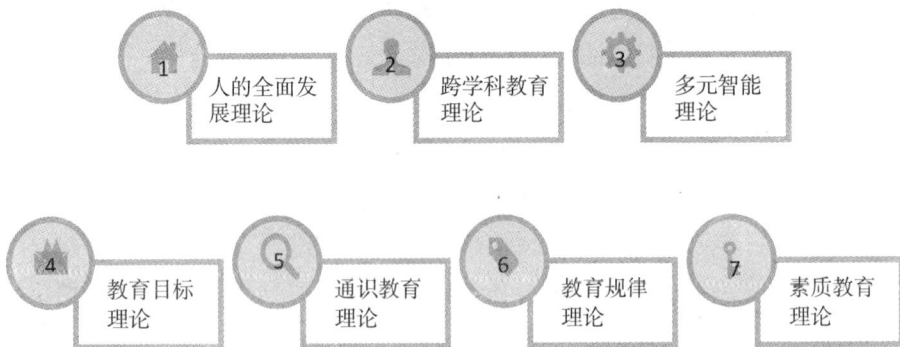

图 2-1　高校人才培养的理论基础

（一）人的全面发展理论

近现代以来，人的全面发展逐渐成为哲学探讨的焦点，吸引着广泛的关

< 30 >

注和深入的研究。在这一领域，杰出的思想家和哲学家马克思与恩格斯在他们的时代中做出了突出的贡献。他们不仅吸收了前人的智慧精髓，还结合自己独到的思考和时代背景，创造性地提出了人的全面发展这一理论。这一理论不但具有创新性，而且后来成为马克思主义理论体系中的一个重要组成部分。他们的理论不仅是对个人发展深度理解的结果，也是对时代特征和社会风貌的深刻反映。

人的全面发展学说强调，个体的发展是与社会发展密切相关的，它涉及个体在社会交往中的普遍性和对社会关系的控制力度。这个理论可以从两个层面进行解读：

在社会层面，人的全面发展是指人从自然状态向社会化状态的转变过程。这一过程中，个体不断地融入社会，建立自己的社交网络，推动人类社会从被动的必然王国走向主动的自由王国。这种转变涵盖了政治、经济和精神文化等多个方面，它是社会的全面进步和发展的体现。

在个体层面，人的全面发展是指个体个性的全面成长，包括身体和精神能力的发展、情感态度及价值观的成熟，以及对世界的深入认知。这种发展强调个体的独特性和不可替代性，展现了个体自身的价值。个体的个性化和社会化是人的全面发展的两个重要方面，它们分别代表了个人和社会层面的全面成长。

个体的发展离不开社会的发展，而社会的发展也需要每个个体的贡献。社会提供了个人发展的物质和文化基础，个人的努力和创造则是推动社会发展的动力。社会的进步是由个体的成长和发展所驱动的，只有当个体通过奋斗创造未来时，社会才能获得持续进步。因此，个人的全面发展是实现社会全面发展的关键条件。社会历史的发展规律在人的历史活动中得以实现，其本质就是人的活动规律的体现。通过这种相互作用和相互依赖的关系，个体的全面发展与社会的全面发展相辅相成，共同推动着社会向更高层次发展。

在《共产党宣言》这一划时代的著作中，马克思和恩格斯首次阐述了"人的全面发展"这一概念。他们提出，"代替那存在着阶级和阶级对立的资产阶级旧社会的，将是这样一个联合体，在那里，每个人的自由发展是一切人的自由发展的条件"。人的全面发展应包括智力和体力的综合成长。他们认为，当前社会分工的形成是基于智力和体力发展的不均衡，这导致了劳动

< 31 >

者发展的片面性。专业化的劳动方式阻碍了人的全面发展，而全面均衡的劳动方式则能够促进智力与体力的有机结合。这样的劳动方式有利于个体适应不同类型的劳动需求，实现在社会中的全面发展，使个人能够在不同的社会职能之间自由转换。马克思提出的"全面发展的个人"指的是那些能够适应多种不同劳动需求的人。这样的个人不再仅仅是单一职能的执行者，而是能够在不断变化的职业角色中自由发展其天赋和后天能力的全面人才。这一理念反映了马克思对于未来社会的理想设想，即在这样的社会中，人们能够根据自己的意愿和能力，自由选择并切换不同的工作和角色，从而实现个人潜能的最大化和社会劳动力的最优配置。

作为马克思主义的杰出继承者，毛泽东同志对人的全面发展理论做出了重要贡献。在新中国成立后，他领导劳动人民在提高国家经济实力方面取得了显著成就，有效改变了当时的社会现状，为中国成为一个更加强大的国家打下了坚实基础。这些成就为人的全面发展提供了必要的社会与经济条件。在新时代的国际竞争背景下，竞争的本质已转变为以经济和科技实力为基础的综合国力之争，其中人才和科技竞争占据了核心地位。因此，社会更加需要培养大量的优秀全能型人才，以应对国际竞争给各行各业带来的挑战。高校作为人才培养的主要阵地，应紧跟时代发展的步伐，转变人才培养理念，加强人才队伍建设，调整学校职能结构，培养更多的复合型人才，以满足社会对高素质人才的需求。这对于提升国家的国际竞争力，促进社会的全面发展具有重要意义。

马克思的人的全面发展理论是马克思主义教育思想中的关键部分。这一理论认为，真正全面的教育应涵盖智力、体能、技术技能、道德和审美等多个方面。这种教育理念的核心在于打破单一专业结构所带来的人才培养局限性，从而实现个人能力的全面和均衡发展。马克思的这一理论从哲学的视角为全面人才的培养提供了坚实的理论支撑，指出教育的真正目的在于培育能够在多个领域都有所成就的全面发展的人才。这不仅是对教育实践的指导，也是对人才培养目标的哲学阐释，强调了教育在培养多元能力和全面素质的人才方面所扮演的重要角色。

（二）跨学科教育理论

跨学科教育理论的发展早在第一次世界大战期间就已经开始，当时的教

< 32 >

育运动主张消除传统文科学科之间的界限。随后，第二次世界大战期间的教育改革深化了对跨学科教育的探索，特别是在整合思维和教育方法方面。到了 20 世纪，包括美国、法国、英国、德国、苏联和日本在内的多个国家对高等教育体系进行了改革，使得学科设置和课程结构更加全面和现代化。这些改革举措迅速获得了国际关注，激发了学术界对跨学科教育的广泛研究兴趣。与以往的研究相比，现代跨学科教育理论重视探索其起源、动机和不同类型。通过这种方式，跨学科教育理论不仅推动了教育实践的变革，也为理解和应用这一教育模式提供了深入的理论基础。

1. 跨学科教育的起源

跨学科教育的概念并非现代才出现，其根源可以追溯至柏拉图和亚里士多德的时代。在那个时期，哲学家们已经开始强调知识的整合性，认为全面的知识体系对于培养全面发展的人才至关重要。尽管专业化的学科成为主流，但跨学科教育在高等教育中一直存在着探索，它成为引领学科整合方向的重要力量。

经济合作与发展组织（OECD）对跨学科教育的起源进行了总结，归纳为以下五大驱动需求：

（1）学科自身的发展需求。随着学科日益专业化，研究领域变得深入和精细。与此同时，出现了许多新兴的交叉学科，它们跨越了多个领域，整合了不同学科间的相关概念。这些学科的知识往往需要借助其他学科的理论和方法进行阐释，从而丰富学科知识和种类。

（2）学生发展的需求。有些学生对划分明确的学科感到不满，他们希望通过跨学科教育找到一种妥善的解决办法。这种需求实际上是对传统学科分类的一种反抗，代表了学生从自身角度对教育现状的主动应对，确保自己的基本学科需求得到满足。

（3）职业训练的需求。在现代社会，需要能够从多角度处理问题的人才，而传统的学科分类培养出的是在某一特定领域内的专家。跨学科教育能够解决这一问题，培养出能够综合运用各学科知识的专业人才。

（4）社会革新的需求。随着社会的发展，诸如城市化研究、环境研究等新兴领域应运而生。这些领域的研究通常需要广泛的知识背景，涉及多个学科。因此，跨学科教育能够满足这些新兴领域的学习需求，为通识教育带来

< 33 >

革新。

（5）大学管理的需求。在一些高校中，跨学科教育在管理方面发挥着作用。通过跨学科教育的应用，学校可以在管理或职能分配上进行新的尝试。这种做法与大学体制的重新组织和布局直接相关，有助于合理地分配学校资源和管理经费，从而提升高等教育的管理效率，实现预期的良好效果。

2.跨学科教育发展动机

经济合作与发展组织通过对几所大学的深入研究，提出推动跨学科教育发展的四大动力：

（1）源自学生的动机。在跨学科教育中，学生有机会接触到前沿、实用的知识，这不仅增强了他们的学习兴趣和自信，还拓展了新的职业领域，为他们提供了更多的就业机会。此外，跨学科教育有利于学生的全面素质提升，帮助他们更好地适应市场需求，并激发创新精神和研究技能。

（2）源自教师和研究人员的需求。教师在跨学科教学中能够灵活地运用不同的教学方法，以达到教学目标。这种方式为研究人员在遇到难题时提供了更多的解决方案，打破了单一领域研究的局限性，增加了知识储备，并开启了新的研究领域。

（3）源自大学体制变革的要求。当前的大学体制存在一些不足之处，跨学科教育在体制变革中起着重要作用，它不仅打破了学校内部学科之间的沟通障碍，还将社会与学校、现实与理论紧密联系起来。

（4）源于科学兴趣的动机。跨学科教育能够创造新的专业化领域，同时避免了过度专业化的问题。它展示了不同现象之间的共性，同时能对它们进行区分。通过拓宽学科范围，跨学科教育可以精准确定新的研究领域，为理论提供实践的平台。

3.跨学科教育分类

跨学科教育可以分为四类：第一，借用型跨学科教育，即借用别的学科知识为本学科的教学服务；第二，综合型跨学科教育，即采用教学小组的形式，将多个教师涉及的不同领域进行融会贯通，合作教学；第三，概念型跨学科教育，即调动学生积极性，在复杂的教学活动的前提下发现其方法的优缺点，批判教学；第四，超学科型跨学科教育，即综合运用所有学科的方法，突破各个学科间的界限。

< 34 >

（三）多元智能理论

美国哈佛大学的知名认知心理学家霍华德·加德纳教授在 1983 年出版的著作《心智的结构》中，首次阐述了多元智能理论。这一理论对传统的教育模式和标准化测试的评价体系产生了重大影响，引起了教育界的广泛关注。该理论突破了传统对智能单一维度的理解，为教育提供了全面和多样的视角，促进了教育方式的创新和发展，因而自 20 世纪 90 年代以来，便成为许多西方国家教育改革的核心指导思想之一。

霍华德·加德纳在其多元智能理论中提出，智力并非一个单一的实体，而是一系列复杂且多样的能力集合。他认为，智能本质上是多元化的，它涉及个体在特定社会或文化背景下，为解决实际问题或创造有价值的成果所需的各种能力。根据加德纳的观点，人类普遍拥有八种不同类型的智能：第一种是语言智能，涉及个体对于文字、语序、语音和语言节奏的敏感性和理解力；第二种是数学逻辑智能，体现在个体建立行为和符号间逻辑关系的能力上；第三种是视觉空间智能，表现为个体在空间布局方面的思维能力；第四种是身体动觉智能，指的是个体利用身体部分或全部来解决问题的能力；第五种是音乐智能，涉及对音乐节奏、音高、音调和旋律的感知能力，包括唱歌、演奏乐器和作曲的能力；第六种是人际智能，体现为个体与他人有效交往的能力，以及对他人情绪、感情的敏感洞察力；第七种是自省智能，关乎个体对自身情绪、目标的认识、洞察和反思，以及基于自我认知采取行动的能力；第八种是自然智能，指个体对自然环境特征进行分类和区分的能力。

在多元智能理论中，个体为达成特定目标而动用的不同智能类型之间并非孤立无关，而是存在着互相影响和联系。这种互动可以通过三种效应来解释：瓶颈效应、补偿效应和催化效应。瓶颈效应指的是在个体的多种智能中，某一智能的不足可能会限制其他智能的发展。例如，一个学生可能在数学方面表现出色，但其语言智能相对较弱。补偿效应是指在个体的智能体系中，较弱的智能可能被较强的智能所掩盖。例如，一个戏剧表演者可能在身体动觉智能上有所欠缺，但他的语言智能可能更为出色。催化效应则描述了一种情形：一种智能能够促进其他智能的发展。例如，一个文学创作者在写诗时，其视觉空间智能和音乐智能可能会激发其画面和节奏的灵感。跨学科教育能够激发不同智能之间的催化效应，挖掘学生在各方面的潜能，并将其

< 35 >

转化为日常生活中的行为表现,实现教育的终极目标。为了促使催化效应发生,可以通过开设综合性课程和组织整合性活动,将具有不同智能的人汇聚在一起,让各自的智能相互作用,借助团队力量实现更大的教育效果。在这个过程中,参与者的智能将得到发展,可能会培养出新的智能或加强现有的智能,实现合作共赢的局面。

然而,尽管多元智能理论在中小学教育中得到了广泛应用,但在高等教育领域的运用相对有限。这引发了一系列问题:多元智能理论在高等教育中能带来何种效益?它对于跨学科综合性人才培养能发挥多大作用?这些现实问题仍需进一步探索和解答。

(四)教育目标理论

在高等教育领域,培养人才是关键目标之一。为了实现这一目标,高校必须遵循特定的教育原则,采用有效的教学方法。在这一过程中,提供指导方向的有三个主要理论:教育功能理论、教育目的理论和高校职能理论。这些理论为高等教育的实践提供了基础框架和导向,帮助高校在人才培养过程中明确方向和方法。

1. 教育功能理论

教育功能理论是确定教育目标的基本出发点,其核心在于教育活动对人类及其社会发展的积极作用。教育的本质定义为培养人的过程,这一定义包含了教育、个人和社会三个关键元素,突显了教育在推动个人和社会发展方面的双重功能。作为一种特殊的社会现象,教育与社会的其他领域相交融,如政治、经济、文化等,发挥其独特的作用。教育是面向人的,它促进个体在思想道德、智力、体力、审美、劳动等多方面的发展。社会发展与个人发展之间存在着相互的领导和依赖关系。这一点在教育功能上表现得尤为明显:社会发展依赖于个体素质的提升,只有个体素质提高了,整个社会才能够进步;而个人的发展又依赖于社会发展的成果,个人的进步旨在满足社会发展的需求。

在教育功能理论领域,关于"个人本位教育论"与"社会本位教育论"曾引发了广泛讨论。这两种观点虽然各有侧重,但都缺乏全面和辩证的视角。事实上,社会的发展和个人的发展是相互促进、相互依存的,教育的目的就在于将二者紧密结合起来。教育不仅要促进个人的全面发展,也要推动

< 36 >

社会的整体进步。因此，我们需要全面考量这两种观点的作用，以及它们在教育中的重要性。

2. 教育目的理论

教育目的理论强调了教育活动必须有明确的目标和预期。教育不是一种随意的、无目的的活动，而是需要在开始之前，就对其预期结果和方向有一个清晰规划。教育目的可以被理解为社会对教育活动所期望塑造的社会个体的整体素质和标准的总体规划。这个目的在教育过程中具有显著的影响力，它不仅是制定教育目标的基本理论依据，也是国家对各种教育层次和类别设定的总体目标。教育目的的确定受到多种社会因素的制约。例如，社会的生产力发展水平、社会经济和政治制度、教育对象的身心发展规律，以及历史背景和文化传统，都会对教育目的的设定产生影响。

在中国的教育体系中，设定的教育目标主要围绕以下三个核心方向展开：

首先，中国教育的一个重要目标是培养具备社会主义核心价值观的建设者和劳动者。这一目标强调了在社会主义制度下，教育的重点应当放在培育能够为国家的发展贡献力量的合格公民上，这些人民是国家的栋梁，是推动中国走向更加光明未来的关键力量。

其次，中国的教育系统追求全面发展的理念。德、智、体、美、劳的"五育"均衡发展是教育的基本要求。这种全方位的教育方法有利于学生的身心全面健康成长，确保他们在各方面都能得到均衡的发展和培养。

最后，中国教育强调培养学生的独立个性。全面发展并不意味着所有学生都应该在各方面发展得平均一致。在德、智、体、美、劳的教育中，应当尊重学生的个体差异，根据他们的特点和成长状况，采取不同的教育方法和侧重点。这种教育方式遵循事物发展的客观规律，旨在培养出具有独立个性的个体，而不是千篇一律的标准化人才。

3. 高校职能理论

高校职能理论着重于阐述教育机构在培养人才、促进科学发展和为社会服务方面的角色。教育的核心目标在于人的培养，其功能则体现在推动个体和社会的整体进步上。不同类型的学校，其职能侧重点各有差异。对于高校而言，得益于其强大的师资和科研能力，它们不仅承担着培养高素质人才的责任，还须致力于科学研究的深化，并为社会提供服务。

< 37 >

在高校的三大职能中，培养人才是首要任务。面对新一轮科技革命的挑战，中国高校需要通过教育和教学改革，培养具有创新能力的实践型人才，以满足时代的需求。高校在科学研究方面扮演着关键角色，不断推动科学领域的发展。此外，服务社会也是高校不可忽视的职能之一。通过利用其独特的资源和优势，高校可以为社会作出重要贡献。目前，高校正通过与研究机构和企业等建立合作，综合发展教学、科研和生产活动，培养出能够适应社会需求、具有高创造力的人才。

总体来看，高校在制定教育目标时，需要在教育功能的总体框架内进行规划和实施。同时，根据不同类型的教育特点，采用因材施教的方法，为国家的人才培养作出贡献，并发挥高校在教育领域的独特作用。这些职能的实现不仅是高校责任的体现，也是其在社会发展中发挥影响力的重要途径。

（五）通识教育理论

通识教育，起源于古希腊时期的亚里士多德所倡导的自由教育或博雅教育，后经由人文主义教育发展而成。在文艺复兴时期，人文主义教育旨在向青少年提供全面教育，目的是培育出身心全面发展的个体。这种教育强调自由人的价值观，致力于提升受教育者的道德和智慧水平，激发和发展个人的高尚品质和最佳潜能。

时至今日，通识教育的概念仍然没有一个固定且统一的定义。它在不同的文献中有着不同表述。中国学者汪永铨和李曼丽在综合研究国内外相关资料后，对通识教育进行了详细的概括。他们从三个方面对通识教育进行了描述：从性质来讲，通识教育是高等教育的一个重要组成部分，是面向所有大学生的非专业化教育；就其目的而言，通识教育的核心在于培养能够积极参与社会活动的人，具有强烈的社会责任感、全面发展的社会成员和国家公民；在内容方面，通识教育强调提供广泛的、非专业的、非功利性的基本知识、技能和态度的教育。综合来看，通识教育致力于培养学生在多方面的知识、技能和价值观，使他们成为全面发展的人才。

自中华人民共和国成立以来，我国的高等教育体系在很大程度上借鉴了苏联的模式，将学科划分为文、理、工、医、农等明确界定的专业领域，形成了专业界限较为狭窄的教育格局。这种教育模式强调对应专业领域人才的培养，导致了一系列教育弊端，如过分重视科技而忽视人文，专业教育优先

< 38 >

于通识教育，书本知识高于实践技能，统一教学忽视学生个性，重视知识传授而忽略方法培养，课内学习优先于课外活动，以及教师灌输式教学模式超过了学生主动探究。随着时代的变迁，这种刻板的专业化教育模式已经越来越不适应快速发展的社会现实。特别是在社会主义市场经济体制不断调整的背景下，传统的人才培养模式已显力不从心。现代社会迫切需要的是全面发展的人才，技术人员已逐渐达到饱和状态，未来的人才培养趋势应是培养具有全面思维、多样技能和优秀素质的人才。在当前的大背景下，许多企业对大学毕业生的评价是"虽有专业知识，但知识领域狭隘，缺乏实际操作能力"。因此，人才培养的目标和愿景必须更加广泛和远大，需要培养出具有强大动手能力、灵活思维和高素质的大学生。高校教育应注重复合型人才的培养，以提高学生适应快速变化市场的能力。这意味着，高校教育应超越传统的专业界限，拓宽学生的知识领域，强化实践技能的培养，以及培育学生的综合素质，使其成为能够适应并引领社会发展的高质量人才。

近年来，通识教育在高等教育领域中受到重视，逐步成为教育的重要趋势。在社会文化的推动下，众多高校开始将培养具备多元能力的复合型人才作为其教育目标。这种教育模式不仅注重学生个性和人格的健康发展，还致力于提升学生的整体素养，使他们具备扎实的基础知识、广泛的知识视野和杰出的各项能力。为了适应这种教育趋势，调整高校课程结构变得至关重要。通识教育在大学课程中占据了重要位置，以学分为基础，根据教学内容合理分配学分比重，并提供丰富多样的选修课程，以拓宽学生的学术视野和兴趣领域。这种教育方式实现了文科与理科的有效融合，确保大学生们拥有广博的知识和充足的兴趣，从而在综合素质和能力方面得到全面提升。高校通过引入不同学科领域的内容，促进了学生的跨学科学习和思维开拓，提高了学生的综合素养。这种教育模式不仅有助于学生在专业知识上的深入学习，也促使他们在非专业领域获得必要的知识和技能，为未来的职业生涯和社会生活打下坚实的基础。通识教育在高等教育中的强化，标志着高校教育注重培养学生的全面性，努力将他们培养成为适应社会需求的高素质人才。

（六）教育规律理论

教育领域遵循着两个关键的理论规律，即教育的外部和内部关系规律。首先，教育外部关系规律涉及教育系统与社会其他系统之间的动态互动。教

< 39 >

育不仅是社会的一个重要组成部分，而且与政治、经济、文化等其他社会系统相互作用和影响。这种互动表明，教育的发展和变革往往受到社会其他领域的影响，同时对社会的整体发展产生影响。例如，经济发展水平会影响教育资源的分配，政治理念会影响教育政策的制定，文化趋势会影响教育内容和方法的选择。其次，教育内部关系规律关注的是教育系统内部各要素之间的相互关系。这些要素包括教育的内容、方法、目标、教师、学生等，它们之间相互依存、相互作用。例如，教学方法的选择会影响学生的学习效果，教育目标的设定会影响教学内容的组织，教师的素质和能力直接影响教育质量。教育内部的这些要素形成了一个复杂的网络，每一个要素的变化都可能影响整个教育系统的运作效率和质量。

教育体系，尤其是高等教育，在现代社会扮演着重要的角色，它的发展与社会的政治、经济、科学和文化紧密相连。根据教育的外部关系规律，教育不仅受到这些领域的影响，还必须积极服务于它们的发展。具体来说，高等教育应当与政治、经济、科学、文化等领域保持同步发展，以促进社会的整体进步，并满足社会不断变化的需求。随着改革开放的深入，中国从传统的计划经济体制过渡到社会主义市场经济体制。这一转型为高等教育带来了前所未有的挑战和机遇。市场经济的建立和发展为教育领域开辟了新的道路，这要求高校顺应市场导向，以市场需求为主要参考，进行学科和专业的合理设置。在这一过程中，高校需要不断调整专业结构和人才培养模式，以更好地适应社会发展的趋势。这意味着，学校不仅要关注学术知识的传授，还要重视学生在德、智、体、美、劳等方面的全面发展，以培养出能够适应社会主义市场经济体制下需求的复合型人才。此外，高等教育的改革是顺应社会发展的必然选择。学校应积极探索适应市场经济体制的新模式，通过调整教育内容、教学方法和人才培养策略，以确保教育质量和效果能够满足社会发展的新要求。

个人成才遵循其独特的规律，这要求教育者们不仅要遵循事物的普遍规律，还需针对每个学生的独特性采取个性化的教学方法。在教育过程中，教师应充分考虑学生的特长和不足，以便在特定领域培养出具有专业能力的人才。专才教育的模式，即过分强调某一方面的能力而忽视个人全面发展，不仅与事物发展的规律相悖，而且会削弱学生的个性和创造力，不利于其健康

< 40 >

成长。此外，教育的内部关系规律反映了中国特有的教育理念，明确了人才培养的总体目标，并指导了高等教育的规模和方向。这意味着，高校的培养方针应与国家的人才培养目标保持一致。如果教育实践与既定的人才培养目标出现偏差，就必须对高等教育的人才培养模式进行合理的改革。改革的重点应放在调整人才培养途径和方案，确保这些途径和方案与人才培养的规格和目标相匹配。这样的改革将使人才培养符合国家的人才培养目标，从而有效地培养出适应社会需求的高素质人才。

在当代社会，高等教育机构面临着培养高素质复合型人才的重要任务。这一任务的实施以教育规律理论为基础，适应着学科界限日益模糊和交叉学科的兴起这一现代教育趋势。从 19 世纪 80 年代科学技术向综合化发展的历史节点起，对人才的需求也经历了转变，特别是进入 21 世纪，随着互联网和计算机技术的飞速发展，对具备多方面技能和知识的复合型人才的需求日益增长。在这个背景下，高校应当基于事物发展的客观规律，全面审视社会发展的趋势，以此为依据对人才培养方案进行深入的改革。这种改革的核心是以社会的需求为导向，确立培养目标，旨在培养出能够有效服务于社会的高质量人才。这不仅包括专业技能的培养，还涉及人才的综合素质提升。

高校在制定培养目标的同时，需参考教育内部关系规律，对专业培养计划进行适当的调整，确保这些计划与高等教育的培养目标紧密相连。这种调整应当体现在课程设置、教学方法和实践活动的安排上，以期有效地促进人才的全面成长和资源的合理分配。通过这样的改革，高校可以高效地完成人才培养工作，最终培养出既有深厚专业知识又具备广泛通识能力的复合型人才，满足当代社会的多元化需求。简言之，高等教育的挑战在于如何在快速发展的社会环境中不断创新和调整教育策略，以培育出能够适应未来世界的全面发展人才。

（七）素质教育理论

自 20 世纪 80 年代初期起，中国陆续提出了提升劳动者、民族以及国民整体素质的重要性。在此背景下，"素质教育"这一概念首次由柳斌在其文章《努力提高基础教育的质量》中正式提出。随后，在 20 世纪 90 年代基于已有的教育基础，中国开始深入地探索和发展素质教育理念。1993 年中共中央和国务院发布《中国教育改革和发展纲要》，深入论述了教育对于提升

< 41 >

全民素质的重要作用；1994 年颁布《中共中央关于进一步加强和改进学校德育工作的若干意见》，明确提出了加强素质教育的具体要求。1999 年颁布《中共中央 国务院关于深化教育改革全面推进素质教育的决定》，将素质教育确立为中国教育改革和发展的长期策略，这标志着素质教育理念已形成一套系统的思想体系。《中华人民共和国义务教育法》也明确规定，"义务教育必须贯彻国家的教育方针，实施素质教育"。素质教育理念是在当前知识经济的条件下孕育的一种全新教育思想，它旨在服务于教育体制的全面改革。这种教育模式涉及人才培养模式的构建、教育理念的更新和教育体制的整体改革，致力于培养能够适应现代社会需求的全面发展的人才。

在教育学领域，个人素质被定义为一种与先天基因紧密相关且能够通过后天培养进行改善和发展的稳定品质和心理特征。这种品质的形成依赖于探索性活动和实践性认知。个人素质的形成受到两方面的影响：一方面是先天遗传条件，另一方面是后天的教育和社会文化环境。因此，个人素质既是人的本性的展现，也反映了社会教育和文化的影响。在构成人才的诸多要素中，素质、能力和知识被视为三个基本的组成部分。特别是在高等教育中，个人素质可以分为四个主要方面：文化素质、思想道德素质、身心素质和专业素质。这四者之间的关系可以理解为：文化素质构成了基础，思想道德素质是根本，身心素质是重要的资本，专业素质则是关键的技能和能力。这些要素共同作用，共同塑造一个全面发展的高素质人才。

中国目前正致力于推广素质教育，这一教育体系强调高校在培养人才时必须立足于素质教育。在这个框架下，高校在培养人才时需遵循以下三个核心原则：首先，教育应紧密结合社会现实需求，强调实践操作的重要性。这意味着学生不应仅限于书本知识，而应通过实践活动提升个人技能和素质。这种方法有助于学生摆脱传统的、刻板的学习模式，全面地发展。其次，高校应致力于学生素质的全方位发展。这包括文化素质、思想道德素质、身心素质及专业素质等方面。高等教育机构不应只注重某一方面的发展，而应在德、智、体、美、劳等各方面均衡发展，为学生提供一个全面成长的教育环境。最后，人才培养应兼顾素质、能力和知识的综合发展。这三者并非相互独立，而是相互联系和影响的。因此，高校应努力实现在不同方面的平衡发展，培养能够适应新时代需求的高素质、高水平人才。

< 42 >

第二节 高校人才培养模式的概念与构成要素

一、高校人才培养模式的概念

在 21 世纪初，中国的高等教育改革讨论中，"人才培养模式"成为一个核心议题。这个概念由于其基本构成词语的直观性，长期以来缺乏一个严格且普遍接受的定义。笔者所探讨的人才培养模式，参照了目前国内学术界广泛引用的定义和基本要素。虽然对这一概念的表述多种多样，但各种观点基本上达成了对其内涵的共识。简言之，尽管"人才培养模式"这一术语在学术界的确切定义尚未统一，但其核心思想和包含的要素已在学术讨论中得到了普遍认可。笔者在讨论人才培养模式时，正是基于这些广泛认同的概念和要素，对其进行了深入的分析和探索。

"人才培养模式"这一术语在中国教育领域的普及始于 20 世纪 90 年代。其首次在官方文献中出现是在 1994 年，当时国家教育委员会在其《高等教育面向 21 世纪教学内容和课程体系改革计划》中提及了这一概念。此后，这一术语在 1998 年教育部举办的第一次全国普通高等学校教学工作会议的主要文件《关于深化教学改革，培养适合 21 世纪需要的高质量人才》中被进一步阐述和明确。该文献中对"人才培养模式"的定义是"人才培养模式是学校为学生构建的知识、能力、素质结构，以及实现这种结构的方式，它从根本上规定了人才特征并集中体现了教育思想和教育观念"。它强调了教育中的几个关键要素，包括知识结构、能力培养、素质提升、实施方式、教育思想和教育观念。这些要素共同构成了人才培养模式的核心内容，并从根本上规定了人才的特征，体现了教育的理念和观点。

在学术研究领域，对于"人才培养模式"的定义和理解达成了一定程度的共识。1999 年，龚怡祖教授在其著作《论大学人才培养模式》中对此进行了深入探讨。他认为，人才培养模式是在特定的教育思想和理论的指导下，为了达到既定的培养目标和标准，所采用的一种标准化的培养过程的结

< 43 >

构和操作方式。这种模式在实际应用中形成了独特的风格和特点，显示出系统性和规范性的特征。另外，蒋爱军等学者在他们的研究《独立学院本科应用型人才培养模式研究》中提出了一个简洁的定义。他们认为，人才培养模式是高校在特定教育理念的指导下，为实现培养目标所采取的培养体系、途径和机制的规范化模式。这个定义强调了教育理念在塑造培养模式中的重要性，并突出了培养体系、途径和机制的标准化和系统化。

在 2012 年，董泽芳综合分析多位学者对"人才培养模式"的定义后，提出了自己的观点。他认为，"人才培养模式"是教育主体为实现特定的培养目标，在既定教育理念的引导和相应培养制度的支持下，所设计的一套理论模型和操作方法。这套模型和方法由多个要素构成，具有系统性、目标导向性、中介性、开放性、多样性及可模仿性等特点 ①。

综观众多解释，我们可以理解"人才培养模式"实际上涉及两个核心问题："培养什么样的人"和"如何培养这样的人"。这一概念的具体内涵和质的特征可从以下四个方面阐述：第一，高校中的人才培养活动是人才培养模式的基础和焦点。这意味着人才培养模式的定义范围应该包含高校人才培养活动的全过程，从入学到毕业的每一个环节都应被涵盖。第二，人才培养活动不仅涉及一系列组成要素的静态结构和它们之间的相互关系，还包括这些要素在实际运行中的动态状态。这些结构要素和它们在活动过程中的运行方式共同构成了人才培养模式的主要内容。这些要素可能包括课程设置、教学方法、评估标准、实践机会等。第三，人才培养模式中的各个要素是根据一定的规律进行组合，并按照特定的教育规律实现相互联系与制约，形成一个有机的整体。任何一个要素的发展和变化都可能引起其他要素的相应变化，从而影响整个人才培养模式的运作。这样，不同要素的组合和发展变化可以形成具有不同风格的人才培养模式。第四，人才培养模式受到教育思想、教育理论、教育目的、教育需求等外部因素的影响和制约。随着这些外部因素的变化，人才培养模式中的相关要素将发生变化，进而促进人才培养模式的创新发展。总的来说，人才培养模式本质上是一种过程范畴，它关注于人才培养过程的设计、构建和管理。它是对人才培养过程的全面表达，具有明显

---

① 董泽芳.高校人才培养模式的概念界定与要素解析[J].大学教育科学，2012（3）：30-36.

< 44 >

的计划性、系统性和可操作性。作为一整套方法论体系，人才培养模式集中体现了人才培养的目标导向性、计划实施性、过程控制性以及质量保证性。这种模式不仅指导着高校在培养人才时的具体做法，也为其提供了一个全面的理论和实践框架，以确保培养出能够满足社会和时代需求的高素质人才。

综合上述讨论，笔者对"人才培养模式"做了以下详细的描述性定义：在特定的社会发展和教育进步背景下，人才培养模式是一种综合性的教育活动模型。这种模型以现实的社会需求和教育发展状态为基础，受特定教育思想和观念的指导，旨在实现特定的教育目标。它以教育的目的为核心导向，依托于精心设计的教育内容，通过创新的教育方法来实现，并直接影响并促进受教育者的身心发展。这一模式涵盖了教育活动中的关键要素，包括培养目标、培养规格、培养过程和教育评价，并展现了这些要素之间的紧密和有机联系。简而言之，人才培养模式是一个全面反映教育目标、内容、方法和评价之间相互作用的综合体，它旨在为社会和个人提供高效、有序的教育路径，以培育出适应时代需求的高素质人才。

二、高校人才培养模式的构成要素

人才培养模式的范围广泛，涵盖了整个人才培养过程的实际操作，它可以从四个关键方面来具体理解和划分。首先，从价值层面来看，人才培养的目标和规格决定了要培养怎样的人才。这一层面涉及的是教育的根本目的和理想人才形象的设定，即明确教育应达到的终极目标和人才的理想特质。其次，内容层面关注培养制度和培养内容。这涵盖了用于培养人才的具体教育内容和方法，包括课程设置、学习材料、知识和技能的组合等，从而确定教育的具体实施内容。再次，从行为层面来讲，教育途径和教学方法构成了人才培养的实际操作方式。这包括教学的手段和方式，如课堂教学、实验实践、在线学习等，以及这些方法如何被运用来实现教育目标。最后，结果层面涉及的是人才培养质量评价体系。这一层面评估了教育活动的成效，即最终培养出了怎样的人才。这通常包括学生成绩、能力评估、就业情况等。

综上所述，人才培养模式的构成要素可以从这四个问题的基本逻辑脉络出发进行划分，可以将人才培养模式的构成要素划分为以下四种：

第一，目的要素是人才培养的核心。它不仅指引了整个教育活动的方向和

< 45 >

最终目标，而且为确定教育内容、选择教育方法及评估教育成果提供了基准。从宏观角度来看，这一要素反映了教育活动的根本价值，即教育应给予学生什么样的影响，以及其对社会的贡献。具体而言，它聚焦于教育活动的明确目标，如通过特定的教育活动，学生应该获得何种知识、能力和其他素质。

第二，内容要素涵盖了人才培养的具体实施细节。这包括人才培养的规定、程序和实施体系，它们是教育活动顺利进行的基础和保障。此外，培养过程，如专业设置、课程体系、教育主体、培养方案和教学组织形式，构成了人才培养模式的核心，是实现培养目标的关键。

第三，方法要素包括为了达成教育目的而采取的所有程序、方式和手段。教育方法的多样性是因为它既包括教育者施教的方法，也包括学生在教育者指导下的学习和自我教育方法。

第四，评价要素涉及对教育实施过程和结果的评估。这一要素是衡量人才培养质量的关键，包括评估内容、标准和方法等。

综合来看，高校人才培养模式由这四个要素组成：培养目标（即教育的目的和期望成果）、培养规格（即具体实施的标准和要求）、培养方案（即教育活动的具体计划和安排）以及培养途径（即实现教育目标的方法和路径）。这些要素相互联系、相互支持，共同确保了人才培养过程的有效性和教育成果的优质性。

（一）培养目标

在设定高等教育的培养目标时，首要任务是遵循国家的教育政策和高等教育的整体目标。这需要在正确的教育思想和教育观念的基础上，考虑多种因素，包括每所高校的运营定位和特色、各专业的学科属性、社会的需求、学生就业趋势、学生来源的情况，以及学校的运营条件等。通过综合这些元素，各高校应制订出符合教育部宏观目标的同时，体现出地方特色和自身特点的人才培养目标。这样的目标既顺应国家教育战略，又具有个性化和适应性，能够更好地满足社会和学生的需求。

（二）培养规格

在制定高等教育的人才培养规格时，主要依据国家的教育政策和劳动市场的需求。这些规格根据教育部发布的《高等学校相关专业教学大纲》来确

< 46 >

定，并涵盖几个核心领域。首先是知识的要求，这要求学生掌握扎实的基础知识和具有广阔的知识视野。其次是能力的要求，包括获取知识的能力、独立思考和创新的能力。最后是其他素质的要求，强调了思想道德素质、文化素质和心理素质的重要性。可见，人才培养规格的制定是一个针对专业人才培养目标的合理设计过程。它不仅涉及专业知识的深度和广度，还包括能力和各种素质的培养。这种设计应当充分考虑到专业的特点和市场的需求，以确保培养出的人才能够适应社会和行业的实际需要，同时具备综合素质和专业能力。

（三）培养方案

在高等教育中，培养方案的制定是一个关键步骤，旨在根据每个专业的特定培养目标和规格来设计教育计划。这一过程涉及精心设计教学计划、优化课程结构和教学内容，确保这些元素与人才培养的知识、能力和素质要求相匹配。具体来说，这意味着根据专业要求制定出综合性的课程安排和教学大纲，这些安排和大纲应全面反映专业培养的计划，同时确保学生能够在完成学业过程中获得必要的知识储备、技能训练和综合素质提升。这种专业培养方案的目标是为学生提供全面而系统的教育经验，以满足他们未来职业生涯的需求。

（四）培养途径

在实施人才培养过程中，选择适宜的培养途径至关重要，这需要基于已经制定的人才培养方案。这些培养途径涵盖了教学方法、手段以及不同的教学模式，旨在有效达成设定的培养目标。高校人才培养模式可用图2-2来表示。

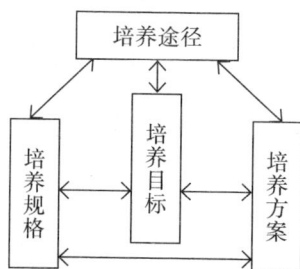

图2-2　高校人才培养模式的构成要素

< 47 >

其中，培养目标位于核心位置，强调其在整个过程中的主导作用。图中的双向箭头表示各个要素之间的相互作用与影响。在这个模式中，教学方法和手段是实现培养目标的关键工具，各种具体的教学模式则是这些工具的具体实施形式。通过这样的相互作用，培养途径能够有效地支持和促进学生的知识、能力和素质的全面发展。

第三节　高校人才培养模式的类型及多样化的原因

一、高校人才培养模式的类型

高校人才培养模式的多样化是教育发展的一个重要趋势，反映了教育体系对不同学习需求和多元化职业市场的适应。具体来说，高校人才培养模式的类型主要有以下几种（见图2-3）。

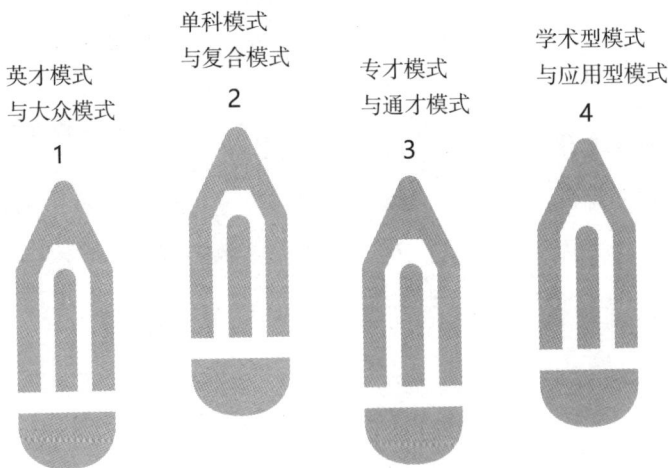

图2-3　高校人才培养模式的类型

（一）英才模式与大众模式

英才模式侧重于教育系统内的层次划分和选拔机制。它主张通过教育过程对学生进行筛选和淘汰，从而分离出具有高学术潜力的学生和普通劳动

< 48 >

力。这种模式下，学生往往会根据他们的学业成绩或潜能被分配到不同的教育轨道，有时甚至在同一教育机构内部实行分班。其核心理念是培养特定的精英群体，以满足社会的特定需求。相比之下，大众模式强调教育的普及性和公平性。这种模式反对基于学业成绩的分流和分班制度，倾向于提供一种普遍和开放的教育体系。在大众模式下，教育旨在为所有学生提供均等的学习机会，不论他们的学术能力如何。这种模式认为，每个人都应有机会接受教育，以发展个人潜力和综合能力。

英才模式与大众模式在教育目的、学生分流、教育资源分配等方面存在显著差异。英才模式倾向于优化资源分配，专注于培养高水平的学术或专业人才，大众模式则致力于实现教育资源的平等分配，促进社会整体的教育水平提升。两种模式各有利弊，其选择和实施取决于一个国家或地区的教育理念、经济状况以及社会需求。

（二）单科模式与复合模式

单科模式专注于在特定的学科领域内培养专业人才，这种模式强调深入的专业知识和技能。在这种模式下，学生们通常只专注于他们所选择的领域，如工程、经济或艺术等。这种教育方式的优势在于能够培养出在特定领域具有深厚知识和技能的专家。然而，它的局限性在于学生可能在其他领域的知识和技能上缺乏了解和训练，导致知识视野相对狭窄。复合模式强调跨学科的学习和思考。这种模式下的教育不仅仅关注单一学科的深入学习，还鼓励学生探索和学习多个学科领域的知识和技能。复合模式旨在培养具有广泛知识基础和多领域技能的人才，这些人才能够在多个学科领域内展示出一定的专业水平。这种教育模式的优势在于能够培养出适应性强、创新能力高的多面手，他们能够在快速变化的现代社会中更好地应对跨学科的挑战和需求。当前，随着社会和技术的快速发展，对于能够跨学科工作和思考的复合型人才的需求不断增加。

（三）专才模式与通才模式

专才模式强调对学生进行专业化教育，将学生的学习重点集中在特定的专业领域。这种模式的特点在于它重视专业学科的逻辑体系和深度。与职业教育中的技能训练不同，专才模式注重理论知识和专业能力的培养。在这种

< 49 >

模式下，学生通常接受严格的专业培训，以确保他们在特定领域的专业素养和技能达到高水平。与此相反，通才模式侧重于提供广泛和全面的教育。这种模式强调普通高等教育的共同基础，也就是所谓的通识教育。通识教育旨在培养学生的基本学术能力和批判性思维，同时激发他们对不同学科的兴趣和理解。在通才模式下，学生不仅仅学习特定专业的知识，还会接触到一系列不同领域的课程，以培养其广泛的知识视野和灵活的思维方式。

专才模式与通才模式的关键区别在于它们对知识内容深度和宽度的不同处理方式。专才模式注重深度，致力于在特定领域内培养高水平的专业人才；通才模式则重视宽度，通过广泛的课程设计培养学生的全面能力和适应性。

（四）学术型模式与应用型模式

在当代教育体系中，学术型模式与应用型模式分别体现了教育目标和人才培养方向的不同侧重点。学术型模式主要着眼于培养学生的科研能力和学术思维，其目标是造就能够在科学研究领域作出贡献的学者和研究人员。这种模式强调理论知识的深入探究和学术探索能力的培养，旨在促进学生对学科理论的深刻理解和创新性思考。学术型人才通常在理论和基础研究领域展现出卓越的能力。相较之下，应用型模式注重实践技能和应用能力的培养。这种模式的重点在于为学生提供与技术开发、产品创新、经营管理、社会服务等实际工作密切相关的知识和技能。应用型教育不仅仅关注理论知识，更强调这些知识如何被有效地应用于解决实际问题。因此，应用型人才往往在行业和市场中发挥着重要的角色，他们的知识和技能直接对接社会的实际需求。

此外，教育体系中还存在如弹性模式与刚性模式、师本模式与生本模式等其他分类方式。弹性模式与刚性模式主要关注的是教育过程中教学管理制度的不同，如学分制与学年制的差异。师本模式与生本模式则着眼于教学过程中的主导角色，分别强调教师主导与学生主导的教育模式。这些不同的模式反映了教育过程中组织和提供知识的多样性，以及学习活动的不同焦点。

二、高校人才培养模式多样化原因

高校人才培养模式之所以会呈现出多样化的特点，主要有以下五点原因

< 50 >

（见图 2-4）。

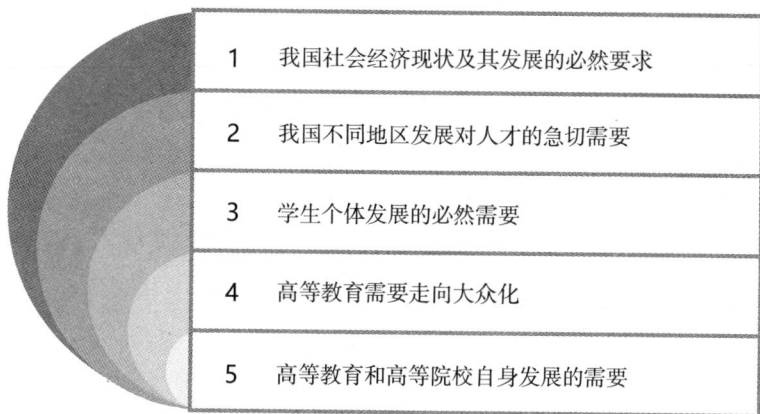

1	我国社会经济现状及其发展的必然要求
2	我国不同地区发展对人才的急切需要
3	学生个体发展的必然需要
4	高等教育需要走向大众化
5	高等教育和高等院校自身发展的需要

图 2-4　人才培养模式多样化原因

（一）我国社会经济现状及其发展的必然要求

自改革开放以来，中国经济迅速增长，城市化进程加速，社会结构和人民生活方式发生了深刻变化。然而，作为一个幅员辽阔、人口众多的国家，中国面临的挑战同样复杂多样。尽管部分城市取得了显著的经济进步，成为国内外瞩目的发达地区，但仍有许多城市和地区存在经济发展不平衡的问题。这种不均衡不仅限于经济领域，还涉及社会的多个方面，如教育、生态环境、就业等。

教育问题尤为关键，它直接关系到国家的未来和民族的素质。在当前的社会经济现状下，人才的培养成为推动经济发展和社会进步的核心。中国正在逐步转变经济增长模式，从劳动密集型和资源消耗型转向创新驱动型。这一转变的成功与否，很大程度上取决于人才的培养和质量。教育不仅需要关注人才数量的增长，更重要的是提高教育质量和效果，培养适应新时代需求的高素质人才。在经济发展不平衡的背景下，中国的城市化进程也带来了一系列问题，如环境污染、交通拥堵、住房紧张等。这些问题的解决同样离不开高素质人才的参与。例如，环境保护和可持续发展需要环境科学家、工程师和管理人员的共同努力；交通问题的解决需要城市规划师、交通工程师和公共政策专家的智慧；住房问题则需要经济学家、建筑师和社会工作者的合作。此外，中国正面临着从传统制造业向高科技产业转型的挑战。这一转型

< 51 >

不仅需要大量的科技人才，还需要改革现有的教育体系，使之能够培养出更多创新型、复合型和应用型人才。这要求教育体系不仅要注重知识的传授，更要重视创新能力、实践能力和综合素质的培养。

随着中国走向国际舞台，其教育体系的多元化成了适应全球化时代的一项必然选择。多元化的教育不仅是文化交流和国际合作的桥梁，更是培养能够适应世界多元文化和全球化挑战的人才的关键。在这一背景下，中国的教育体系，尤其是高等教育，正面临着前所未有的改革和发展需求。为了实现科教兴国、人才强国的战略目标，中国的高等教育必须从根本上进行改革。这一改革不仅涉及思想教育和人才培养模式，还包括专业设置和教育目标的全面调整。在思想教育方面，需要培养学生的国际视野和跨文化交流能力，让他们能够理解和尊重不同文化的价值观和行为模式。在人才培养方面，必须强调多元化的培养模式，包括跨学科学习、创新思维训练以及实践技能的提升，以适应不断变化的全球化环境。专业设置的调整也是高等教育改革的重要组成部分。随着科技的进步和社会的发展，新兴的学科领域不断出现，旧有的学科结构需要更新，以适应新的社会需求。这不仅意味着增设新的学科和专业，还包括对现有学科内容的更新和改革。高等教育的培养目标也应从单一的知识传授转向综合素质的培养，注重培养学生的创新能力、实践能力和国际竞争力。另外，改革需要调整教学过程和优化课程结构。这包括采用更加灵活和开放的教学方法，如项目式学习、案例教学、在线教育等，以提高教学的效果和质量。

（二）我国不同地区发展对人才的急切需要

在中国经济的快速发展过程中，高等教育体系面临着前所未有的挑战与机遇。过去的高等教育体制，在高度集中统一的计划经济体制下形成，以"大一统"的模式为主，这种模式主要强调学理型人才的培养，尤其在一些知名高校中更为显著。然而，随着改革开放政策的实施和市场经济的发展，尤其是进入20世纪90年代以来，社会对人才的类型和规格需求变得日益多样化。

不同地区的经济发展状况和特色产业的不同，导致了对人才规格的不同需求。在一些地区，对应用型和技术型人才的需求迅速增长，而在另一些地

< 52 >

区，可能重视理论研究和学术型人才。这种多样化的需求与过去单一的人才培养规格之间的矛盾日益凸显。为了适应这种变化，中国高等教育体系必须进行深刻的改革，打破过去的"大一统"模式，向多元化和灵活的人才培养方向转变。

应用型人才教育的崛起是这一转变的重要体现。应用型人才培养模式注重实践能力和技术技能的培养，能够更好地满足市场经济和地区发展的实际需求。这种模式的推广，将有助于培养一批适应地区经济特色和产业发展需求的专业人才，从而推动地区经济的发展和社会的进步。此外，中国高等教育的改革需要考虑到地区之间发展的不平衡性。对于经济较为落后的地区，教育资源的合理分配和教育质量的提升尤为关键。同时，对于经济较为发达的地区，则需要注重创新能力和国际竞争力的培养。这样的改革不仅能够促进地区间的经济均衡发展，还能够提升我国的综合国力和国际影响力。

（三）学生个体发展的必然需要

在当今知识社会的背景下，随着高等教育的普及和社会结构的多元化，学生群体的构成变得复杂和多样。这种多样性不仅体现在学生的思想观念、能力素质、人生经历上，还反映在他们的教育和职业期望上。在这样的社会环境中，人才培养的挑战和需求随之变得复杂和多元。

当代社会越来越重视个体的需求和发展，这一点在高等教育领域尤为显著。学生们不再仅仅满足于传统的知识学习和技能培养，他们对于个性化的学习体验、创新能力的培养以及精神信仰的追求有着更高的期待。这种变化是由外部社会的多元文化影响和内部个人的责任感、信念感等因素共同推动的。在这样的背景下，高等教育的人才培养不仅是社会对高素质人才的需求，更是学生个体发展的必然需要。学生们期望通过教育实现自我价值的提升、个性的发展和生涯目标的实现。因此，高校需要对教育模式进行创新，以适应学生的多元化需求。这包括提供灵活和个性化的课程设置、鼓励创新和批判性思维的培养、加强职业规划和生涯发展指导等。此外，高等教育应关注学生的全面发展，不仅仅是学术能力的提升，还包括情感、伦理、社交等多方面的能力培养。这种全面的人才培养模式有助于学生更好地适应快速变化的社会，成为既有专业能力又具备良好人文素养的复合型人才。

（四）高等教育需要走向大众化

随着时代的发展，教育已成为推动国家社会、经济、文化和科技进步的关键力量，高等教育的普及化成为现代社会发展的必然趋势。高等教育的大众化不仅意味着更多人能够接受高等教育，更代表着教育内容和模式的深刻变革。在这个过程中，人才培养模式的多样化显得尤为关键。随着社会的多元化和专业领域的不断扩展，传统的单一教育模式已无法满足社会对各类人才的复杂需求。因此，高校需要通过创新教育模式和课程设置，来培养具有不同技能和背景的专业人才。这种转型不仅涉及教育内容的更新，还包括教学方法的改革。例如，项目式学习、跨学科教育、在线课程和国际合作项目等新型教育形式，都是响应这一转变的有效方式。此外，高校应关注学生的全面发展，不仅提供专业知识和技能培训，还要培养学生的创新能力、批判性思维和社会责任感。

（五）高等教育和高等院校自身发展的需要

高等教育在现代社会扮演着重要的角色，不仅是社会发展和个人成长的关键桥梁，也是实现人才多样化培养的重要平台。在多元化的社会环境中，各个行业和岗位对人才的需求各不相同，反映了不同的价值观念、技术要求和专业知识。同时，学生们也呈现出多样性，无论是在成长经历、天赋能力、经济背景还是学业表现方面，都存在显著差异。因此，高等教育体系必须采用多元化的人才培养模式，以满足这些多样化的社会和个人需求。

对于高校而言，面对有限的资源和不断变化的教育需求，制定明确的发展目标和战略规划显得尤为重要。高校需要根据自身的优势和特色，确定发展方向，实施有针对性的资源管理和使用策略。这意味着高校不仅要在特定领域内发挥优势，还要努力避免资源的无效分配和浪费，确保教育资源的高效利用。

此外，高校应积极寻求创新，不断优化教育内容和教学方法。这包括引入跨学科课程、增强实践教学和研究项目，同时要重视学生的个性化发展和职业生涯规划。通过这些措施，高校才能够培养出适应市场需求的人才，同时提升自身的教育质量和社会声誉。

< 54 >

第四节 高校人才培养模式的构建原则

一、动态性原则

高校人才培养模式的构建需要遵循多项原则，动态性原则就是其中之一。动态性原则强调学习的实践性和主动性，相较于静态的课程，学习应被视为一种持续且富有活力的过程。在高校人才培养的过程中，动态性原则具有以下两层含义。

（一）思维的动态性

真正的高校课堂应鼓励学生积极参与思维活动，在学习过程中通过新旧知识的碰撞与融合，产生认知冲突和价值判断，从而推动思维的持续运转。在课堂中，学生应学会捕捉信息，并对其进行辨别和加工。因此，动态性的课堂教学应以"问题"为中心。

综合来看，高校课堂教学中的问题应具备以下几个特征。

1.引发思考

问题应当具有挑战性，能够激发学生深入思考，而非简单地用几个词语或某个公式就能解释。

2.实践性

问题需要结合社会实践中的技能和技巧来解决，只有联系实际，才能获得更具实用性的见解。

3.开放性

问题通常没有唯一的正确答案，而是可能对应一个方案、一个项目或者是人际交往中的一道难题，因此允许学生通过不同路径解决。

以问题为主导的课堂教学能使学生始终保持活跃的思维状态，在动态的思维过程中接受知识。这样，学生不仅能够掌握更具实践性的知识，还能够锻炼思维的灵活性，提高解决问题的能力。

< 55 >

（二）身体的动态性

身体动态性原则强调，教学空间和时间的安排要最大限度地激发学生的潜能，让他们在动态的课堂中充分调动身体各部分的机能，积极参与、体验、互动与交流，从而达到更佳的学习效果。因此，高校课堂应打造更具开放性和灵活性的教学环境，让学生自由活动、交谈、探索，同时充分利用视觉、听觉、触觉等感官，全身心地投入学习。在动态的课堂里，教师应成为课堂的组织者和引导者，通过设计丰富多样的教学活动，帮助学生在动手、动脑与交互的过程中获得更多实践经验，全面发展学生的综合能力，为其未来的发展做好充分准备。

二、合作性原则

合作性原则强调通过师生之间或生生之间的合作来共同完成教学计划。在这个过程中，学生不仅能够提升个体能力，还能在团队互动中培养合作精神，提高适应能力。在这种学习环境中，学生通过小组讨论、合作项目，可以实现知识的共建与技能的提高。合作学习的实施方式多种多样，主要涉及以下几种。

（一）小组讨论

通过有组织的讨论，学生可以自由分享各自的见解和经验，从不同角度剖析问题，从而激发彼此的思维碰撞。教师作为引导者，应当设计具有挑战性的问题，引导学生小组围绕核心主题展开讨论，鼓励不同的观点，以帮助学生形成全面的认知，提高他们的批判性思维能力。

（二）合作项目

在合作项目的实施过程中，学生分工明确，各自承担不同的责任与角色，有利于快速实现共同的目标。这种方式不仅可以使学生更好地掌握理论知识，还能在一定程度上培养他们的团队协作意识，提高他们的沟通能力与领导能力。

综合来看，合作学习不仅促进了学生的综合发展，还营造出积极互动和分享的课堂氛围，有利于学生充分发挥自身的潜能。

< 56 >

三、体验性原则

在当代高等教育中，体验性原则日益成为教学模式构建的核心，其目标是提升学生的综合能力，而非仅仅传授知识。这一原则认为学习是一个动态的探索和内省过程，通过这一过程，学生不仅积累知识，更能在多维度上实现个人价值的提升。

（一）学习过程的探索性和反思性

体验性原则强调，学习不应该是被动接受信息的单向过程，而是一个主动探索和深入反思的过程。学生通过参与设计精心的学习活动，能够在实践中探索知识，通过实际操作来加深理解。同时，反思性学习让学生有机会回顾自己的学习经历，思考如何改进和提升，这种方法能够帮助学生从经验中学习，提高其批判性思维和问题解决能力。

（二）全面能力的提升

体验性教学不仅仅关注知识的传授，更加重视学生能力的全面发展。这包括情感认知的深化、人格的塑造以及道德品质的培养。通过参与具有挑战性的项目和实践活动，学生能够在真实或模拟的环境中学习如何应对复杂情境，这种学习方式有助于学生的情感发展和社会技能的增强。

（三）教师的角色转变

在体验性教学模式下，教师的角色从传统的知识传递者转变为促进者和引导者。教师通过设计与实际或模拟情境相关的课程和活动，引导学生进行深入的探索和体验。这种教学方式要求教师具备高度的创新能力和灵活应用教学资源的能力，他们需要根据学生的反馈和学习进度不断调整教学策略，以确保学生能够在最适宜的环境中实现最佳学习效果。

（四）学生自主学习能力的增强

体验性教学环境鼓励学生主动学习和自我调节。在这种环境中，学生需要不断地调整自己的学习策略，以适应不断变化的学习情境。这不仅提高了学生的自主学习能力，也使他们能够在未来的学习和工作中更加灵活和适应性强。

< 57 >

第三章　数字化时代人才培养与教育发展现状和趋势

第一节　数字化时代的教育转型

一、智能时代的教育新形态

随着智能网络技术的迅速发展，教育领域正经历一场深刻的变革。在数字化浪潮的推动下，教育资源变得更加丰富，服务模式也更加多元和高效。互联网技术与教育的深度融合，不仅改变了公众的教育观念，也促进了学校教育模式和课堂教学方法的创新。这种变化为教育提供了前所未有的机遇，同时提出了新的挑战。为了抓住机遇、应对挑战，推动教育领域的现代化进程，我们必须深刻理解互联网对教育改革的影响，探索适应数字化环境的新型教学方式和教育模式。这包括开发和利用新技术来丰富教学内容，创造互动和个性化的学习体验，以及利用数据分析来提高教育质量和效率。同时，我们需要关注数字化环境下的教师角色变化和学生学习习惯的变化，以确保教育的有效性和公平性。

在探索数字化教育的创新与发展之路时，我们必须深入理解其背后的历史脉络和演变规律。数字化，作为一种全面利用网络空间的策略，通过将信息通信技术融入教育等各个领域，推动了这些行业的创新和发展。教育，作为一种随着人类生产劳动而产生的社会现象，其本质目的在于满足人类参与社会生活和自我发展的需求。因此，要对数字化教育的变革发展规律有深入的理解，就必须回溯教育的发展历史，尤其是近代以来教育形态的转变。

自原始社会以来，教育一直与人类社会的发展紧密相连。从农耕时代、工业时代到信息时代，教育经历了从简单到复杂的演变过程。随着生产力的不断发展和社会的进步，教育的内容、环境和方式也随之发生了显著变化。在这一长期的发展过程中，教育始终围绕着适应社会变革和满足人类需求这一核心进行调整和改革。进入数字化时代，教育领域又迎来了新的变革。信息技术的广泛应用，尤其是互联网的普及，为教育带来了前所未有的变化。这不仅体现在学习内容的丰富多样化、学习环境的数字化和虚拟化，还体现

< 61 >

在学习方式的个性化和灵活性上。数字化教育的出现，打破了传统教育的时空限制，使得学习活动便捷、高效，同时注重学习者的个性化需求。

在人类发展的早期阶段，教育主要是为了适应自然环境和提高生存能力。原始社会中的教育活动紧密围绕着生活和生产的需求，以口口相传的方式教授部落习俗和基本的生存技能。随着人类进入农耕时代，生活方式发生了根本性的变化，人们开始定居，农业生产的发展导致劳动剩余的增加，这一时期教育的范围和内容也随之发生了显著变化。

在农耕时代，教育活动开始趋于系统化和正规化。书院成了教育的主要场所，教育内容不仅包括农业技术知识，还涵盖了道德规范和社会行为准则。这个时期的教育活动不再仅仅局限于生存技能的传授，而是扩展到文化、道德和社会规范的传播。同时，教育与社会地位、职业发展之间的联系开始显现，学习活动逐渐与社会期望和个人发展目标相结合。

随着18世纪60年代第一次工业革命的到来，人类社会迎来了蒸汽时代的崭新篇章。这一时期的教育，在初期相对于农耕时代并未出现显著变化。

19世纪下半叶第二次工业革命兴起，教育领域发生了深刻的变革。电力驱动和劳动分工的大规模生产模式的出现，催生了对大量产业工人的需求，从而推动了教育体系的重大转型。这个时期，班级授课制度成为培养工人的主要教学模式，标志着从农耕时代的个别化指导和自学方式向更系统、集中的教育形态的转变。教育的目的转向培养学生掌握为参与生产活动所需的基础科学知识和制造技能，同时强调人文素养的培养。教学内容、时间和场所变得相对固定，学习方式也趋向标准化，以听讲记忆和掌握学习为主。所有的学习活动都遵循了三大原则：直观性、巩固性和循序渐进。这一时期的教育变革不仅反映了社会生产力和生产方式的变化，也预示着人类对知识和技能需求的转变。通过分析这一时期教育的演进，我们可以看到教育如何适应社会经济的发展，以及如何为工业社会培养所需的人才。这些教育的演变和发展为我们提供了对现代教育体系形成和演化的深刻理解。

随着20世纪70年代电子计算机的广泛应用，人类社会迈入了以信息技术为主导的第三次工业革命，正式开启了信息时代。这一时期，随着计算机和自动化技术的飞速发展，传统的以记忆和操作熟练为主的学习方式逐渐显得不足以应对新时代的挑战。21世纪的到来标志着一个新的教育阶段，强

< 62 >

调个人终身学习的重要性和必要性。在这个新时代，教育的重点开始从传统的知识传授转向培养个人的自主发展能力、信息素养以及社会参与能力。学习方式也因应时代的变迁而发生了革命性变化，合作探究式学习、联通学习和混合学习等新型学习模式逐渐成为主流。这些模式不仅提高了学习的效率和质量，也使学习活动多元化和灵活。此外，学习空间的概念也在这一时期发生了根本性变化。传统的物理学习空间被网络空间所打破，学习活动不再局限于特定的时间和地点，而是延伸到了虚拟的网络世界。这一转变极大地拓展了学习的边界和可能性，为个人的自我发展和终身学习提供了丰富的资源和便利的平台。

进入 21 世纪中叶后，人类社会预期将步入一个全新的智能时代，这个时代的标志将是人工智能和增强智能技术的全面融入和推动社会各领域的革新。这些技术不再仅仅局限于解决特定问题或执行单一任务，而是成为驱动整个行业和社会生活变革的核心动力。智能时代的到来意味着一个高度互联的世界，其中不仅人与人相连，人与物、物与物之间的连接也将变得无处不在。在这个背景下，教育领域将面临前所未有的挑战和机遇。社会对个体的学习能力、社会责任感以及创造和设计能力的要求将显著提高。得益于丰富的学习资源和智能技术的支持，个性化和实时的学习将成为可能，学习内容将紧密地与现实世界相联系，为学习者提供深入体验。

当前，尽管我们仍处于信息时代的早期或中期阶段，教育形态仍然保留着工业时代末期的特点，但数字化与教育的深度融合已经初显端倪。这种融合不仅有助于扩大教育的规模和空间，还有潜力提升教育的质量和优化其结构。面对即将到来的智能时代，中国作为一个教育大国，需对教育的未来变革有清晰的认识，并从宏观层面进行深入的教育改革设计。通过这种方式，我们不仅能够应对未来的挑战，还能够充分利用智能时代所提供的机遇，推动教育走向高效、个性化和创新的发展道路。

二、从工业时代到信息时代

工业时代与信息时代的教育展现出截然不同的特征，这些特征反映了社会发展和技术进步对教育领域的深远影响。在工业时代，"学什么"主要聚焦于基础知识和技能的传授，符合大规模生产的需求；"怎么学"体现在班

< 63 >

级授课模式下的标准化教学；"在哪儿学"则是封闭式的校园环境。这些特征共同构成了工业时代教育的基本框架。然而，随着信息技术的发展和普及，教育逐渐步入信息时代，带来了新的教育特征。在这一时代，"学什么"开始转向个性化学习，注重培养学生的数字公民意识；"怎么学"则体现在利用互联网和其他数字工具的多样化学习方法；"在哪儿学"突破了物理空间的限制，拓展至虚拟的互联网环境。信息时代的教育活动强调个性化和灵活性，同时注重学生的全面发展。

教育信息化是从工业时代向信息时代过渡的关键步骤。它不仅包括教育内容的数字化，还包括培养学生的核心素养和构建数字化学习环境。当前，我们正处于这一转型期，工业时代的教育特征仍然存在，而信息时代的特征正在逐步显现。对比这两个时代的教育差异，我们可以看到显著变化，在教育内容、方式和环境上都有调整。对于未来智能时代的教育，我们仍在探索。智能化教育将如何进一步改变学习的内容、方式和环境，以及如何适应并引领社会的新需求和挑战，这是教育领域需要深入研究和探讨的课题（见图3-1）。

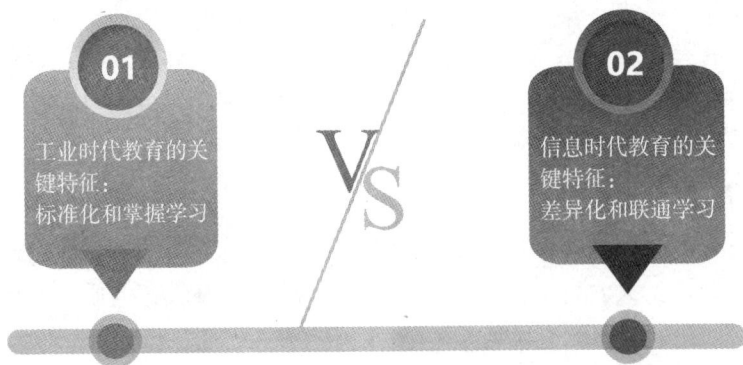

图 3-1 信息时代与工业时代教育比较

（一）工业时代教育的关键特征：标准化和掌握学习

工业时代的教育体系以"双基"教学为核心，即强调基础知识和基本技能的掌握。这种教学模式与工业时代的需求高度契合，其目的是通过反复练习，使学生熟练掌握必要的知识和技能。班级授课作为主要的教学形式，为大规模、标准化的知识传递提供了有效的平台。在封闭的校园环境中，教育

< 64 >

活动着重于培养学生的学科知识和操作技能，以满足工业社会对劳动力的需求。然而，随着社会的发展和技术的进步，工业时代的教育模式开始显示出局限性。尤其在信息时代，教育的目标和方式都在发生深刻变化。我国基础教育课程改革强调自主探究和协作学习，旨在促进学生的主动学习和创新思维。尽管如此，当前的教育体系仍带有工业时代教育的某些特征，如标准化和重视知识传授。

（二）信息时代教育的关键特征：差异化和联通学习

在信息时代，教育的关键特征发生了显著转变，尤其体现在学习模式、教育目标和学习环境上。这一时代的教育重点转向了差异化学习和联通学习，以及培养具备数字化素养的新一代公民——数字公民。差异化学习，作为信息时代的关键特征，与传统的大规模集体学习形成鲜明对比。它以学习者为中心，重视学习者的个性化需求和偏好。这种学习模式在开放、互联的学习环境中得以实现，通过提供定制化的学习路径和资源，使每位学习者都能根据自己的兴趣和能力进行有效学习。联通学习模式强调知识的网络化和社会化，其中学习内容不再是孤立的知识点，而是形成互联的知识网络，紧密关联学习者的日常生活和个人发展。这种学习方式在网络化和社会化的特点下，使得学习活动更加灵活，能够跨越时间和空间的界限。数字公民的培养成为信息时代教育的核心目标。数字公民不仅能够熟练地使用互联网工具进行工作、生活和学习的数字化，还遵循网络使用的标准和原则，对社会的持续发展产生积极影响。在享受数字时代便利的同时，数字公民也面临着由数字化学习带来的挑战，包括信息筛选、网络安全意识，以及维护数字伦理等。

三、从标准化到个性化

数字化教育指的是将现代信息技术全面引入教育领域，推动教育改革与发展的过程，促使信息技术与教育深度融合，推出全新的人才培养目标、学习内容，推动新型学习方式落地，辅助现代学习环境的构建（见图3-2）。

< 65 >

1	学习内容	从"双基"教学转向"数字公民"培养
2	学习方式	从班级授课转向差异化、个性化学习
3	学习环境	从封闭式校园转向数字化学习环境

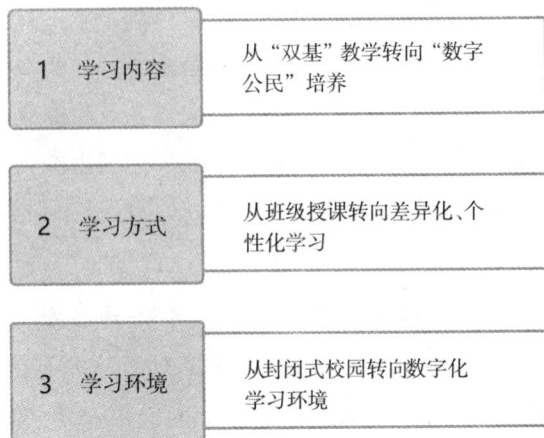

图 3-2　从标准化向个性化的发展演变

（一）学习内容：从"双基"教学转向"数字公民"培养

在现代教育领域，随着数字化技术的迅速发展和普及，教学方法和理念正经历着重大的转型。传统的"双基"教学，即基础知识和基本技能的教授，正在逐步向培养更为前沿的"数字公民"转变。这种转变反映了教育界对于数字时代的适应和回应，特别是在移动终端设备和互联网资源日益丰富的背景下。

"数字公民"培养的核心，在于帮助学生们不仅掌握必要的数字技术知识，而且能够理解和运用这些知识来参与社会生活、解决问题，以及在数字世界中负责任地行事。这种教育不仅仅关注技术的使用，更重视数字伦理、网络安全、信息素养以及批判性思维的培养。与"双基"教学中偏重于技能和知识的灌输不同，"数字公民"教育更加强调综合能力的提升和个体责任感的培育。然而，在这一转变的过程中，许多学校面临着挑战。一方面是因为互联网和数字资源的应用在教学中尚未得到充分利用，另一方面是由于"双基"教学与"数字公民"教育之间在内容和资源需求上存在差异。不同国家和地区在"数字公民"培养方面的目标和实施策略也不尽相同，这反映了各地文化、经济和技术发展水平的差异。因此，教育部门和学校需要审慎地进行转型，设计适应当前数字化时代的课程和教学方法。这包括更新教学资源，加强师资培训，以及调整教育评价体系，确保学生们能够在数字化环

< 66 >

境中获得全面而深入的学习体验。通过这样的转型，我们才能培养出更加适应未来社会需求的"数字公民"。

（二）学习方式：从班级授课转向差异化、个性化学习

在信息技术日益进步的今天，教育界正在经历一场深刻的变革，其核心在于从传统的班级授课转变为差异化和个性化的学习方式。这种转变不仅仅是教学方法上的改变，更是对教育理念和教学策略的全面革新。

工业时代的教育特点是标准化和同质化。在那个时期，教育重点放在标准化测试和线性学习路径上，学生们主要通过听课和记忆来学习知识。然而，这种方式在信息时代逐渐显得不适应。随着技术的发展，尤其是数字技术的广泛应用，教育领域开始关注差异化和个性化学习。这种学习方式着重于满足每个学生的独特需求，提供灵活和多样化的学习途径。数字化教育的核心在于利用丰富的技术手段，如物联网、云计算和大数据，来创建一个多元化的学习环境。这种环境不仅支持传统的教学方法，还整合了线上和线下学习、协作学习和自主学习等多种学习方式。通过这种混合学习模式，学生们能够根据自己的兴趣和学习速度，选择最适合自己的学习路径。在差异化和个性化的学习方式下，教师的角色也发生了变化。教师不再仅仅是知识的传授者，而是成为学习设计师和学习活动的组织者。他们需要设计丰富和灵活的学习活动，引导学生主动探索和学习。同时，教学评价从传统的学期考试转变为持续性的、过程性的评价，更加关注学生学习过程中的各个方面，如创造力、批判性思维和问题解决能力。

这种学习方式的转变，不仅仅是教育技术的应用问题，更是一种教育观念的革新。它要求教育者深刻理解学生的多样性和个体差异，为每个学生提供定制化的学习体验。在这种方式下，学生不再是被动的知识接受者，而是主动的、参与式的学习者。

（三）学习环境：从封闭式校园转向数字化学习环境

随着信息技术的发展和教育观念的更新，传统的封闭式校园环境正在逐渐向一个开放、互联的数字化学习环境转变。这一转变标志着教育环境设计理念的重大变革，从过去重视教学环境的设计转向重视学习环境的设计。这样的变革不仅是对物理空间的改造，更是对教育方式和教学理念的全面刷新。

在工业时代，学校环境设计主要围绕传统的班级授课制展开，形成了一种封闭、统一的学习氛围。这种设计理念强调标准化和同质化，限制了学生的创新能力和个性化发展。然而，在信息时代，这种封闭式的校园环境已不再适应现代教育的需求。家长和教育者逐渐认识到，学习不应仅限于校园内，而是应该是一个持续的、无处不在的过程。因此，创建一个开放互联的数字化学习环境成了教育改革的重要方向。这样的学习环境不仅打破了物理空间的限制，还通过技术的应用，如云计算、大数据、物联网等，实现了资源共享和知识传播的无界限。在这种环境中，学生可以根据个人兴趣和需求，随时随地获取个性化的学习资源，与教师和其他学生进行互动交流。

智慧型学习环境作为这一转变的典型代表，能够实现对学习情景的感知和对学习者特征的识别。这种环境不仅提供了丰富的学习资源，还能根据学习者的反馈进行动态调整，从而提供个性化和高效的学习体验。此外，它能自动记录学习过程和测评结果，为教师和学生提供精准和全面的学习支持。

四、技术驱动行业升级

在当代社会，信息技术和通信技术的迅猛发展正催生着各行业的转型升级，其中教育行业的变革尤为显著。这些技术革新不仅改变了信息传递和处理的方式，还极大地影响了社会结构和运作模式。在教育领域，先进的信息技术正成为推动教育创新和改革的重要力量。技术驱动下的教育行业转型升级，主要体现在以下几个方面（见图 3-3）。

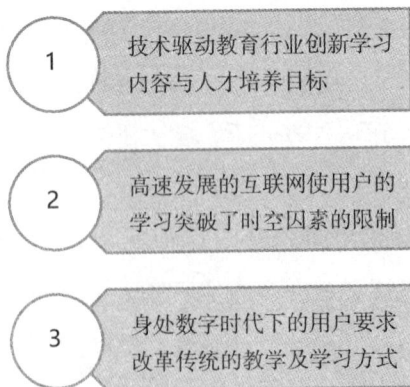

1 技术驱动教育行业创新学习内容与人才培养目标

2 高速发展的互联网使用户的学习突破了时空因素的限制

3 身处数字时代下的用户要求改革传统的教学及学习方式

图 3-3 技术驱动的教育行业转型升级

< 68 >

（一）技术驱动教育行业创新学习内容与人才培养目标

在 21 世纪的教育领域，技术的飞速发展正引领着教育行业的深刻变革。传统的教育模式，曾以满足工业时代对产业工人技能的需求为主要目标，现已难以适应知识经济的快速发展和对高素质人才的需求。因此，全球各国正根据自身国情，调整和改革传统的课程标准及人才培养目标，以迎合时代的需求。

在这一转变中，中国发布的《中国学生发展核心素养》中，明确了教育改革的方向和目标。这一战略旨在引导学校课程教学改革，确立新时代下各学科的发展目标，并强调教育的根本目的是全面培养学生的核心素养。在这个框架下，教学内容的创新成了教育改革的关键。为了适应这一改革，教育系统必须进行全方位的调整。首先，现有教材和学习内容需要重新编订，以确保其与时代的发展步伐保持一致。这包括引入更多与现实社会和技术发展相关的学习材料，以及加强学生的实践能力和创新思维的培养。其次，数字资源的补充成了改革的重要组成部分。通过利用网络和信息技术，学校可以为学生提供丰富多样的学习资源和交流平台。最后，学习评价方式的选择也至关重要。传统的考试和评价方式往往注重知识的记忆和重复，而新的评价方法应更加注重学生的综合素质、创新能力和实际应用能力的考核。这种评价方式的改变，不仅有利于激发学生的学习兴趣，还能更好地评估学生的综合素质和未来发展潜力。

（二）高速发展的互联网使用户的学习突破了时空因素的限制

在当今互联网高速发展的时代，学习和生活的方式正经历着前所未有的变革。这种变革的核心是现实物理世界、数字世界和虚拟网络世界的融合，它们共同构成了一个多维的学习空间，使得学习活动突破了传统的时空限制。

现实物理世界是我们生活和学习的基本舞台，它是客观存在且可感知的。但随着技术的进步，仅仅依赖于物理世界的学习已经不能满足现代社会的需求。因此，数字世界和虚拟网络世界的出现极大地扩展了学习的边界。数字世界，通常被称为"网络空间"，是基于互联网的数字化事物和活动的集合。它通过连接不同的数据和信息，为用户提供了丰富的学习资源和交流

< 69 >

平台。虚拟网络世界则是通过虚拟现实、人工智能等技术构建的，它为用户提供了一种全新的、沉浸式的学习体验。在这些多维空间的基础上，事物集成、数据集成和语义集成成为连接现实物理世界、数字世界和虚拟网络世界的关键技术。事物集成通过物理和数字技术将不同的事物连接起来，形成一个整体的系统。数据集成是将分散的数据按照一定的逻辑或物理层面汇聚在一起，使得用户可以更容易地搜索和获取信息，从而促进了信息的交流和共享。语义集成则依赖于本体技术，通过发现不同词语和概念之间的联系，将分散的语义信息汇集起来，提高线上互动的价值和信息沟通的效率。这种多维学习空间的形成，使得学习不再局限于传统的教室或图书馆，而是可以在任何地方、任何时间进行。学习者可以通过网络访问到世界各地的学习资源，与全球的教育者和学习者交流，甚至在虚拟网络世界中进行实验和实践。这种学习方式的灵活性和开放性，为个性化和自主学习提供了无限可能。

此外，通过人工智能、大数据等技术手段，这些多维空间内的学习活动可以被有效地组织和管理。技术可以帮助学习者构建完整的知识体系，形成清晰的层次结构，实现大数据在教育领域的深度应用。这不仅提高了知识资源的利用率，还促进了教育行业与互联网的结合发展，拓展了学习的空间和方式。在这样的背景下，教育者和学习者都需要适应这种新的学习环境。教育者需要学习和掌握新技术，设计适应数字化和网络化的教学内容和方法；学习者则需要培养自主学习的能力，学会在这个多维学习空间中有效地获取和处理信息。同时，这种学习环境的建立对教育政策制定者提出了新的挑战，需要他们在政策和资源配置上注重技术的整合和应用。

（三）身处数字时代下的用户要求改革传统的教学及学习方式

在数字时代的浪潮中，教育领域正面临着前所未有的挑战和机遇。技术的快速发展不仅改变了信息的传播方式，还深刻影响了教学方法和学习方式。当今的学习者生活在一个信息爆炸、技术日新月异的时代，他们对学习的需求和期望已远远超出了传统教育模式的范畴。为了适应这些变化，教育体系必须进行深刻的改革。

传统教育模式下，学习者通常扮演被动的内容消费者角色，但随着新媒体技术的兴起，他们逐渐转变为主动的参与者，不仅消费内容，也能独立创

< 70 >

造和分享知识。同时，个性化学习和泛在学习的趋势日益明显，学习者开始寻求灵活和个性化的学习方式。尽管学习者的需求在变化，但当前的教育系统还停留在传统的教学模式上。许多学校的教学方式和学生可选择的学习方式仍然较为固定和单一，这与学习者日益增长的个性化需求不相匹配。教师和家长对学生的了解有限，很难充分满足学生的个性化学习需求。这种现状反映了传统教学思维在数字时代面临的挑战，它未能跟上时代的发展步伐，满足学生的新需求。此外，不同学校在数字化发展程度上的差异也加剧了教育质量的不均衡。一些学校能够提供先进的数字学习资源和环境，另一些学校因资源限制而落后。这种数字化发展的差距导致了教育质量的不一致，加剧了教育不公平现象。为了应对这些挑战，在进行教育改革的过程中，关键在于深入理解并满足学习者的需求。教育者需要从学习者的生活和学习方式出发，创新教学方式，以更好地适应数字时代的特点。

在数字化浪潮的推动下，全球教育体系正经历着一场深刻的变革，特别是在我国，教育改革正积极利用先进的数字技术重塑传统的教学模式。这场改革的核心在于丰富学习内容和学习方式，拓展学习者的选择空间，同时鼓励学生主动参与学习内容的创造，并为他们提供必要的支持。近年来，许多国家都在提高对个性化学习的重视程度，我国也不例外。在具体的实施过程中，众多学校根据自身的发展需求，运用数字技术对传统的教学模式进行了创新性的改革。这些新型的教学模式涉及环境、内容和方式的全面调整，使得教师的教学和学生的学习展现出新的特色，有效推动了课程改革。在教学模式上，异地同步教学和网络空间教学的应用促进了不同地区之间的资源交流，有力地缩小了区域之间的教育差距。例如，通过这些方式，学生可以接触到其他地区甚至国际上的优质教育资源，从而获得全面和多元的知识体验。同时，校园在线课程和翻转教学颠覆了传统的教学与学习方式，不仅提高了学生的参与积极性，而且增强了他们的学习主动性。通过这种方式，学生不再是被动的知识接收者，而是成为主动探索和实践的学习者。

能力导向式学习和引导式移动学习更是鼓励学生发挥其探究精神，提高实践能力。在这些模式下，学生被鼓励去探索、实验和创新，而不仅仅是记忆和重复知识。这些学习方式符合现代社会对创新人才的需求。在我国，在线教育最初主要集中在继续教育、高等教育和职业培训领域。然而，近年

< 71 >

来，基础教育领域的在线教育也在积极探索和发展。以华东师范大学慕课中心为例，该中心在建立高中 C20 慕课联盟的基础上，扩展到初中和小学领域，旨在充分发挥网络平台的优势，集中优质师资力量，利用数字网络技术培养创新人才。通过这些举措，数字化教学创新模式得到了普遍应用，有效促进了现代教育的发展。这种教育改革的核心在于利用数字技术手段，打破传统教育模式的局限性，为学生提供多元化、个性化的学习体验。通过在线教育平台和数字化教学工具的应用，学生可以根据自己的兴趣和需求，选择合适的学习内容和方式。同时，教师可以通过这些平台获取丰富的教学资源，采用高效和灵活的教学方式。

第二节　数字化时代的人才培养和教育教学现状

一、技术特征与优势

随着 21 世纪的到来，数字技术的广泛应用标志着教育行业正式步入了一个全新的数字化时代。这一时代的到来，不仅为教育领域带来了革命性变化，也为教学和学习方式的改进提供了无限可能。数字技术的融入教育，从最初的投影仪和电脑教室发展到今天的互动课堂和在线教育，显示了其在教育领域中的不断深化和扩展。

教育信息化的发展呈现出四大显著特点：智能化、数字化、网络化和多媒体化（见图 3-4）。数字化使教育内容和资源更易于存储、访问和传播，打破了传统教学的时空限制。网络化让教育资源的共享变得更加便捷，不同地区和不同背景的学习者都能获得平等的教育机会。智能化是通过人工智能等技术手段，提供个性化的教学和学习体验，更好地满足学生的个性化需求。多媒体化则利用声音、图像、视频等多种形式的教学内容，增强了学习的趣味性和互动性。这些特点共同推动了教育领域的重大变革。在数字化教育的帮助下，教学过程中的许多难题得到有效解决，教育和教学资源得以广泛共享，管理和沟通效率显著提升，素质教育的推进也因此得到加强。

< 72 >

1 数字化

• 教育信息技术系统的设备简单、性能可靠、标准统一

2 网络化

• 信息资源可共享、活动空间限制少、人际合作容易实现

3 智能化

• 教学行为人性化、人机通信自然化、繁杂任务代理化

4 多媒体化

• 信息媒体设备一体化、信息表征多元化、复杂现象虚拟化

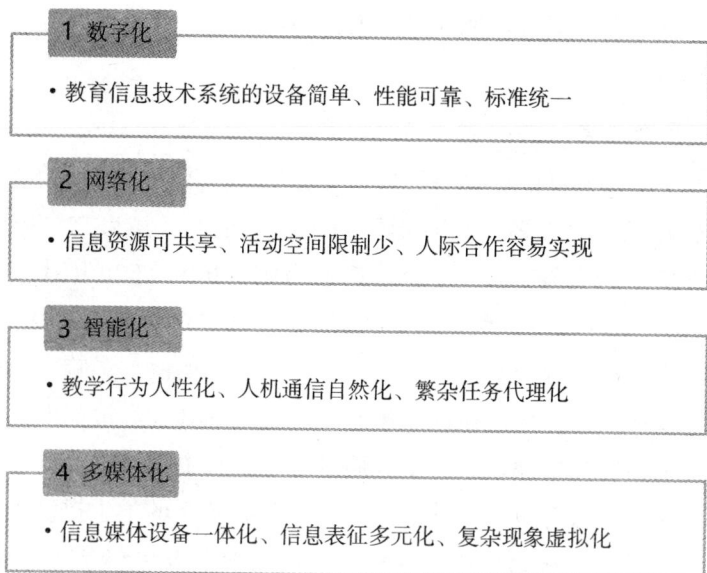

图 3-4　教育信息化技术特征分析

（一）提升学习效果

在当今数字化教育环境中，学生们正在从传统的被动学习模式转变为更加主动和参与式的学习方式，这一转变显著提升了学习效果。根据美国缅因州国家训练实验室的研究，传统的教学方式中，教师往往按照既定课本进行教学，而学生在这种方式下往往难以全心投入，导致知识点的留存率极低，仅有 5%。然而，当教学方式转变为更加互动和体验式的方法时，如视听教学和演示教学，学生的学习兴趣和知识记忆能力都得到了显著提升。在数字化教育环境下，教师越来越多地采用多媒体演示等方法来开展教学活动。例如，在讲解《天体运动》这一课题时，教师会利用多媒体工具展示太阳系的运动轨迹，使学生能够直观地感受到天体的运动，从而加深对知识点的理解和记忆。此外，学校也鼓励学生利用信息技术搜集资料，参与小组讨论，以及分享自己的知识和经验。这样的教学方法不仅增强了学生的学习兴趣，还促进了他们的批判性思维和创新能力。

通过计算机和多媒体等工具的应用，学生的学习方式变得多元和富有创造性。这种教学方式的核心在于激发学生的主动性和参与感，使他们不再是被动接受知识的容器，而是成为积极探索和构建知识的主体。通过这样的学

< 73 >

习方式，学生不仅能够有效地吸收和记忆知识，还能够培养出解决问题和自我学习的能力。

（二）解决教育资源分配不公

在经济不平衡发展的背景下，教育资源的分配不公一直是困扰教育领域的重大问题。尤其是在经济发达地区与不发达地区、城市与乡镇之间，这种不均衡现象尤为明显。以北京某所高校为例，20 世纪 70 年代至 90 年代，约 30% 的学生来自农村，而进入 21 世纪后，这一比例降至大约 1%。这一变化反映了教育资源分配不均对农村学生升学机会的巨大影响。然而，随着信息技术的发展，这一局面正在发生改变。农村地区和经济欠发达地区的学校通过建设网络学习空间，获得了优质的数字教育资源。这种资源的获取在一定程度上缓解了教育资源不均的问题，为落后地区的学生提供了更多学习机会。优质的教育资源，如优秀课程、先进的教学方法和丰富的学习资料，通过网络平台变得易于获取，从而在一定程度上平衡了教育资源的差距。正是基于这种情况，我国开始大力推进学校数字化基础设施的建设以及"教育云"的建设。

（三）提高管理沟通效率

随着数字化教育环境的发展，校园管理及师生家长之间的沟通方式正经历着革命性的变化。数字化工具和平台的应用，极大地提高了管理和沟通的效率与便利性。例如，引入的教务管理软件使得学生学籍、档案和成绩管理变得自动化，大大减少了手工操作的错误和时间消耗。此外，校园一卡通的推行，不仅方便了学生的日常生活，如图书借阅、食堂消费和宿舍门禁，也提升了校园服务的效率和管理的智能化水平。在校园网的帮助下，教师能够便捷地进行线上备课和课件传输，优化了教学准备的过程。同时，这一平台也为教师和家长之间的即时沟通提供了极大的便利，使得家校之间的信息交流更加及时、透明和高效。

二、发展阶段与特点

数字化教育自其诞生以来，经历了三个重要的发展阶段，各具特色并反映了教育技术的逐步成熟和深化。首先，计算机辅助教学阶段标志着数字技术在教育中的初步应用，主要侧重于利用计算机技术辅助传统的教学活动。

< 74 >

其次，计算机辅助学习阶段加强调学生的主动参与和自主学习，鼓励学生利用各种信息技术资源进行探索和学习。最后，数字技术与课程融合阶段是数字化教育发展的高级阶段，这一阶段不仅将数字技术与教学内容紧密结合，还致力于创造一个全面的数字学习环境（见图3-5）。

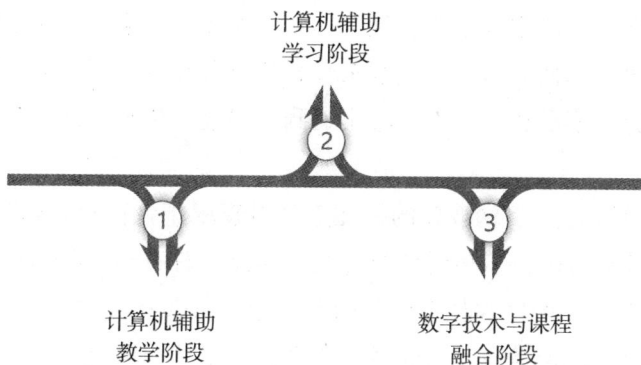

图3-5　数字化教育的三大发展阶段

（一）计算机辅助教学阶段

在计算机辅助教学阶段，数字技术和计算机在教育领域的应用正式开始，其主要角色是作为教师教学、科研以及管理工作的辅助工具。这一阶段标志着数字化教育的起步，学校开始引入各种硬件设施，如台式电脑、电子白板和投影仪等，这些设备逐步取代了传统的教学工具，如挂图、小黑板和幻灯片。通过这些数字化设备的应用，教师能够有效地解释教学中的重点和难点，尤其是那些抽象的知识点，通过交互式的三维图像展示，使学生能够获得直观和真实的学习体验，从而提高理解力和学习兴趣。

在这一阶段，教师和学校管理人员也开始利用计算机进行教学管理工作，例如管理教学资源、控制教学流程等。这不仅提升了教师的工作效率，还保证了教学过程的顺利进行，并能实时监控学校的工作进展。在中国的发达地区，一些学校已经开始根据自身需求创建或购买教学管理系统，这些系统在一定程度上是相互独立的。随着数字技术的不断进步和管理需求的增加，学校越来越倾向于构建一体化的教学管理平台。这种一体化平台不仅能够实现教学资源的集中管理，还能提高教学和管理的整体效率，促进教育质量的提升。

< 75 >

（二）计算机辅助学习阶段

在计算机辅助学习阶段，数字化教育的焦点转向了促进学生的主动学习和参与。这一阶段的核心在于利用日益普及的基础硬件设施，如校园网络和网络课堂，来支持和激发学生的自我探索和学习。随着信息技术的支持，教学模式从传统的"以教为主"转变为"以学为主"。这一转变意味着学校开始更多关注学生如何利用数字技术来获取学习资源，进行自主学习，比如通过计算机自行搜集资料，解决学习中遇到的问题，从而营造一个积极的探索性学习环境。

在这一阶段，数字化教育的关注点并不仅限于计算机辅助教师的教学，而更多强调计算机辅助学生的学习过程。为此，教育部门和学校在这个阶段的投资主要集中在硬件和软件设施的升级上。这包括完善学校的网络设施，引入交互式电子白板等现代化的教学工具，以及建设多媒体教室、教育资源中心和网络教室等。这些设施的建设和升级为学生提供了更多自主学习的机会和条件。

在计算机辅助学习阶段，学生被鼓励利用这些先进的技术资源进行探索、交流和创新，从而提高他们的信息素养和解决问题的能力。这一阶段的重点不仅在于技术的提供，更在于如何有效地将这些技术融入学生的学习过程，从而激发他们的学习潜能，培养他们的独立思考和创新能力。

（三）数字技术与课程融合阶段

在数字技术与课程融合阶段，教育领域经历了深刻的变革，数字技术不再仅仅是教学的辅助工具，而是与教学内容和方法紧密融合，形成了全新的学习环境。这个环境特征是开放的，为学生提供了广泛的自主探索、资源分享、协作学习和多重交互的机会。学生在这里不仅可以与名师直接交流，还能自由选择学习科目，按照自己的兴趣和需求制定个性化的学习方案。在这个阶段，线上教育与传统的线下教育实现了有机融合，使得学校、学生和教师之间的关系发生重大变化。学校的功能逐渐从单纯的知识传播转变为鉴别和证书发放，其知识传播的功能被弱化，而鉴别知识水平的功能被加强。教师的角色发生了根本性转变，他们从传统的知识传授者转变为学习的组织者和协调者，更加注重指导和培养学生的信息获取和利用能力，而非仅仅进行

< 76 >

知识的灌输。同时，学生的知识获取渠道变得多元化，他们的学习态度也从被动接受转变为主动探索、处理和应用知识。此外，在这个阶段，教育机构开始重组，教育资源的分配也发生了重大的调整。学校不再是唯一的知识传播中心，而是成为促进学生发展的平台。这个阶段的教育模式，创造了智慧学习的生态环境，具有泛在性和普适性的特点。学生能够整合校内外的各种资源，灵活开展学习活动，而在线教育在这个阶段得到飞速发展，成为学习的重要组成部分。

1.智慧学习空间

在数字化教育的发展过程中，构建一个智慧学习空间成了主要目标之一。为了实现这一目标，关键在于整合和优化"云""管""端"三大元素，从而打造一个集智慧校园云、智慧教室、智慧校园和智慧终端于一身的综合智慧学习空间。这个空间通过先进的互联网技术，使家长、教师和学生能够随时访问"教育云"平台，增进彼此之间的沟通并共享丰富的教育资源。在这个智慧学习空间中，家长、教师和学生不仅是资源的提供者，还成为受益者。这种互动和参与使得学习过程多元化。同时，在一体化的信息系统中，通过不断的数据积累和分析，可以有效地记录和跟踪学生的学习路径，实现个性化学习方案的定制。为了构建这样的智慧学习空间，需要以"教育云"为中心构建顶层平台，对课程、习题和资料进行综合整合。这个"教育云"平台提供包括平台服务和教育应用软件服务在内的综合服务。平台服务主要是指教育云集成管理平台，教育应用软件服务则提供包括远程教学系统、电子书包系统等各类软件应用服务。为了实现这个智慧学习空间的高效运转，需要打通"云"和"端"之间的信息传输通道。这包括改造教育网络、升级网络带宽、普及 5G 和无线网络等措施。这些措施确保信息管道的畅通无阻，是创建一个互联互通、资源共享的开放学习环境的前提。

通过这些措施，智慧学习空间可以为教育带来全新的变革，使学习过程高效、个性化和互动性强。这样的学习环境不仅提高了教育资源的利用效率，还促进了教育公平，使得不同地区和背景的学生都能享受到优质的教育资源和服务。在这个环境中，学生的学习方式将更加多样化和灵活，教师的教学方法也将更加创新和高效。智慧学习空间的建立不仅是技术上的革新，更是教育理念和模式的变革，它标志着教育朝着更加开放、互动和个性化的

< 77 >

方向发展。

2.智慧学习生态

在数字化教育领域，构建"泛在学习"的智慧学习生态是另一重要目标。这种生态系统强调学习可以在任何时间、任何地点进行，这一理念彻底改变了传统学习模式的局限性。在这样的环境下，学生可以根据个人需求选择最适合的学习空间和方式，无论是在校内还是校外、线上或线下，都可以进行有效的学习活动。

在智慧学习生态中，学习空间的概念得到了扩展，不再局限于传统的教室或图书馆。知识的获取、存储、编辑、表现、传播、创造等活动不再依赖于特定的教师或校园环境。这种全面联通的学习环境真正实现了"以学生为中心"的教育生态，为学生提供了灵活和个性化的学习体验。在这个阶段，在线教育市场将经历显著的发展。过去，由于网络环境的局限和家长对在线教育的疑虑，线上课外辅导的发展相对缓慢。然而，在智慧学习生态形成之后，所有的学习空间都将被有效整合，学校和家长对在线教育的态度将变得更加开放和包容。这种变化将推动在线教育市场的快速增长，大量学生将从传统的线下学习模式转向线上，享受个性化和灵活的学习体验。

综合来看，智慧学习生态的形成不仅代表着教育技术的进步，更体现了教育观念的革新。它为学生提供了一个更加广阔和自由的学习环境，促进了学习方式的多样化，有助于培养学生的自主学习能力和创新思维，从而更好地适应未来社会的发展需求。

三、发展现状与目标

（一）我国教育信息化发展不平衡

在我国教育信息化的发展过程中，存在着一些不平衡的现象。首先，尽管部分学校已经建立了多媒体教室、教学资源中心和网络教室，提升了硬件设施，但在教育应用方面仍显落后。现有的应用程序数量有限，且存在信息孤岛的问题，这限制了教育信息化的全面发展。其次，虽然有大量优质的教育资源存在，但这些资源往往分散在各个学校的教师手中，缺乏有效的共享机制，导致这些宝贵资源被浪费。最后，我国在数字化教育人才方面也面临挑战。教师培训主要集中在课件制作上，而课程设计往往简单模仿国外模

< 78 >

式，缺乏创新和本土化。数字技术尚未能真正融入教学过程，这限制了数字化教育的深度发展和应用。这些问题的存在，表明我国在教育信息化方面还有很大的提升空间，需要综合考虑硬件、软件和人才培养等多个方面，以实现教育信息化的均衡和全面发展。

（二）把数字化教育上升到国家战略高度

在我国，数字化教育已被提升为国家战略的重要组成部分，这体现在多个国家层面的决策和规划中。党的十九届四中全会的《中共中央关于坚持和完善中国特色社会主义制度推进国家治理体系和治理能力现代化若干重大问题的决定》中，特别强调"发挥网络教育和人工智能优势，创新教育和学习方式，加快发展面向每个人、适合每个人、更加开放灵活的教育体系，建设学习型社会。"

在智慧城市的构建过程中，数字化教育和智慧教育是不可或缺的重要部分。教育不仅是民生改革的关键点，也是智慧城市数字化建设的核心要素。根据国家的"十四五"规划和教育部发布的《2020年教育信息化和网络安全工作要点》，明确了教育信息化在未来五年的总体部署。这一规划不仅是继党的十九大后的首个五年规划，也是实施全国教育大会精神和《中国教育现代化2035》战略的关键一步。

《中国教育现代化2035》提出了信息化时代加速教育变革的要求，与国家的长远规划和发展战略紧密相连。这一规划将教育信息化作为"十四五"期间发展的重要前提条件，凸显了教育在国家整体发展中的战略地位。

（三）三通两平台是当期建设重点

《教育信息化十年发展规划（2011—2020年）》的实施标志着中国教育领域数字化转型的一个重大里程碑。该规划旨在通过"中国数字教育2020"行动计划，深化教育系统的信息化进程。这一行动计划不仅推动了优质教育资源的广泛共享，还促进了教育管理和学校运营的数字化转型。通过实施这些措施，中国在构建高效、互联的教育生态系统方面取得了显著进步（见表3-1）。

< 79 >

表3-1 我国数字化教育阶段性目标

项目	2015 年（应用、融合阶段）	2020 年（融合、创新阶段）
网络建设	宽带接入，信息化装备达标，天、地网初步融合，基础环境基本形成	天、地网全覆盖，宽带互联网无缝接入，学习终端普及，基础环境成熟完善
优质资源充足	数字化学习资源总量扩充，质量提升，资源与学科内容深度整合，信息技术与教学初步融合	资源类型极大丰富、全面覆盖，信息技术与教学深度融合，教育模式、教学方式发生变革
教育信息管理	现有教育管理业务系统实现集成，新业务系统逐渐开发，实现"数据互通"	教育信息管理和决策支持平台的全面应用、发展和完善，实现"流程再造"
保障机制	技术研发、运维服务、管理决策等支持人才队伍初步形成，经费投入、人才培养保障机制初步形成	人才培养模式全面革新，保障服务队伍发展壮大，标准规范深入应用，可持续发展机制形成
师生水平	所有学生都接受信息技术教育，所有教师都达到教育技术能力标准的初级以上要求	所有学生都具备良好素质，所有教师都达到教育技术能力标准的中级以上要求
技术与教育融合水平	信息技术与教育初步融合，教育环境发生改变，全面渗透促成部分变革，信息技术深度影响教育体系	人人、处处、时时可学的教育信息化体系形成，学习型社会教育信息化支撑体系形成

当前时期，中国的数字化教育建设正集中在"三通两平台"这一核心项目上。这一策略于2012年9月在全国信息化工作会议上提出，目的是深化和扩大教育信息化的覆盖范围。其中，"三通"包括宽带网络校校通（实现所有学校宽带网络的全覆盖）、学习空间人人通（确保每个学生都能接触和利用数字学习资源）、数字资源班班通（使得每个班级都能够访问和使用数字化教学资源）。"两平台"则指的是教育资源公共服务平台和教育管理公共服务平台，这两个平台的目标是集中和优化教育资源，提高管理效率。

《2014年教育信息化工作要点》进一步明确了这一策略的执行细节。重点之一是推广"中心学校带教学点"的教学模式，这种模式通过中心学校的领导和指导，使得多个教学点能够共享资源和经验。这种"一校带多点""一校带多校"的模式，不仅提高了教育资源的利用效率，而且促进了教育质量的均衡发展。通过利用数字化技术，中国正在探索优质教育资源覆盖面的扩展机制。这不仅包括传统的教育资源，如优质课程和教师，还包括通过网络和其他数字化手段获得的资源。数字化教育的推广，特别是在偏远和欠发达地区，有望解决长期以来教育资源分配不均的问题。

< 80 >

"三通两平台"的实施，意味着中国教育正朝着更加公平、高效和现代化的方向迈进。通过这一项目，学校将能够更好地接入高速网络，学生将能够更加方便地接触到丰富的学习资源，教师和管理者也将通过数字化平台更有效地进行教育教学活动和管理工作。这不仅提高了教育质量，也为中国教育的长远发展奠定了坚实的基础（见图3-6）。

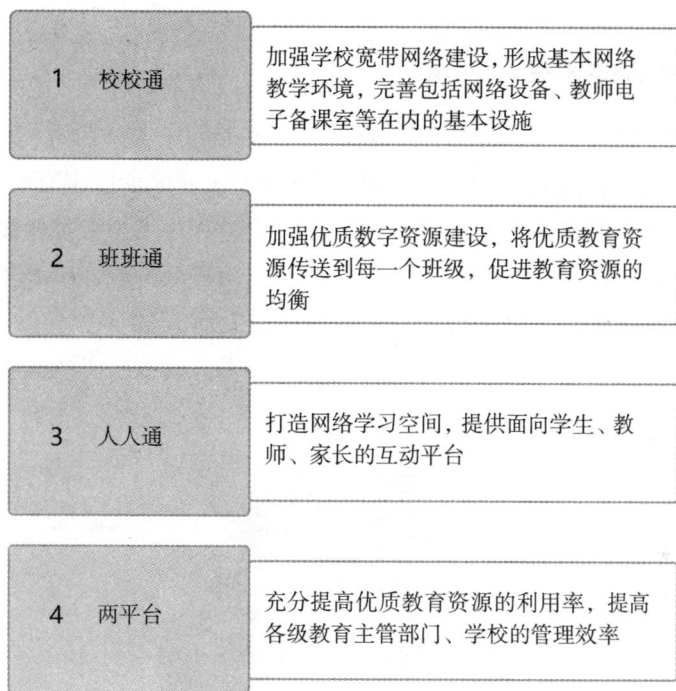

1	校校通	加强学校宽带网络建设,形成基本网络教学环境,完善包括网络设备、教师电子备课室等在内的基本设施
2	班班通	加强优质数字资源建设,将优质教育资源传送到每一个班级,促进教育资源的均衡
3	人人通	打造网络学习空间,提供面向学生、教师、家长的互动平台
4	两平台	充分提高优质教育资源的利用率,提高各级教育主管部门、学校的管理效率

图 3-6 三通两平台内涵和目标

在当今时代，中国教育的数字化转型正聚焦于"三通两平台"这一核心项目。该项目的实施显著提高了教育系统的数字化水平，促进了资源的互联互通和共享。这一项目的核心在于建立一个全面的、智慧化的学习环境，从而实现教育质量的整体提升。"三通"中的校校通确立了数字化教育的基础设施，使得每所学校都能接入高速宽带网络。班班通则聚焦于课堂层面，通过确保每个班级都能够访问和利用数字资源，关注教育的深度融合。这两者的结合不仅构建了智慧化学习空间，而且为教育创新提供了必要的技术支持。而人人通的目标是确保每位学生都能够平等地接触到这些资源，从而实

< 81 >

现教育公平。

在"两平台"的推动下，即教育资源公共服务平台和教育管理公共服务平台，学校级和区县级的教育应用得以广泛推广。这些平台的建立不仅优化了资源分配，还促进了教育管理的高效运行。通过这种方式，中国正逐步构建起一个全面的智慧学习生态系统，这不仅提高了教育效率，也拓宽了教育的边界。

四、产业链主要参与者

随着数字化在教育行业的广泛应用，产业链的主要参与者——电信运营商、技术提供商和内容提供商（见图3-7）——正迎来前所未有的发展机遇。这些主体的角色和影响力在教育领域的数字化进程中变得愈加重要。它们共同推动着网络基础设施的建设、教育资源与应用产品的创新以及教育云平台的发展，从而为教育行业的数字化转型提供强大动力。

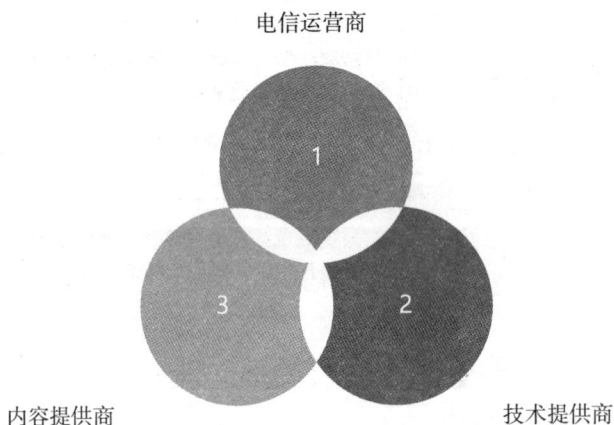

图 3-7　产业链主要参与者

（一）电信运营商

在数字化教育的浪潮中，电信运营商扮演着重要的角色。他们不仅在网络基础设施建设上起着核心作用，而且在推广和提供教育应用产品方面也有着独特的优势。在"三通两平台"项目中，特别是在实施"宽带校校通"计划的过程中，电信运营商为学校提供了必要的宽带网络支持，从而为数字化教育的顺利进行创造了条件。这不仅为电信运营商带来了新的发展机遇，也

<82>

极大地促进了教育信息化的步伐。

电信运营商通过掌握大量终端用户信息，能够有效地推广智能手机和其他教育应用类产品。他们与第三方厂商合作，共同开发和提供各类教育应用产品，如家校互动工具，为家长、教师和学生提供了便捷的沟通渠道。例如，中国移动的"校讯通"和中国电信的"家校通"等产品，不仅提高了教育信息化的水平，也增强了家校之间的互动和沟通。在这样的合作模式中，电信运营商负责提供品牌支持、投入基础设施建设、建设通信网络以及处理收费结算等工作，而开发商负责产品的研发和生产。这种合作方式使得双方都能在各自擅长的领域发挥最大的效能，同时按照既定比例分享收益。此外，随着电信运营商不断扩大教育产品的服务范围和创新业务模式，系统开发商和技术提供商也迎来了新的发展机遇。这些技术提供商在提供高效、创新的教育技术方面起到关键作用，帮助电信运营商更好地满足市场需求和用户期望。

（二）技术提供商

在数字化教育的发展中，技术提供商扮演着重要的角色，他们通过提供先进的产品和服务，极大地推动了教育行业的转型和升级。技术提供商主要分为两大类：教育平台提供商和教育应用提供商。每一类都有其独特的功能和贡献。教育平台提供商主要针对学校和教育管理部门，提供定制化的服务。他们开发和维护教育资源平台和教育管理平台，以满足不同教育机构的特定需求。这些平台的构建和运营，不仅提高了教育资源的可访问性和使用效率，而且加强了教育管理的现代化水平。例如，科大讯飞的"区域资源公共服务平台"和天喻信息的"国家数字教育资源公共服务平台"等，都是在优化资源配置和提高管理效率方面发挥了重要作用。教育应用提供商则专注于为教育活动的各个参与者——包括学生、教师和家长——提供各种硬件和软件产品。这些产品通过创新的技术，如交互式多媒体和智能教室解决方案，极大地丰富了教学和学习的方式。它们不仅提升了教学效果，也增加了学生的参与度和兴趣。例如，科大讯飞的"畅言交互式多媒体教学系统"和立思辰的"智慧教室"，都是在提高教学质量和学习体验方面取得了显著成效的产品。

< 83 >

1.教育平台提供商

在教育信息化的快速发展过程中，教育平台提供商的作用日益凸显，特别是在构建互联互通和一体化平台方面。这些平台不仅提高了教育资源的流通效率，还有效解决了信息孤岛问题。通过开放多种接口并加载多功能模块，这些平台为特色教育应用的开发与集成提供了强大的支撑。这一进程不仅促进了教育信息化技术的发展，也为实现教育均衡发展目标铺平了道路。

以天喻信息开发的"国家数字教育资源公共服务平台"（国家教育云）为例，该平台整合了从小学到高中各学科的丰富教育资源，包括教学设计、课件、课堂实录、难点解析等。这样的资源整合，极大地便利了教师的授课和备课工作，提升了教学的质量与效率。同时，学生能够通过在线答疑系统向名师提问，观看高质量的名师课堂，从而获得丰富和深入的学习体验。这种模式不仅增强了教育资源的可获取性，还提高了学习的互动性和个性化水平。

2.教育应用提供商

在当今教育行业的数字化浪潮中，教育应用提供商正面临着前所未有的发展机遇。随着网络基础设施的日益完善和教育平台的不断创新，各类教育应用产品的发展空间不断扩大。教育应用涵盖了多种形式，从电子化的教育内容到整合内容和应用的定制终端，再到各类辅助教学工具，如电子书包、教学设计系统、班班通系统等，这些产品和服务不断丰富着教育生态系统。

这些教育应用的发展不仅提高了教学内容的可访问性和多样性，还提升了教学方法的现代化程度。例如，电子书包和教学设计系统等工具不仅为教师提供了高效和灵活的教学资源，也为学生创造了互动和个性化的学习环境。这些应用的发展，正逐步改变着传统的教学和学习方式，促进了教育模式的创新。

（三）内容提供商

在数字化教育的进程中，教育内容提供商的角色显得尤为关键。作为知识传递的核心载体，教育资源的质量和丰富度直接决定了教育效果的优劣。这些内容提供商，凭借其对教育内容的深入理解和丰富积累，成了投资者关注的焦点。他们不仅独立开发高质量的教育资源，还经常与技术提供商合作，将这些优质资源与先进的信息技术紧密结合，以此推动教育内容的创新

< 84 >

和多样化。

这些内容提供商通过各种创新形式，如学习视频、电子书包等，将传统教材转化为生动、互动的学习材料。这种转变不仅使学习内容更加吸引学生，也极大地提高了学习效率和兴趣。与此同时，他们也在不断探索新的内容表现形式和教学方法，以适应不断变化的教育需求和技术发展。

第三节　数字化教育里的大数据应用及实践路径

一、大数据的概念

大数据指的是无法在短时间内用传统软件捕捉、管理和处理的数据集，需要新的处理模式来提升决策力、洞察力和流程优化能力的信息资产。这类信息资产具有规模大、多样化和增长速度快的特点。被称为大数据之父的维克托·迈尔 - 舍恩伯格在《与大数据同行：学习和教育的未来》一书中指出，大数据为学习带来了深刻的变革。通过大数据，教育工作者能够收集过去难以获取的数据，迎合学生个体的需求，通过概率预测找到需要优化的学习内容，并对其进行改进。

教育工作者在教育过程中使用大数据，意味着他们拥有了一个功能强大、效果显著的工具，可以全面观察学生的学习过程，解决其中的各种障碍。在传统的教育环境中，教育工作者通过发放问卷、考试和心理测验来获取数据，但通过这些方法获得的数据与通过大数据分析获得的数据存在显著差异。在大数据环境下，所有行为都可以转化为数据，再通过合理的数据记录方式，转化为可分析的数据模型。大数据的应用使得教育工作者能够更精准地分析学生的学习行为，从而为个性化教学提供有力的数据支持。例如，教师可以通过分析学生的在线学习行为，了解其学习习惯和知识掌握情况，及时发现学生的薄弱环节，进而调整教学策略。大数据不仅能够提高教学效果，还能增强教育工作的针对性和有效性。

此外，大数据还能帮助教育机构进行全面的教育管理。通过对学生数据

< 85 >

进行分析，教育机构可以了解学生的整体学习情况，从而制定科学的教育策略，优化教学资源配置，提高教育管理水平。在教育中使用大数据，不仅能够提高决策的科学性，还能提高教育服务的质量和效率。大数据在教育中的应用前景广阔，但也面临一些挑战：一是数据隐私和安全问题，如何保护学生的数据隐私，防止数据泄露，是大数据应用中必须解决的问题；二是数据质量和分析能力的问题，如何保证数据的准确性和可靠性，以及如何提升教育工作者的数据分析能力，也是大数据应用中需要解决的问题。

总的来说，大数据正在改变传统的教育模式。通过大数据分析，教育工作者能够更好地理解学生的学习需求，提供个性化的教学服务，提高教育质量。随着大数据技术的不断发展和应用，教育工作将变得更加科学、高效和个性化。教育工作者应积极学习和应用大数据技术，不断提升自己的数据分析能力，为教育事业的发展做出更大的贡献。

二、大数据改变教育的方式

（一）打造个性化的教学模式

在传统教育模式下，教师需要进行大量的脑力分析，才能明确每个学生的特质，并据此投入大量时间和精力制定教学方案。这种方法不仅耗费成本高，而且难以开展个性化教学。如今，在大数据和人工智能的支持下，教育工作者可以对成千上万名学生进行精准分析和定量研究。借助规模庞大、动态性较强的数据库，教师能够全面了解学生的学习情况，以此为依据制定个性化的教学方案，布置有针对性的学习任务。大数据技术使得教育工作者能够从海量数据中提取有价值的信息，全面分析每个学生的学习习惯、知识掌握程度和学习进度。通过对这些数据进行深入挖掘和分析，教师可以为学生定制教学内容、调整教学策略，以提高教学效率。例如，教师可以根据学生在不同学科中的表现，制订个性化的学习计划，帮助学生巩固知识。此外，大数据还可以帮助教师实时监控学生的学习进展，这样教师可以及时发现问题并进行调整。通过对学生的学习数据进行动态分析，教师可以了解学生的学习状态，并及时提供帮助和指导。这种个性化的教学模式不仅提高了教学效果，还能增强学生的学习兴趣和主动性。大数据还可以为教育管理者提供科学决策的依据。通过对大量教育数据的分析，教育管理者可以了解学生的

< 86 >

整体学习情况和教育资源的使用情况，优化资源配置，提高教育管理水平。例如，教育管理者可以根据学生的学习数据，调整课程设置和教学安排，确保教育资源高效利用。

（二）预测并改善教与学

大数据的预测功能在多个领域都有显著应用。例如，内特·西尔弗利用大数据预测美国总统的选举结果，洛杉矶警察局和加利福尼亚大学联合运用大数据预测犯罪情况，高德地图通过大数据预测节假日期间的交通情况，并为公众提供有效的避堵方案。大数据通过多种功能创造价值，其中最有价值的功能就是预测。大数据预测不仅能基于过去的数据帮助人们更好地总结经验，还能立足当前，持续提供动态化的数据，更能面向未来改善教学，开创全新的教育时代。大数据预测以海量数据为基础，通过数据算法进行分析，最终对某种情况发生的可能性做出精准预测。这个过程包括数据收集、数据分析、数据模型生成和数据运用四个阶段。在教育领域，利用大数据预测可以显著改善教与学的效果。教师可以根据大数据分析结果，对学生在某个学习阶段可能遇到的困难做出精准预测，并提前制定有效的解决方案。例如，通过分析学生的学习数据，教师可以发现哪些知识点是学生普遍容易出错的，从而在教学中加强对这些内容的讲解和练习。大数据预测不仅帮助教师在教学过程中做出及时调整，还能为学生提供个性化的学习建议，帮助他们更好地掌握知识。此外，大数据预测还能帮助教育管理者进行科学决策。通过对学校和学生的综合数据进行分析，教育管理者可以预测未来的教育趋势，并制定相应的策略和规划。例如，教育管理者可以根据学生的学习数据预测未来几年某些学科的教师需求，从而提前进行师资培训和储备。这种基于大数据的预测和决策，不仅提高了教育管理的科学性和有效性，还能更好地服务于教育的发展和改革。大数据的预测功能也为教与学提供了强大的支持。通过对大量教育数据的分析，教师和教育管理者可以更好地理解学生的需求，及时发现问题，优化教学方法和策略，从而提高整体教育质量。随着大数据技术的不断发展和应用，预测功能将在教育中发挥越来越重要的作用，为实现教育现代化提供有力支持。

< 87 >

三、数字化教育里的大数据应用

（一）在线学习分析

在数字化教育中，大数据的应用使得在线学习分析变得更加精准和高效。类似于网络购物平台根据用户的购买记录推送相关产品或资讯，在线学习平台也能根据学生的学习记录和行为数据提供个性化的学习体验。这种智能推荐系统依赖大数据技术，通过对海量数据进行分析，了解学生的学习情况。这种智能推荐系统有四个特点，分别是时效性、规律性、动态性和匹配性。时效性使得系统能够及时更新和调整，根据最新的学习数据提供相应的建议；规律性是指系统通过分析学生的学习模式和行为，能够发现其学习规律，帮助学生更有效地学习；动态性确保系统能够持续监控学生的进展，并根据实时数据进行调整和优化；匹配性则是指系统能够根据学生的能力和需求，推荐适合他的学习资源和任务。

通过在线学习分析，教育平台不仅能为学生提供个性化的学习路径，还能帮助教师了解学生的学习进展，及时发现问题并进行干预。这种智能化、个性化的学习体验，有助于提升学生的学习效果，还能促进教育质量的提高。在大数据的支持下，数字化教育将变得更加高效、精准和人性化。

（二）教育创新

大数据在教育中的应用，为教师提供了更丰富的学生信息，使评估方式更加多元化。例如，对于获得满分的学生，教师不再给予统一的评价，而是深入分析学生的能力，区分出凭借逻辑思维取得满分的学生和凭借记忆力取得满分的学生。对于后者，教师可以帮助他们改进学习方式和习惯。此外，通过大数据，教师能够实时观察和评估学生的学习动态，并根据评价结果进行调整。业内人士表示，大数据不仅可以记录孩子的成长轨迹，还能挖掘他们的兴趣爱好，使学习重点不再局限于课堂内。学生可以自主支配课外时间，而大数据能够实时记录他们在课外时间的所有活动轨迹。这些数据为教师的课堂教学和家长的家庭教育提供了有效支持，增强了教育决策的科学性。

在互联网的影响下，各行各业都发生了巨变。在大数据的作用下，教师

< 88 >

与学生的联系更加紧密。在大数据环境中，学生能够获得更科学的学习规划，体验更有趣的学习过程，教师也拥有了更明确的发展方向。大数据技术使得教师能够根据学生的兴趣和需求，设计个性化的教学方案。同时，大数据技术使得教师能够发现教学中的共性问题，从而优化教学方法，提高整体教学质量。此外，大数据在教育中的应用还促进了教育资源的合理配置。通过对学生数据的分析，教育管理者可以了解不同地区和学校的资源需求，制定科学的资源配置方案，确保教育资源公平分配，提高教育的整体效益。

总的来说，大数据正在深刻改变教育的方式，使教育更加个性化、科学化和高效化。通过大数据的支持，教师能够更好地了解和满足学生的需求，家长也能够更加有效地参与孩子的教育过程。随着大数据技术的不断发展，教育领域将会迎来更多机遇。

四、推动教育大数据发展的对策

大数据在教育领域中将会释放出巨大的潜力，引领人们进入教育发展的新时代，为教育创新提供有力支持。然而，目前我国在教育大数据的发展方面仍处于较低水平，在配套设施建设、应用场景丰富性、法律法规完善等方面仍有较大的提升空间。为推动教育大数据的发展，需要做好以下几个方面的工作。

（一）实现跨领域数据的融通共享

要想确保数据分析的全面性和客观性，就要从多个相关领域获取教育数据。如此，跨领域数据的融通共享变得尤为重要。通过有效整合这些数据，可以提供更丰富和多维的分析视角，推动教育大数据的发展。例如，将健康、心理、社会经济等相关数据与教育数据相结合，能够更全面地了解学生的学习行为和需求，从而制定更科学的教育策略和个性化的教学方案。因此，实现跨领域数据的融通共享，是推动教育大数据发展的关键一步。

（二）提高教师的数据素养

在发展教育大数据的过程中，技术的支持固然重要，但更关键的是需要有能力的人员来管理、决策和执行。作为教学的实施者，教师必须提高其数据素养，培养将大数据应用到教育教学实践中的能力。教师应掌握如何获

< 89 >

取、分析和应用数据，以改善教育教学效果。通过培训和实践，教师可以学会利用数据来制定个性化的教学方案、监控学生的学习进度和评估教学效果。这样不仅能提高教学质量，还能推动教育创新和发展，为实现教育现代化提供有力支持。

（三）解决数据隐私泄露与伦理问题

在发展教育大数据的过程中，不仅教育机构参与其中，政府部门、大数据服务商和互联网企业也会加入。在这种情况下，如果数据所有权不明确，很容易导致个人隐私泄露和数据滥用等问题出现，进而威胁到个人财产和人身安全，带来严重的负面影响。目前，我国在教育大数据方面的法律法规建设尚未完善，行业自律性也有待提升。为了确保教育大数据的可持续发展，必须加快完善相关法律体系，明确数据所有权和使用权限，防止数据滥用。此外，应该积极引导教育机构和大数据服务商等建立行业协会，加强外部监管，提高行业自律性。通过制定行业标准和规范，确保各参与方在使用数据时遵循法律和伦理要求，保护个人隐私和数据安全。同时，推动行业内的交流与合作，提高数据使用的透明度和规范性。

在加强法律监管的同时，需要提升教育工作者和数据处理者的伦理意识。通过培训和教育，使他们了解数据隐私保护的重要性，树立正确的伦理观念。在数据收集、分析和应用过程中，要严格遵循隐私保护原则，以确保数据使用的合法性和合规性。

五、大数据在教育领域中的发展趋势

大数据推动了多个领域的改革与创新，教育领域也深受其影响。以下是大数据在教育领域中的八大发展趋势。

（一）数据的采集和分析成为系统运转的基石

所有应用系统的运转都依赖数据采集与分析。随着教育信息化的不断推进，市场上出现了大量的产品，涵盖教学、培训、科研等各个方面。随着大数据技术在教育领域的广泛应用，信息化应用系统将更加重视数据的获取与分析，通过收集丰富的数据资源，提升信息化应用系统的智能化水平，从而凸显其竞争优势。

数据采集是大数据应用的起点，只有通过全面、精准的数据采集，才能

< 90 >

为后续的分析和决策提供可靠的基础。教育信息化建设需要各类数据源的支持，包括学生的学习行为数据、教学内容数据、考试成绩数据等。通过整合这些数据，教育系统能够更全面地了解学生的学习状况和需求，从而制定更加科学的教学方案。分析是大数据应用的关键环节。通过对采集的数据进行深入分析，教育机构可以发现隐藏在数据背后的规律和趋势。例如，教育机构可以通过分析学生的学习轨迹，预测他们在某些科目上的表现，提前采取有针对性的辅导措施。此外，数据分析还能帮助教育管理者优化资源配置，提高教学质量和管理效率。为了降低用户的理解难度，可视化技术逐渐得到广泛应用。通过将复杂的数据分析结果以图形、表格等直观的方式呈现出来，用户可以更容易地理解和利用这些信息。这不仅提高了数据的可读性和可操作性，还增强了信息化应用系统的技术支撑能力。

（二）产品体系多样化

教育大数据产品体系具有多样化的特点。为了从传统应试教育向素质教育转变，相关部门积极改革考试招生制度，促进教育创新发展。在未来，考试分数将不再是教师、学生和家长关注的焦点，个性化教育需求将逐渐增加。在这一发展趋势下，更多个性化服务产品将出现在教育大数据市场上。

调查结果显示，国内基础教育行业中需求量较大的大数据产品主要集中在以下几类：①决策类产品。这些产品通过分析海量数据，为教育管理者提供科学的决策依据，帮助教育管理者优化教育资源配置和制定策略。②学习分析型产品。利用大数据分析学生的学习行为和表现，帮助教师了解学生的学习状况，从而制定个性化的教学方案，提高教学效果。③教育教学评价产品。这些产品通过多维度的数据分析，对教育教学过程进行全面评价，提供改进建议，推动教育质量提高。④辅助教育管理产品。这类产品为学校和教育机构提供数据支持，优化管理流程，提高管理效率，促进教育管理现代化。⑤个性化服务产品。这些产品可满足学生个性化的学习需求，提供定制化的学习路径和资源，帮助学生在自主学习中获得更好的发展。⑥预警类产品。通过分析学生的数据，及时发现潜在的问题，如学习困难或行为异常，提供预警和干预措施，确保学生健康成长。在未来的发展中，教育大数据产品将越来越多样化，以满足不同用户的需求。这些产品不仅能够提高教育质量和管理效率，还能为学生提供更加个性化的学习体验。通过大数据技术的

< 91 >

应用，教育将变得更加智能化和个性化，推动教育事业向更加全面和高效的方向发展。

（三）产业链分工精细化

随着教育大数据产业的发展，产业链将向精细化运营迈进，提供更高专业度的服务。互联网思维倡导极致化运作，为优化教育服务，教育大数据产业在未来发展过程中将细化专业分工，促进各环节之间的交流与合作，发挥整体协同效应。各个环节能够从专业供应商那里获得更加优质的服务，从而提高整体服务质量和效率。

在市场需求的推动下，国内有望兴起一批专注于数据获取、分析及价值挖掘的企业。这些企业将负责从数据采集到数据分析的各个环节，通过提供专业化的服务，帮助教育机构和相关部门更好地利用大数据进行决策和管理。通过精细化分工，各环节能够专注自身领域，提高专业水平和服务质量。与此同时，各环节之间的紧密合作和信息共享，将使得整个产业链的运营更加高效，形成强大的协同效应。此外，教育大数据产业链的精细化分工将推动教育行业整体进步。通过专业化的分工与合作，教育大数据将更好地发挥其价值，为教育现代化和智能化提供坚实支撑。

（四）数据安全意识不断增强

在大数据时代，数据安全意识日益增强，成为教育产品质量评估的重要标准。随着数据的重要性日益凸显，各方对数据安全的重视程度不断提升，但教育大数据产品在这方面仍有很大提升空间。教育机构、政府部门和企业在选择教育信息化产品时，必须优先考虑其数据安全性。为了应对日益复杂的安全挑战，相关标准制定部门需要加快建立统一的数据应用标准体系，确保各类产品在数据安全方面达到行业要求。忽视数据安全的企业将在市场竞争中处于劣势，无法赢得用户的信任和青睐。因此，提升数据安全性不仅是对用户的责任，也是企业在激烈市场竞争中立足的关键。从整体来看，各方需共同努力，在保障数据安全的同时，推动教育信息化的健康发展。这不仅有助于提高教育质量，也有助于构建安全、可靠的信息化教育环境。

（五）产学研合力谋求突破

在教育大数据领域，企业、科研机构和学校三方正成为推动教育创新

< 92 >

的关键力量。单靠企业自身的资源和能力，难以实现教育大数据产品的创新。为此，企业需要深入分析学校的实际教育需求，在技术遇到瓶颈时，与科研机构和高校展开紧密合作，共同寻找解决方案。这种产学研结合的模式不仅有助于突破技术障碍，还能加速教育大数据产品的研发和应用进程。在未来，教育大数据市场将愈加依赖这种协同效应，企业、科研机构和高校之间的合作将成为常态。通过共享资源和专业知识，企业、科研机构和学校三方能够更好地应对教育大数据领域的挑战，推动产品创新和优化，最终提高教育质量和效率。这样的合作模式不仅有利于其共同发展，也将为教育信息化注入新的活力，助力教育领域构建一个更加智能化和个性化的教育生态系统。在这种情况下，教育大数据领域将迎来更多创新成果，有力推动教育行业的现代化进程。

（六）人才培养意识开始凸显

在教育大数据领域，人才培养正逐渐成为各方关注的焦点。教育行业将加大在大数据课程建设和人才培养上的投入，以弥补目前人才供给的短板，推动国内大数据产业的发展。高校在这一过程中发挥着核心作用。随着市场对大数据人才需求的不断增加，更多高校将开设教育大数据相关专业和课程，系统培养具备专业知识和实践能力的复合型人才。此外，企业也积极参与这一过程，与高校合作设计实用性强的课程内容，确保学生能够满足行业实际需求。这种校企合作的模式，不仅为学生提供了更多的实习和实践机会，还能将理论与实际应用结合起来，这样有利于提升学生的实践能力。在未来，教育大数据领域的人才培养将呈现出更加多元和系统化的发展趋势，满足各个行业日益增长的人才需求。同时，随着更多高素质人才的出现，教育大数据产业将迎来新的发展契机，还能助力整个教育行业创新和进步。这一多方协作的人才培养体系，将为教育大数据的持续发展提供坚实的基础和有力的保障。

（七）教育数据有序开放

在教育领域，数据的有序开放正逐渐成为推动教育创新和优化教育服务的重要途径。随着全球范围内对公共数据开放的鼓励政策不断推进，教育数据的开放性和规范化应用得到重视。企业在达到相应资质要求后，可以在许

< 93 >

可范围内使用数据，开发各种增值服务。这不仅能为企业创造新的商业机会，也能减轻教育管理部门的负担，使其更专注于核心教育任务。在这种新模式下，企业通过挖掘和分析开放的教育数据，能够为教育机构提供更加精准和高效的服务。例如，提供个性化的学习方案、优化教育资源配置以及进行教育效果评估。企业在与教育机构的紧密合作中，可以充分发挥其优势，发现数据中的潜在价值，帮助教育机构提高教育质量和效率。同时，教育数据的有序开放能够促进教育公平，确保更多的教育资源被合理利用，惠及更广泛的受众。这种数据共享和开放的机制，不仅能推动教育行业持续进步，也为其他公共服务领域提供了有益的借鉴。

随着技术的进步和数据治理能力的提升，教育数据开放的深度和广度将扩大，更多创新型应用和服务显现出来。通过企业、教育机构和管理部门的共同努力，教育数据有序开放将成为促进教育现代化、提高教育质量和实现教育公平的重要力量，推动整个教育行业迈向新的高度。

（八）专业第三方机构开始出现

在教育大数据领域，专业第三方机构的涌现正在为数据质量和安全评估带来新的变革。随着大数据应用过程中数据安全和质量问题的日益凸显，解决这些问题已成为推动大数据产业发展的关键。当前，教育系统的管办评分离政策逐步落实，专业第三方机构的独立评估服务因此迅速崛起。这些第三方机构的出现并非为了追求利润，而是旨在通过独立、科学的评估手段，优化教育数据的质量，确保数据应用的安全性和可靠性。第三方机构能够提供客观、公正的评估服务，有助于优化整个教育大数据行业的标准和规范。随着这些机构的发展，教育大数据的价值将得到更广泛和深入的挖掘和应用。在这一过程中，教育研究者将更多地参与教育大数据的研究与分析，推动大数据在教育领域的广泛应用。为了实现大数据与云计算的有效对接，可以借鉴国外的先进经验，并结合我国的实际情况和企业的发展需求，进行适当的调整和改进。这不仅有助于提升数据评估的科学性和准确性，也为教育行业的信息化转型提供了有力的支持。此外，第三方机构的专业评估服务还能够促进教育管理部门与企业之间的合作，进一步推动教育创新和改革。通过提高数据质量，提升数据应用的安全性，教育行业将迎来新的发展机遇和挑战。这将促使教育行业不断变革，以适应新技术带来的变化和需求。

< 94 >

六、大数据在数字化教育中的实践路径

（一）带来优质的教学服务

传统教育模式类似于工业时代的大规模生产，难以满足对多元化和个性化人才的培养需求。在这种模式下，教师主导课堂，一对多的单向知识传授方式无法充分关注每个学生的个性化需求。而在移动互联网时代，这种传统模式已经不再适用。

大数据技术为教育领域带来了新的变革。通过对学生进行深度分析，教师可以了解学生的学习情况，根据每个学生的特性设计教学课程和方法，而不再是让学生被动地适应统一的教材和课程。这种转变有助于激发学生的潜能，增强其学科优势，从而培养出具有多样化能力的人才。传统教育通常采用"一刀切"的教学方法，而大数据技术的应用能够显著提升教育的针对性。通过数据分析，教育工作者可以更好地满足学生的个性化需求。基于大数据的分析，许多学校开始采用大型开放式网络课程慕课（MOOC）和翻转课堂等新型教学模式。在慕课和翻转课堂中，教师可以精准掌握学生的学习情况、进度，了解他们的兴趣和知识盲点，从而制定个性化的教学方案。其不仅丰富了课堂教学形式，也打破了传统教学的局限，提高了教学效果。借助大数据技术，教师可以全面了解学生和自己的情况，并据此调整教学方法，激发学生的学习积极性，帮助他们解决学习中遇到的问题。此外，大数据技术在教师评估中也发挥着重要作用。通过对数据的科学分析，可以客观评估教师的教学能力，推动教师不断改进教学方法和方案，从而为学生提供更高质量的教学服务。优化教学方式已经成为一种趋势。美国普渡大学的"课程信号项目"就是一个成功案例。该项目通过对从课程管理系统或其他数据源采集到的数据进行特定分析，可以及时了解学生的学习状况，并自动发送给相应的学生。在使用"课程信号"后，学生的成绩有了明显的改善。其是大数据技术在教育领域的重要应用。

大数据技术在教育中的预测能力尤为重要。通过分析学生的学习数据，可以预测他们未来的学习表现，并提前采取干预措施，帮助学生克服学习困难。这种预测能力不仅可以应用于教育领域，还可以应用于预测商业计划的执行结果、选举结果等。基于这种技术优势，相关企业开发了各种个性化的

< 95 >

教学和学习产品，以提供更有针对性的教育服务。

随着大数据技术的不断发展，其在教育领域的应用将更加广泛和深入。大数据技术将推动教育模式从传统的单向传授转向个性化、智能化和数据驱动的模式。教师能够更精准地了解学生的学习需求和兴趣，从而提供更个性化和高效的教学服务。同时，教育管理部门和学校可以利用大数据技术优化资源配置，提高管理效率。

总的来说，大数据技术正在逐步改变传统教育模式，为教育行业带来新的发展机遇。通过个性化教学、精准化管理和科学评估，教育质量将得到显著提高。随着大数据技术的深入应用，教育行业将迎来更多创新和变革，真正实现以学生为中心的教育理念，培养出更多适应时代需求的人才。

（二）打造个性化的学习方案

在当今教育领域，大数据技术正逐渐改变传统的教学方式，特别是在个性化学习方案的制定上发挥着重要作用。通过大数据技术，教师和智能系统可以准确了解每个学生的具体情况，从而推出符合其实际需求的学习工具、学习方法、学习内容和学习资源。这种能力弥补了网络学习在个性化特征上的不足，因为没有大数据的支持，智能系统无法全面了解用户的个人情况，难以提供真正个性化的资源和教育服务。开展民主化教育需要依赖互联网平台的运营，而开展个性化教育离不开大数据的支持。学习的个性化是教育个性化的集中体现。

构建智慧型学习平台是学习管理系统的发展方向。学习平台在获取用户学习行为数据的基础上，利用数据处理与分析技术对这些数据进行分析，选择合适的学习者模型，为用户提供相应的学习资源，并对其学习结果进行客观、准确的评估。根据学习者的具体情况，学习平台可以提供有针对性的建议，帮助学生更好地掌握学习内容和方法。

利用大数据技术，学习平台能够更加详细、全面地收集用户的学习行为数据，精确了解不同用户对学习资源的使用情况，包括学习资源的类型、学习时长、知识掌握情况和回访情况等。在此基础上，学习平台能够对学习资源的质量进行科学评估并不断改进。同时，学生能准确掌握自己当前的学习状况，如个人的学习兴趣和擅长的领域等。进行数据分析后，学生可以找到适合自己的学习路径和发展方向，充分发挥自身优势，进行自我导向学习，

< 96 >

开发自身的潜能。市场上已有和正在研发的适应性学习产品，都是为了给用户提供更有针对性的学习服务，这需要对用户的学习行为数据进行获取与分析。在数据获取环节，系统将详细、全面地收集与用户相关的内容，如用户的学习情况、学习习惯、兴趣爱好、学习水平等。在数据处理环节，系统会运用多种有效方法对获取的数据资源进行深度处理，其最终的处理结果能引导系统为用户制定更有针对性的学习方案。在提出建议环节，系统会运用预测分析等方式给用户提供学习建议，并将其长期以来的学习记录呈现出来。

在大数据技术的支持下，制定的个性化学习方案变得更加科学和有效。通过对学生的学习行为数据进行详细分析，教育平台可以提供定制的学习资源和方法。例如，有的学生可能在数学学习中表现较强，而在语言学习方面存在困难。通过大数据分析，系统可以为该学生推荐更适合他的语言学习资源，同时提供有针对性的数学学习挑战，以保持其兴趣和动力。此外，大数据技术还可以帮助教师优化教学方法。通过分析班级整体的学习数据，教师可以发现哪些教学方法和资源最有效，从而调整教学策略。例如，如果数据显示某一教学视频的观看次数和理解度较高，教师可以更多地使用这种形式的资源。相反，如果学生对某些内容的学习效果不佳，教师应该及时调整教学内容和方法。

个性化学习方案不仅提高了学生的学习效率，还增强了他们的学习自主性和积极性。学生在个性化学习平台上，可以根据自己的兴趣和需求选择学习内容和路径，这使得他们更加热爱学习，从而投入更多时间和精力在学习中。同时，个性化学习平台提供的及时反馈和个性化建议，可以帮助学生改进学习方法，增强学习效果。随着大数据技术的不断发展，个性化学习方案将更加完善和普及。教育机构和企业将继续合作，开发更加智能和有效的个性化学习产品，推动教育创新和变革。通过大数据技术，教育将真正实现以学生为中心，满足每个学生的个性化需求，培养出更多适应时代需求的人才。

（三）重构教学评价体系

随着教育信息化的推进，传统教育评价体系的局限性日益显现。传统教学评价模式过于强调学生的考试成绩，忽视了对学生学习表现的观察，难以为优化教学过程提供必要的支持。然而，大数据技术正在改变这一现状。

< 97 >

大数据技术使考核评价的范围更加广泛和全面。除了传统的学习成绩，学生的特长、身心健康状况、成长体验、学业情况等方面也被纳入考核体系。新建的教学评价体系强调知识、技能和素养的共同发展，推动过程性评价取代结果性评价，更加注重学生的学习体验。通过大数据采集和分析系统对学生进行考核，可减少人为干预，确保评价公平合理。智能设备和系统能够实时记录学生的学习习惯、行为和表现。这些数据可帮助学校改善教学流程和管理方式，还可使教师通过教学反思不断提高教学水平。学生也可以通过这些数据清晰地了解自己的学习情况，找出不足，并通过有针对性的课外学习进行弥补。

传统教育评价主要依赖主观经验，评价方式单一，评价对象通常是宏观群体。大数据技术的应用，使教育评价方式增多，评价对象也从宏观群体转向微观个体。大数据技术能够获取教学和学习的所有行为数据，如教学内容、教学时间、教学方法、教学效果、学习效果等。这些数据为教育评价提供了有效的参考。

学生将拥有终生的学习档案，记录其在学习期间的学习行为。教师也将拥有终生的教学档案，记录其所有的教学行为。利用云存储技术，这些档案可以在云平台上永久保存，学校可选择恰当的评估模型，定期评估学生和教师的学习及教学情况，制定个性化的学习及教学方案。学校不仅可以评估学生在校期间的学业完成情况，还会追踪学生毕业后的行为表现，以此评判学校的教学水平。

我国已经建立了较为完善的国家基础教育质量监测系统和多级数据采集系统。这些系统能够准确收集学生的发展信息，全面展示学生的发展情况，推动教育质量管理方式和学生培养模式向更加合理的方向发展。例如，上海推出的"中小学生学业质量绿色指标"体系，除了学业水平数据，还包含了校长领导力、学生家庭背景、师生关系等相关数据。这些数据被用来评估教学质量，促进教学服务、学习行为和教育管理向更加科学的方向发展。不仅在中国，很多国家也开始在教育评价中应用大数据技术。美国田纳西州推出的增值评价系统（TVAAS），可以长期记录学生的学习状况，以此判断学区、学校和教师的教学质量和教学能力。该系统面向 3 到 12 年级的学生，要求他们参与语言、科学、数学等测试，采用增值评价方法分析考核结果，以判

< 98 >

断学生的学业发展情况。TVAAS 系统能够为教育决策者提供全面的参考信息，支持发展性评价在教育领域广泛推行。通过分析不同学校在不同学科上的成绩增长率，TVAAS 系统能够找出成绩增长较慢或成绩下降的学生群体，并实施干预。此外，TVAAS 系统还可以预测学生在不同学科将取得的成绩，从而筛选出可能在毕业考试中失败的学生，帮助教师和教学管理者制定有针对性的教学内容。教师也可以利用 TVAAS 系统分析学生的历史成绩及未来情况，选择适合学生的教学方案，提高教学水平和质量。

（四）对教学实践持续优化

教育科学研究的最终目标是服务于教育教学实践，提高教育质量，培养更多优秀人才，从而获得更多资源支持。然而，传统的教育科学研究主要以质性研究和理论推演为主，对于量化研究和实证研究的关注不够。尽管观察法、调查法、统计法等实证研究方法本身是有效的，但由于受技术和成本的限制，研究人员在教育科学研究中通常采用抽样调查形式，进行局部研究，成本高，时效性差，难以实现对教育教学实践的持续优化。

进入大数据时代后，通过对教育教学数据的深入分析，可以更好地识别教育中的因果关系，找出现有教育系统中的问题，客观、公正地评估教育现状，并科学合理地预测未来趋势。例如，麻省理工学院和哈佛大学的学者团队运用大数据分析技术，对在线课程平台的教学视频操作行为进行了深入研究。他们分析了学习者的学习规律，并将这些规律与视频内容、时长等因素进行相关性分析，从而为在线课程平台完善内容体系提供了有效的指导。大数据技术的应用，使得教育科学研究可以覆盖更广泛的样本，进行更加全面和深入的分析。通过收集和分析海量的教育数据，研究人员可以更准确地了解学生的学习行为和教师的教学效果。这种全面的数据支持，使得教育科学研究不再局限于抽样调查和局部分析，而是进行全局性和系统性的研究。例如，通过大数据分析，教育研究者可以发现哪些教学方法在实际应用中效果最佳，哪些教学内容最受学生欢迎，以及哪些因素最能影响学生的学习成绩。这些数据不仅可以帮助教师改进教学方法，提高教学效果，还可以为教育管理者提供科学依据，帮助他们制定更加合理的教育策略和规划。此外，大数据技术还可以实时监测和评估教育教学实践，为持续优化提供数据支持。教育管理者和教师可以根据实时数据，及时调整教学计划和方法，确

< 99 >

保教学效果最大化。例如，通过实时监测学生的学习进度和表现，教师可以及时发现学生的学习困难，并采取有针对性的辅导措施，帮助学生克服学习障碍。

大数据技术的应用还可以促进教育资源的优化配置。通过分析学生的学习数据，教育管理者可以更合理地分配教育资源，确保每个学生都能获得适合自己的学习资源。这样不仅提高了教育资源的利用效率，也促进了教育公平。

总之，大数据技术为教育科学研究和教育教学实践的持续优化提供了强有力的支持。通过深入分析教育教学数据，研究人员可以更加准确地识别和解决教育中的问题，科学合理地预测教育发展的趋势，为提高教育质量和培养更多优秀人才提供坚实的基础。随着大数据技术的不断发展，其在教育领域的应用将更加广泛和深入，为教育教学实践的持续优化带来更多机遇和挑战。

（五）实现教育决策人性化

随着人工智能技术的发展，教育决策变得更加科学合理。传统的教育决策通常基于有限的个体案例，而如今，借助教育大数据，决策可以变得更加系统、全面。精细化、智能化的决策模式正在逐步取代经验型、粗放型的决策模式。

在全球范围内，许多国家已经开始利用大数据技术来驱动教育决策创新。例如，美国国家教育统计中心建立了一个基于大数据技术的学生学习分析系统，通过对学生学习行为、学业情况和学校生源规划进行深入分析，为各级政府提供掌握教育发展状况、推进教育改革、优化教育资源配置的有力工具。

过去，教育机构在实时监测教学方面存在困难，更不用说实现对整个教育系统的动态监管。然而，大数据技术在教育领域中的应用，可以将数据分析与学校的日常管理相结合，为学习者提供全面的服务支持。例如，美国康涅狄格大学利用大数据技术大幅提升了校园网络安全监管水平，通过收集和分析校园网站、服务器、移动设备和应用程序等数据，对资源滥用和非法入侵等行为进行监测和定位，提高了校园网络系统的安全性。

< 100 >

　　教育大数据中蕴藏着巨大的价值，通过获取和分析这些数据，可以挖掘出许多有用的信息。随着大数据技术在教育领域中的应用，智慧化教育服务呈现出蓬勃发展的态势，服务形式也变得越来越多样化。上海闵行区的数字校园建设就是一个典型案例，该项目将大数据技术应用于对学生学习发展状况的记录和可视化展示，这样有助于转变传统的教育观念，推动学生培养模式和教育质量监管方式向更合理的方向发展。在上海闵行区，学生使用电子学生证，通过电子系统记录和收集他们的日常行为数据。这些数据信息以图表形式直观地展示出来，反映学生的隐形需求和日常学习、生活状态，使教师和家长能够及时了解学生的情况并发现潜在问题。例如，电子系统可以记录学生早上几点到校，选择了哪些选修课，是否按规定时间上课，是否到过图书馆，以及借阅了哪些书。家长可以通过交互式网络电视（IPTV）了解相关信息，便于他们更好地指导和监督孩子的学习和成长。此外，百度教育推出的高考院校库也是大数据技术在教育领域中应用的一个例子。该平台整合了国内重点高校的信息，添加了搜索功能，通过自然语言算法和大数据技术，为考生提供个性化的数据信息，帮助他们在报考学校和选择专业时做出更好的决策。大数据技术不仅在报考学校方面发挥了重要作用，还在毕业生就业方面体现出其价值。

　　教育大数据的应用使得教育决策更加人性化和科学化。例如，通过分析学生的学习行为和成绩数据，教育管理者可以更准确地了解学生的学习需求和困难，从而制定更加个性化的教育策略和方案。这种基于大数据的决策模式不仅提高了教育质量，还增强了教育公平性，使每个学生都能得到更适合自己的教育资源和机会。

　　通过对大数据技术的应用，教育决策变得更加精确和有效。教育管理者可以基于全面的数据分析做出更科学的决策，教师可以根据学生的具体情况调整教学方法，学生也能够得到更加个性化的教育支持。随着大数据技术的不断发展，教育决策将变得更加人性化，为教育领域带来更多创新和变革，推动教育向着更加公平和高效的方向发展。

< 101 >

第四节　科技赋能教育的发展趋势

在数字化时代，科技赋能教育的发展趋势主要可以从六个方面进行分析（见图 3-8）。

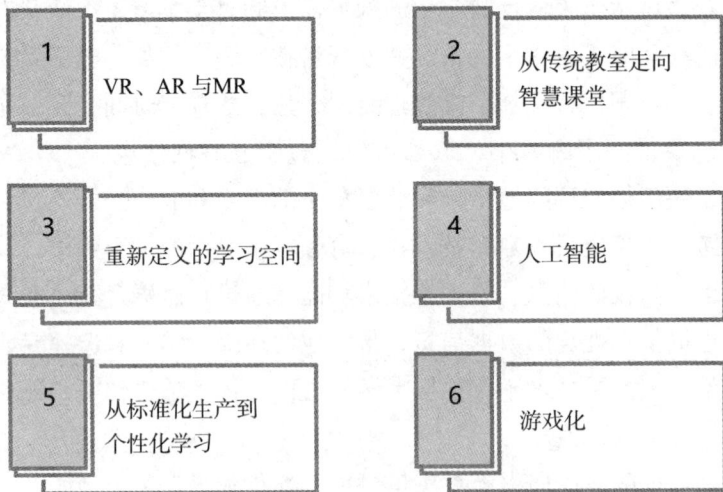

1	VR、AR 与 MR	2	从传统教室走向智慧课堂
3	重新定义的学习空间	4	人工智能
5	从标准化生产到个性化学习	6	游戏化

图 3-8　数字化时代科技赋能教育的发展趋势

一、VR、AR 与 MR

随着数字技术的迅速发展，教育领域正经历着一场技术革命，其中 VR（虚拟现实）、AR（增强现实）和 MR（混合现实）技术在推动合作学习和互动学习方面发挥着重要的作用。这些技术代表了数字化教育在科技层面的显著发展趋势，它们通过创造沉浸式的学习环境，极大地提升了教学和学习的效果。

VR 技术以其独特的沉浸式体验为教育领域带来了革命性变化。通过戴上 VR 眼镜，用户可以完全沉浸在一个虚拟的世界中，体验与现实世界截然不同的学习环境。这种技术使得学习者可以穿越到任何时空，体验各种不同的场景和活动，从而提供了一种全新的学习方式。例如，学生可以通过 VR

< 102 >

技术"走进"历史现场，亲身体验历史事件，或者在虚拟实验室中进行科学实验，这些体验在传统教室中是难以实现的。

AR 技术将虚拟元素融入真实的物理环境，创造了一种新型的学习体验。这种技术在日常生活或专业培训中尤为实用。例如，在汽车修理培训中，学徒可以佩戴 AR 眼镜，在真实的汽车旁进行操作练习。AR 技术通过识别物理世界中的对象，并在其上叠加虚拟信息，为学习者提供直观的指导和反馈。这种技术的应用不限于专业技能培训，还可用于语言学习、历史教学等多个领域，通过增强现实元素，让学习内容更加生动和直观。

MR 技术，作为 AR 和 VR 的融合，打破了现实与虚拟世界的界限，创造了一个既真实又虚构的混合环境。MR 技术在教育中的应用，允许学习者在虚拟和现实环境中无缝互动，提供了一种全新的互动体验。这种技术使得虚拟对象能够在真实世界中以逼真的方式呈现，同时允许用户在虚拟环境中与真实世界进行交互。这种深度的互动性和虚实结合为教育带来了前所未有的可能性，如同步进行的异地协作学习或在虚拟环境中模拟复杂的科学实验。

MR 技术在教育领域的应用，展现了一种前所未有的交互性和沉浸感。MR 不仅结合了 VR 和 AR 的优点，还在人与环境、人与人之间的交互上开创了新的可能性。通过先进的传感技术，MR 创造了一个可以与用户进行多维交互的学习空间，这种空间不仅对用户的动作和语言有着高度的敏感性，还能够提供实时反馈，包括视觉、听觉甚至触觉方面的信息。这种深度交互使得学习者可以自然和高效地与 MR 环境融为一体，实现真正意义上的沉浸式学习体验。

在 MR 环境下，人与人之间的交互也得到了极大增强。MR 技术不仅能够为学习者提供丰富的交流互动手段，还能够通过模拟和具象化的教学方法，提高学习的实效性。学习者可以在 MR 环境中进行在线学习、模拟仿真等活动，这种交互方式极大地提高了学习的灵活性和有效性。此外，MR 技术在实现虚拟与现实深度融合的同时，能够将不同时空的场景结合起来，实现异时空场景的共存。这一特性在教育领域具有重要意义，特别是对于远程教学和在线协作学习。通过 MR 技术，学习者不仅能够跨越地理限制，还能够在不同时间进行交互和协作，这为远程教育提供了全新的可能性。

< 103 >

二、从传统教室走向智慧课堂

随着数字化教育的深入发展，传统教室正逐渐转变为智慧课堂，这一转变不仅是技术革新的产物，更是对教育模式和学习环境的全面升级。智慧课堂的概念超越了传统教室的局限，融合了线上和线下、课内和课外的多元学习环境，旨在促进学生的个性化学习和全面发展。这种环境的构建，依赖于新一代数字技术的发展，特别是物联网、云计算和大数据分析等技术的应用。

在智慧课堂中，智慧教育云平台发挥着核心作用，它不仅提供了数据存储和分析的服务，还通过物联网技术实现了移动设备与智慧教育信息系统的无缝对接。这种集成使得云端、网络和终端设备之间的数据可以自由且高效地流动。更重要的是，智慧课堂能够实时分析课堂情况，根据学生的学习状态和反馈动态调整教学内容和方法，从而实现真正意义上的个性化教学。

智慧课堂代表了教育领域的未来趋势，它不仅是数字化教育的重要体现，也是教育创新和改革的关键所在。具体来说，智慧课堂主要具备以下优势（见图3-9）。

2 实时评价反馈　　　　3 立体化交互

1 教育教学决策数据化　　　　4 智能化推送资源

图 3-9　智慧课堂的优势

第一，教育教学决策的数据化是数字化教育的重要组成部分。这一过程涉及对大量教学数据的收集和分析，使得教师能够掌握教学的实时动态，并据此调整教学策略和方案。通过数据化决策，教育者可以更加精确地了解每位学生的学习状况和需求，从而制订更加有效的教学计划。

< 104 >

第二，实时评价反馈系统为教师和学生提供了即时的学习进展信息。这种系统使教师能够及时改善教学方法和调整教学内容，同时也帮助学生更有针对性地掌握知识，从而提高学习效率。

第三，立体化交互的实现是智慧课堂的另一个重要特点。利用物联网和移动智能设备，学生、教师之间以及学生相互之间的沟通变得更加无缝和高效。这种交互不仅限于传统的课堂内交流，也包括课外的学习讨论和合作，极大地增强了学习的互动性和参与度。

第四，智能化推送资源能够根据学生的个性化学习效果和需求，定制化地推送适合的学习资源。这种个性化的资源推送不仅提高了学习资源的适用性，也极大地激发了学生的学习兴趣和主动性。

在数字经济时代背景下，教育领域正在经历一场由传统教学经验主导向数据驱动的根本性转变。这一转变的核心在于利用大数据技术深入挖掘和分析教学过程中产生的各类数据，从而实现精准、高效的教学活动。在这种新兴的教育模式下，数据不仅是信息的载体，更是推动智慧教育发展的关键战略资源。智慧课堂作为这种新模式的典型代表，其特色在于通过对教学全过程的动态数据进行实时采集和分析，从而对学习行为、学习效果以及教学方法进行综合评估和优化。课堂互动、学生作业、考试、测试等多种教学数据的综合应用，使得教学过程的每一个环节都能得到精确记录和仔细分析，为教师提供了强有力的支持，帮助他们更好地理解学生的学习需求和进度，从而做出更为合理的教学决策。此外，利用大数据技术对教学数据进行深入分析，可以帮助教师发现教学内容、教学方法与学生学习效果之间的潜在联系和规律。这不仅提高了教学的科学性和针对性，还为教育改革和创新提供了数据支撑和实证基础。随着智慧教育的不断发展，教育将逐渐转变为一种基于数据分析的实证科学，而不再仅仅依赖于传统的经验主义。这种以数据为基础的教学模式将更加适应数字化、信息化的社会发展趋势，能够更加有效地提升教育的质量和效率。教师可以根据数据分析结果调整教学策略，实现个性化教学，同时能促进学生的主动学习和创新思维。学生的学习过程将变得透明和可量化，教师能够基于数据对学生的学习进度、理解程度和兴趣点进行实时跟踪，从而及时调整教学内容，确保教学活动与学生的实际需求和能力相匹配。

< 105 >

三、重新定义的学习空间

在现代数字化教育的浪潮下，学习空间的概念和设计正在经历一场深刻的变革。传统的教室布局和学习环境，以其固定的座位和朝向以及对单向教学的依赖，正逐渐让位于更为动态、互动和协作的学习空间。这种重新定义的学习空间不仅仅是物理空间的变革，更是一种教育理念和教学方法的全面更新。

在这些新型的数字化学习空间中，课堂布局和教学工具的改变显而易见。智能板取代了传统的黑板，智能课桌取代了标准的单人课桌，这些技术的引入不仅改变了教室的物理面貌，也促进了教学方式的创新。例如，学生可以通过智能设备进行虚拟现场考察，或者利用数字工具创造和分享媒介内容。这种教学环境的改变使得课堂上的学习更加生动、互动和多元化。除了课堂内的变化，非正式的学习空间也在不断扩展和发展。在许多发达国家，学校和教育机构正逐步建立起更多的非正式学习区域，如开放式学习中心、合作学习区和创新实验室。这些空间旨在鼓励学生的合作、探索和创新，突破了传统课堂的局限，为学生提供了灵活和多样的学习环境。在这些空间中，学生不仅可以进行集体讨论和团队项目，还能够与不同学科的学生进行交流和合作，从而促进知识的综合和创新。此外，数字化学习空间还强调了学习资源的共享和整合。通过数字技术，学生可以在课堂、图书馆等传统物理空间之外，利用虚拟平台和网络资源，与全球范围内的学习者共享知识和信息。这种方式不仅拓宽了学生的学习视野，也提高了他们获取和处理信息的能力。数字化学习空间也为学生提供了灵活和个性化的学习体验。学生可以根据自己的学习计划和兴趣，随时随地访问各种学习资源和工具。这种学习方式不仅提高了学习的效率和便利性，也使得学生能够更好地掌握和运用新技术，适应未来的社会和职业需求。

四、人工智能

在当前技术快速发展的时代，人工智能（AI）作为一种先进的技术科学，正逐渐成为教育行业发展的关键动力。人工智能技术基于计算机科学的深度发展，它通过高效的硬件和软件结合，不仅模拟人类的智能行为，还在

< 106 >

多个领域扩展和增强了这些能力。在教育领域，人工智能的应用正在开启一场革命。人工智能技术在教育中的应用涵盖了多个方面，包括但不限于机器人教学助手、语言识别系统、图像识别工具以及自然语言处理技术。这些技术的应用不仅优化了教学方法，也极大地提高了教育资源的可获取性和互动性。

在当今科技日益发展的时代背景下，人工智能在教育领域的应用正展现出巨大的潜力和价值。全球各地的教育机构正通过引入人工智能技术，大幅提升教育效率和质量，同时为学生提供个性化和深入的学习体验。这些技术的应用不仅为教育模式带来了革新，也为传统的教学方法提供了有效的补充和支持。例如，澳大利亚迪肯大学引进的 IBM 技术平台沃森就是一个突出的例子。这个平台为学生提供全天候的虚拟咨询服务，有效解决了学生的疑问，同时释放了人力资源以应对更复杂的挑战。类似地，美国计算机科学家乔纳森开发的英语语法纠错软件，不仅提高了翻译软件的准确性，还促进了不同国家间的交流与理解。此外，聊天机器人技术的运用在辅助学生学习方面也显示出巨大潜力。利用自然语言处理技术，这些机器人可以回答学生的学习相关问题，帮助他们处理学习材料，甚至进行作业批改。这种技术的应用不仅提高了学生的学习效率，还促进了教师的工作效率。在中国，北京创数教育推出的"人工智能助教"产品是典型例子之一。该产品通过对每个学生的学习能力进行分析，为其提供个性化辅导，帮助解决学习中的困难，显著提高了学习效果。人工智能在教育中的应用还远不止于此。个性化学习方案的制定、课程质量与教学内容的评估、智能辅导系统的实施等，都是人工智能在教育中的重要应用领域。这些技术的应用不是为了取代教师的角色，而是为了辅助教师，提高教学的有效性和效率。人工智能技术能够根据学生的学习情况和需求，提供定制化的学习路径和教学资源，使学生能够以更加有效的方式掌握知识。通过人工智能，教师能够精准地了解每个学生的学习进度、理解水平和个性化需求，从而进行有针对性的教学设计。同时，人工智能能够处理和分析大量的教学数据，帮助教师不断优化教学方法和课程内容。在学习效果评估方面，人工智能技术能够提供即时反馈和深入分析，帮助学生及时了解自己的学习状况，并调整学习策略。此外，人工智能还能够通过游戏化学习、虚拟现实等方式，提高学习的趣味性和互动性，激发学生

< 107 >

的学习兴趣和参与度。

人工智能在教育领域的应用正成为推动教育改革和创新的重要力量。随着技术的不断进步和应用的深入，人工智能将促进教育的个性化、智能化和高效化，为学生提供丰富、多元和高质量的学习体验，为教师提供强大的教学支持。

五、从标准化生产到个性化学习

随着社会的发展和技术的进步，教育领域正在经历一场深刻的变革。传统的工业时代教育模式，以其规模化、标准化的人才培养方式，为经济建设和社会发展做出了重要贡献。然而，在当前移动互联网时代，这种教育模式已经难以满足日益增长的个性化和创新人才需求。因此，数字化教育逐渐成为新的发展方向，它通过运用人工智能、物联网、大数据等先进技术，推动教育向个性化和定制化转型。

在这种新型教育模式下，教育的重点不再是批量生产标准化人才，而是注重培养每个学生的个性和创造力。个性化学习的实现，需要对教学内容、方法和组织形式进行全面的改革和升级。通过分析学生的学习历史数据，教师能够动态调整教学计划和内容，以更好地适应每个学生的学习需求。同时，个性化教育注重帮助学生找到最适合自己的学习方法。通过分析学生的学习行为和过程数据，教师可以深入了解学生的学习习惯、认知能力和兴趣爱好，从而为他们设计更加适合的个性化学习路径。这种方法不仅能够提高学生的学习积极性，还能够有效提升学习效果。另外，数字化教育还强调为学生打造个性化、定制化的学习场景，使学习过程更加生动和具有吸引力。

随着数字化技术的不断进步和普及，教育领域正经历着一次深刻的结构性变革，特别是在课堂教学的形式和内容上。这种变革以智慧教育为标志，强调利用新技术推动传统教学方法的更新。在数字化教育的初期，翻转课堂作为一种新的教学模式，通过改变传统的教学流程，促使学生在课堂外通过视频、播客等数字化方式进行自主学习，并在课堂上与教师进行深入的互动和探讨。这种模式的实施标志着教育系统开始从传统的教学结构转向更为灵活和互动的学习模式。然而，翻转课堂仅是数字化教育变革的初步阶段，智慧教育的发展将推动深层次的教育结构变革。智慧教育不仅颠覆了传统的教

< 108 >

学流程，还通过利用大数据、人工智能等先进技术，创建了智能化和个性化的学习环境。在这个环境中，学生的学习过程不再是单向的知识传授，而是变成了互动、探索和创造的过程。

智慧教育的核心在于以学生为本，关注每个学生的个性化需求，提供丰富多元的学习资源和工具。在智慧课堂中，教师的角色从知识的传授者转变为学习的引导者和支持者，更多地关注学生的个性发展和全面成长。通过这种方式，学生不仅能够获得知识，还能够培养批判性思维、创新能力和解决问题的能力。

六、游戏化

在当今数字化教育的新时代，游戏化学习正成为一种重要的教学趋势，它通过将教育内容与游戏元素结合，为学生提供了一种全新的、有趣的学习方式。这种方法不仅使得学习过程更加生动和互动，还能够有效提升学生的学习兴趣和参与度。

游戏化学习的核心在于将传统的教学内容转化为吸引人的游戏任务和挑战，通过游戏的形式让学生在娱乐中学习。这种学习方式不仅能够使原本枯燥的学习内容变得有趣，还能激发学生的主动学习意愿。在游戏化的学习环境中，学生被赋予更多的控制权，他们可以自主地探索、尝试并解决问题，这种主动探索的过程有助于培养学生的独立思考和问题解决能力。此外，游戏化学习还能帮助学生应对真实世界的问题。在虚拟的游戏世界中，学生需要运用所学的知识和技能来解决游戏中的任务和挑战。这种方法不仅能够帮助学生将理论知识应用于实际情境，还能够提高他们在复杂环境中作出关键决策的能力。通过电子视频游戏等形式的游戏化学习，学生能够在享受游戏乐趣的同时，学到相关的知识和技能。这种学习方式将枯燥的学习任务转化为一种挑战，激发学生在面对困难时的坚持和毅力，从而在游戏的过程中体验到克服挑战后的满足感和成就感。这种以"艰难的乐趣"为核心的游戏化学习方式，不仅提升了学习效率，也培养了学生面对困难时的积极态度。游戏化学习的另一个重要方面是其对学生学习习惯和思维习惯的培养。在游戏化的学习过程中，学生需要识别障碍、考虑多种解决方案，并实践解决问题的策略。这种方式不仅锻炼了学生的创造性思维和批判性思考，也鼓励了他

< 109 >

们在学习中保持积极和探索的态度。

　　教育电子视频游戏正在重塑传统的学习方式，将教育与互动游戏体验相结合，为学习者提供了一种全新的、沉浸式的学习环境。这些游戏不仅仅是互动教科书的数字化升级，也超越了行为模拟器的简单模拟，它们通过创造一个富有吸引力且参与度高的游戏世界，激发学习者的兴趣和参与感。在这种教育游戏的设计中，学生不再是被动的知识接收者，而是成为游戏故事的一部分，通过亲身体验和参与来获取知识。游戏中的每一个决策和行动都会带来连锁反应，影响游戏的进程和结果，这种互动性强化了学习者的主动学习和思考能力。

　　当前，游戏化教育正处于发展的起始阶段，但其未来的潜力无疑是巨大的。预计未来，游戏化学习将与其他数字化教育形式相结合，形成一个多元化、互补的教育生态系统。

< 110 >

第四章　数字化时代高校人才培养新思路

第一节　人才培养理念的更新

在当今时代，教育的本质正在经历一场深刻的变革。这一变革的核心，在于将"以人为本"的理念深植于人才培养的各个方面。在这个理念的指导下，培养模式不再仅仅是传授知识的简单过程，而是变成了一种更加全面、更加关注个体的教育方式。在这种模式中，学生的个性、潜能以及全面发展成了教育过程中重要的考量因素。随着社会的快速发展和技术的不断进步，对人才的需求也在发生着根本性变化。这要求我们的教育体系必须适应时代的发展，不断更新其人才培养的理念和方法。这种更新不仅仅是在知识和技能的教授上，更重要的是在于培养学生的创新能力、批判性思维和终身学习的能力。这些能力将成为他们未来面对复杂多变世界时不可或缺的"武器"。在这个过程中，教育不再是单向的知识传递，而是成了一种双向的、互动的学习经历。教师的角色也从知识的传递者转变为学生潜能的挖掘者和引导者。通过这种方式，教育能够更好地适应每个学生的独特需要和潜力，从而实现真正意义上的个性化教育。

具体来说，数字化时代对于人才培养理念的更新应该从以下四个方面开展（见图4-1）。

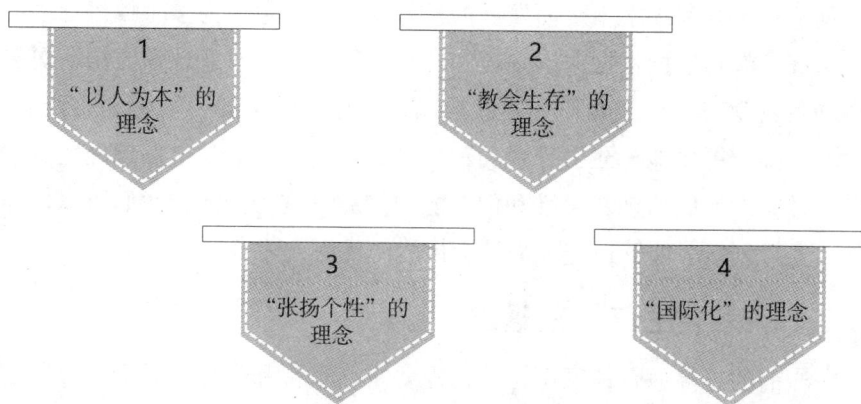

图4-1　数字化时代人才培养理念的更新

< 113 >

一、"以人为本"的理念

在当代高等教育中，实现"以人为本"的理念至关重要。这一理念的核心，在于建立一种以教师为引导者、学生为学习主体的全新教育模式。这不仅是对传统教育方法的改良，更是一种对教育本质的深刻理解和重塑。

历史上，许多教育家强调教师的作用不仅仅是传授知识，更重要的是引导学生去发现真理。在这一过程中，教师的角色应转变为知识的探索者和问题解决者，他们的任务是激发学生的好奇心，引导他们自我探索和创新。这种教育方式鼓励学生不仅仅学习知识，更要学会如何学习、如何提高自身的认知能力和解决问题的能力。与此同时，学生作为教育的主体，应当在学习过程中扮演积极和主动的角色。他们不应被动地接受知识，而应通过自主学习、探索和实践，发挥其主观能动性。这要求我们的教育体系必须为学生提供更多的自主性和选择性，鼓励他们按照自己的兴趣和能力去发展。

然而，在现实的人才培养过程中，这一理念并未得到充分实现。管理层往往过于强调统一的教育大纲和计划执行，导致教育过于标准化、一致化。这种模式忽视了学生个性的差异，限制了学生的创新精神和创造力的发展。同样，教师在教学中往往过分侧重于知识的单向传授，忽视了引导学生独立思考和探索的重要性。这种教学方式不仅限制了学生的学习潜能，也影响了他们对知识的深入理解和应用。

因此，要真正实现"以人为本"的教育理念，就必须打破传统的教育模式，创造一个有利于学生全面发展的教育环境。这包括为学生提供更多的选择性课程，鼓励他们根据个人兴趣和专长进行学习；改变教学方法，更多地采用项目式学习、小组合作和实践活动，以提高学生的参与感和实践能力；同时，教师应更多地扮演引导者和辅导者的角色，帮助学生发现问题、解决问题，并激发他们的创新思维和创造能力。通过这些方法，我们可以培养出更加独立、创新、能够适应未来社会挑战的优秀人才。

二、"教会生存"的理念

在当前的高等教育体系中，迫切需要重新审视和强化"教会生存"的教育理念。这一理念强调教育不仅仅是传授知识和技能，更重要的是培养学生

< 114 >

全面的生存和发展能力，包括学会认知、实际操作、自我发展和与社会和谐共处的能力。这种全面的教育方法旨在培养学生成为能够适应并贡献于社会全面发展的人才。

　　长期以来，受限于传统的教育模式，我们的教育体系在某种程度上忽视了对学生全面能力的培养。学生们往往过分关注学习当前社会急需的知识和技能，而忽略了如科学思维、文化修养、道德观念等更为根本的素养。这种偏重导致学生在个人发展路径的选择上缺乏引导，难以找到最适合自己的成长路线。同样，教师们在教学过程中过于专注于知识的传授，而忽视了对学生解决问题的方法、竞争态度、遵守公共原则的意识等重要生存技能的培养。要真正落实"教会生存"的理念，高校必须在人才培养过程中更加注重个体的生存意愿的激发和人与社会的和谐统一。这意味着教育应当超越传统的知识和技能培养，更加关注学生的全面素质提升。具体来说，这包括培养学生的学习能力，使他们能够在不断变化的社会环境中持续学习和成长；培养学生的实际操作能力，使他们能够有效地应对工作和生活中的各种挑战；培养学生的人际交往和合作精神，使他们能够在社会中建立良好的人际关系和团队协作能力。

　　此外，高校还应重视学生的道德观念、文化修养和法律意识的培养。这不仅仅是为了学生个人的全面发展，更是为了培养他们成为有社会责任感的公民。只有这样，高校培养的人才才能真正满足时代的要求，适应并引领社会的发展。

三、"张扬个性"的理念

　　在现代教育体系中，培养学生的个性和创新能力成了一个不可忽视的重要议题。个性不仅仅体现在一个人与众不同的心理和生理特征上，更重要的是它包含了独立性、独特性、创造性和完整性等多方面的内容。特别是在大学阶段，学生个性的培养和发展尤为关键，因为这是他们形成独立人格和创新能力的重要时期。

　　在传统的高等教育体系中，由于长期以来对社会需求的过度强调，往往忽略了对学生个性和创新能力的培养。这种偏颇的教育理念导致部分学生为了适应社会的功利需求，不得不压抑自己的个性，甚至在某种程度上伪装自

< 115 >

己，以符合普遍性的要求。这种现象不仅抑制了部分学生个性的发展，更严重削弱了他们的创新意识和能力。面对这一问题，教育体系亟须进行观念的转变，从承认并尊重个体差异出发，真正实现个性的培养和发展。这意味着教育不应仅仅满足于传授标准化的知识和技能，而应更加注重激发和培养学生的独立思考能力、创造力和个性化的发展。为此，教师应当提供更加多元化的学习内容和方法，鼓励学生根据自己的兴趣和特长选择学习路径，从而实现个性化的学习和成长。同时，高校应当创造一个开放、包容的学习环境，鼓励学生表达自己的观点，敢于挑战传统观念，培养他们的独立人格和自信心。在这样的环境中，学生能够自由地探索自己的兴趣和潜能，发展独特的思维方式和创新能力。通过这种方式，我们不仅能够帮助学生建立起对自己个性的认识和尊重，更能培养出能够适应社会发展、具备创新精神和个性化能力的新时代人才。

四、"国际化" 的理念

在全球化的大背景下，高等教育的国际化已成为世界各国教育发展的重要趋势和必然选择。国际化的高等教育不仅意味着加强国际的教育交流与合作，更关键的是要在教育内容和方法上适应国际交往和发展的需求，培养具有国际视野、交往能力和竞争力的创新型人才。这一理念的实施，对于推动教育现代化、提升国家教育水平具有重要意义。在这个过程中，高等学校必须顺应国际化的趋势，树立国际化的教育理念。这意味着学校的教育视野应该从本国拓展到全球，从传统走向现代化，面向未来的发展。为了实现教育的国际化，高校需要开放国内教育市场，积极利用国际教育资源，与世界各国的教育体系进行更广泛的交流与合作。这种开放和合作不仅可以促进教育资源的共享，更有助于优化教育质量和提升人才培养的国际竞争力。

教育国际化的实现对高校的教育观念和教学体系都提出了新的要求。首先，高校需要转变传统的教育观念，建立与国际接轨的人才培养模式。这包括在办学理念、管理体制、教学内容和方法上与国际标准接轨，学习和借鉴国外先进的教育理念和实践。其次，高校应在课程设置和教学方法上进行创新，引进和吸收国际先进的教育资源，丰富学生的国际视野和跨文化交流能力。最后，高等教育的国际化要求学校在文化交流和人才培养上发挥积极作

< 116 >

用。学校应鼓励学生参与国际交流项目，增强他们的全球意识和国际竞争能力。通过这些国际化的教育实践，学生不仅能够获得广泛的知识视野，更能在全球化的环境中培养出适应国际交流、合作与竞争的能力。

第二节　人才培养目标的明确

一、培养目标合理定位的基本前提：教育价值观的理性选择

教育目标的制定是基于特定的教育思想和目的，并深受特定教育价值观的影响。历史上，教育价值观的演变与社会历史条件和物质资料生产方式的变迁密切相关。在不同的时代背景下，形成了两种主要的教育价值观念：个体本位论和社会本位论。

个体本位论强调教育的目的在于满足个体的自我发展需求。这一观点源远流长，可追溯至古希腊时期的智者学派。智者学派认为，人是万物的尺度，教育的根本目的应当是培养个人的理性与个性，而非仅仅追求国家利益或社会发展。这一观点在西方历史上产生了深远的影响，如18世纪的法国思想家卢梭和19世纪的英国社会学家斯宾塞都强调教育应以个人的完满生活为目标。相对于个体本位论，社会本位论则主张教育应当满足国家和社会发展的需求。这种观点认为，教育的目的和实施应以社会的需求为导向。古希腊哲学家柏拉图在《理想国》中便提出了这样的观点，即教育应服务于政治，以国家的需要为导向来培养个人。在历史的长河中，这两种教育价值观念经历了交替和融合。从18世纪中叶到19世纪中叶，个体本位论成为教育价值取向的主流，但同时也有思想家和教育家关注到教育在政治、文化和科学价值上的重要性。到了19世纪下半叶，社会本位论开始占据主导地位，强调教育应服务于社会的整体需求和发展。

在教育领域，个体本位论与社会本位论长期以来一直是引导人们教育观念的两大支柱。尽管这两种理论各自有其独特的真理性，但它们都存在一定的局限性，即在某种程度上过于偏向于个体或社会的极端。在现代教育实践

< 117 >

中，更加理性和全面的教育价值选择应当在于平衡和融合个体发展和社会发展的需求。马克思主义关于人的全面发展的学说强调个体与社会的协调统一发展，为我们提供了一种新的教育价值取向。这一取向认为，真正的教育价值在于既尊重和促进个体的自我发展，又与社会发展和时代进步的需求紧密相连。高等学校在制定人才培养目标时，应当基于这种平衡和统一的理念，旨在培养既有个人特色又能为社会作出贡献的人才。

在这一教育模式下，高校应当关注学生个性化成长的同时，也要重视培养他们的社会责任感和集体意识。这意味着教育不仅仅是对个体知识和能力的提升，更是对其价值观、道德观念和社会参与能力的培养。教育的目标应当是帮助学生在未来的社会实践中能够实现自身价值的同时，也为社会的发展和进步做出贡献。

二、培养目标合理定位的现实依据：利益相关者需求的多方考量

在高等教育领域，制定有效的人才培养目标不仅仅是学术活动的一部分，更是涉及多方利益相关者的复杂过程。大学作为一种利益相关者组织，其运作和发展涉及众多不同利益层次的利益主体。这些利益主体分为内部利益相关者和外部利益相关者，他们对高校的人才培养目标有着直接或间接的影响。

内部利益相关者主要包括教师、学生和学校行政人员等，这些群体与学校的日常运作和发展关系紧密，通常被视为核心利益相关者。他们的需求和期望直接影响着教育质量和学校的声誉。例如，教师可能关注教育质量和研究成果，学生则更关心就业前景和学习体验。外部利益相关者则涵盖了政府、捐赠者、校友、工商界、银行和社区等。这些群体根据与学校的关系程度可以进一步划分为主要利益相关者、边缘利益相关者和潜在的利益相关者。例如，政府作为主要利益相关者，其政策和资金支持对学校的运营至关重要；而工商界和技术型企业等关心毕业生的技能和适应职场的能力。在制定高等学校创新型人才培养的目标时，必须综合考虑这些多方面的利益需求。这不仅包括学生的职业发展和个人成长，也包括国家政策导向、社会经济发展的需要以及行业对专业技能的需求。

< 118 >

　　具体来说，培养目标的合理定位应考虑以下四个方面的需求。

　　第一，培养目标的合理定位应体现学生创新素质系统发展的需要。作为高等学校的主体，学生不仅是教育过程的中心，也是创新教育成效的最直接受益者。因此，理解和把握学生创新素质发展的核心问题，对于实现创新型人才培养的总体目标至关重要。这不仅涉及对创新型人才素质属性特征的科学认识，更包括对学生身心成长规律的深入理解。为了有效地促进学生创新素质的发展，高校需采取有针对性的培养策略和措施。这包括构建一个清晰的素质框架体系，以指导学生创新素质的系统培育。该框架体系应涵盖知识技能、思维方式、心理品质、社会能力等多个维度，旨在全面提升学生的创新潜力和实践能力。通过这种基于素质模型的教育方法，高校能够更加系统和科学地培养创新型人才。这不仅有助于学生个人综合素质的提升，也能够更好地满足社会和时代对创新人才的需求。

　　第二，培养目标的合理定位应体现国家的经济社会发展战略需要。作为社会的重要组成部分，高等教育不仅受社会的政治、经济制度影响，其方向和体制也与社会生产力和科学技术发展水平密切相关。社会文化的特征和趋势同样会对高校的教育和校园文化产生影响。在这个背景下，高校的人才培养不能脱离国家的经济社会发展实际需要。当前，随着中国经济社会发展战略的深入实施，如科教兴国、可持续发展、人才强国战略和创新型国家建设等，成为指导高校人才培养方向的重要依据。高校在设定创新型人才培养的专业目标时，应积极对接国家中长期科学和技术发展规划，特别是要关注那些被明确的重点领域及其优先主题。高校在制定人才培养目标时，应基于自身的学科优势和办学特色，主动寻求与国家战略相匹配的方向。这不仅包括培养学生的专业技能和知识水平，还包括提升他们的创新能力和对未来社会发展趋势的敏感性。高校应致力于为国家的科学研究、技术开发及其他重点领域提供高质量的人力资源，以此作为自己贡献于国家发展的重要途径。

　　第三，培养目标的合理定位应体现高校主要利益相关者的需要。在高等教育体系中，创新型人才的培养不仅是高校自身的使命，也受到其主要利益相关者，包括科学研究机构、技术型企业等社会组织的深刻影响。这些组织不仅是高校创新型人才培养的主要输出渠道，也是产学研合作的关键伙伴，因此其需求和期望在高校培养目标的定位中占有重要地位。

< 119 >

　　为了提高人才培养的质量和满足这些重要利益相关者的期望，高校必须在制定人才培养目标时，充分考虑这些社会组织对人才素质的基本诉求。这不仅意味着对创新型人才素质特征的深入研究，更包括对人才培养输出单位需求的详细调查和分析。通过这种方式，高校能够更好地了解社会的实际需求，并据此优化其教育策略和课程设置。同时，高校应积极寻求与这些重要利益相关者的紧密合作，以促进人才培养方案的实际应用和持续改进。这种合作不仅可以帮助高校更精确地调整其培养目标，以符合行业发展的最新趋势，还能为学生提供更多实践机会，增强其实际工作能力和适应性。因此，高等学校在人才培养目标的合理定位过程中，应着重体现对这些主要利益相关者，如科学研究机构、技术型企业等社会组织的需求考量。

　　第四，培养目标的合理定位应该体现科学知识自身发展的需要。在高等教育体系中，知识的发展是推动大学进步和人才培养的基石。高校的使命之一是通过知识的传播、解释和创新来促进教学活动，进而培育出具有高素质的人才。因此，在制定人才培养目标时，必须充分考虑到科学知识自身发展的需求。

　　随着科学技术的不断进步，知识领域也在持续扩展和深化。这要求高校不仅要关注当前的知识体系，还要预见未来的知识发展趋势。培养目标的合理定位应基于对新兴知识领域的洞察，确保学生能够掌握最前沿的知识和技能，以适应未来社会和行业的需求。此外，知识的发展意味着高校需要不断更新教学内容和方法，鼓励创新思维和跨学科学习。这不仅有助于学生获得全面的知识结构，也能激发他们的探索精神和创新能力。因此，高校在制定人才培养目标时，应将科学知识的自身发展作为重要考量因素。通过紧跟知识发展的步伐，高校能够为社会培养出能够适应未来挑战的高素质人才，进而推动社会的整体进步与发展。

　　鉴于21世纪社会和经济发展对人才的多元化需求，高等教育应当树立以下三种重要目标，以适应这一新时代的挑战（见图4-2）。

< 120 >

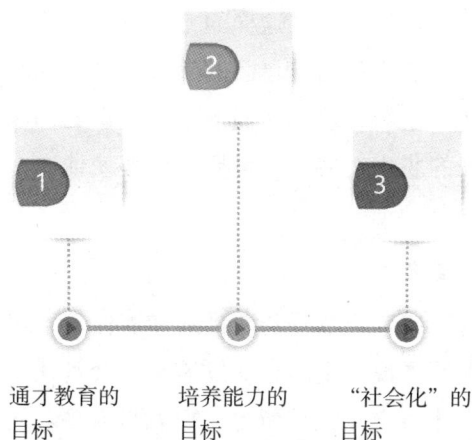

通才教育的　　培养能力的　　"社会化"的
目标　　　　目标　　　　目标

图 4-2　高等教育在人才培养方面应树立的三个重要目标

（一）确立通才教育的目标

在快速变化的社会和经济背景下，高等教育面临着新的挑战和机遇。随着经济结构的不断调整和职业生涯模式的变化，单一、狭窄的专业教育已不能满足当代社会对人才的需求。现代大学生的职业道路越来越多样，因此，高等教育的重点应转向培养具有强大适应性的通才。

通才教育目标的确立意味着对现有教育模式的深度调整。高校应从传统的单一专业教育模式转变为更为广泛和综合的教育模式。这种教育不仅仅关注专业技能的培养，更强调综合素质的提升，如批判性思维、创新能力和跨学科知识的融合。学生应被鼓励探索不同领域的知识，培养"厚基础、宽口径"的学术视野和技能，以适应多变的职业要求和生活挑战。

（二）树立培养能力的目标

在当代的高等教育中，对大学毕业生的能力培养显得尤为重要。为了培养出能够在各领域成为"高级专门人才"的毕业生，大学教育必须超越传统的知识传授，转向更加注重方法论和能力培养。这意味着教育的焦点应从单一的知识灌输转变为培养学生的多方面能力，包括自学能力、研究能力、思维能力、表达能力、组织管理能力以及独立分析和解决问题的能力。为了实现这一目标，高校需要采取多样化的教学方法和实践活动。这包括强化学生的实践操作经验，提供更多与真实工作环境相仿的学习情景，以及鼓励学生

< 121 >

进行项目式学习和团队合作。通过这样的方式，学生不仅可以学习到理论知识，还能在实际操作中锻炼和提升自己的综合能力。同时，高校应鼓励学生进行创新性思考和技术创新，培养他们的创新意识和创新能力。这种能力的培养对于毕业生未来的职业发展至关重要，能够使他们在快速变化的社会和工作环境中保持竞争力。

（三）树立"社会化"的目标

在现代社会，高等教育面临着新的挑战和责任，不仅要培养具备专业知识和技能的人才，更要重视学生的全面发展和社会责任感。社会化教育的目标在于弥补当前教育体系中知识与能力、智力与道德之间的失衡，促使大学生在专业素质和综合素质上都能得到均衡发展。这一目标的实现不仅对学生个人的全面成长至关重要，也对社会的健康发展具有深远影响。

在追求社会化的教育目标过程中，高校应致力于培养学生的公民意识、社会责任感和高尚人格。教育内容应超越纯粹的学术研究，更加注重实践应用，鼓励学生参与解决实际社会问题，如环境保护、社会公正、道德建设等。通过这样的教育方式，学生不仅能够获得知识和技能的提升，也能够培养出对社会有益的新思想、新知识和新技术。此外，高校应强化对学生精神文明的培育，如人文关怀、伦理道德和文化素养等，以此促进学生的全面和谐发展。这种"全人"教育理念的实施，能够帮助学生形成全面和均衡的世界观、价值观和人生观。因此，高等教育的社会化目标应当成为大学教育改革的重要方向。通过这种教育，不仅能够培养出专业素养和技能俱佳的人才，也能塑造具有社会责任感和高尚品格的公民，从而为社会的持续健康发展贡献力量。

第三节　人才培养过程的完善

在高等教育体系中，人才培养过程扮演着将教育理念转化为具体成果的关键角色。这一过程涵盖了从专业设置到课程体系、培养途径及培养方案的多个方面，每一环节都是实现人才培养目标的重要步骤。

< 122 >

一、合理设置专业

　　大学的本质远远超越了简单的专业教育或职业培训。根据《大学》中的理念，大学的根本使命在于明德、亲民和追求至善，这不仅体现在专业知识的传授上，更重要的是在于培养全面发展的人才。大学教育应致力于学生的全面发展，包括道德修养、思想启迪和社会责任感的培养。在这一过程中，大学不仅是知识的传播者，更是价值观念的引导者和人格塑造的重要场所。因此，大学教育的核心在于做人的教育，其次才是专业成才。成才的过程不限于本科教育，更包含了终身学习和经验积累。随着新教育观念的提出，大学专业建设应在拓宽学科领域、更新教学内容、加强基础教育和实践能力培养等方面不断进步，实现教育深度和广度的有机结合。具体来说，专业建设应在以下几个方面进行加强（见图4-3）。

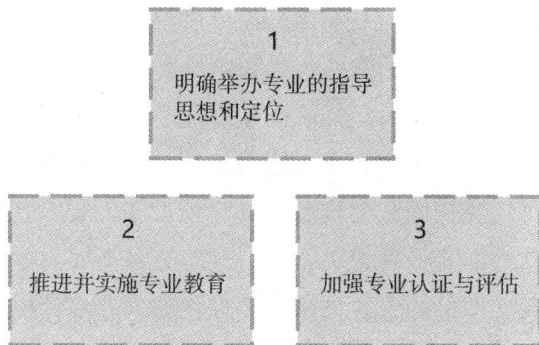

```
┌─────────────────┐
│        1        │
│ 明确举办专业的指导 │
│    思想和定位    │
└─────────────────┘

┌─────────────────┐    ┌─────────────────┐
│        2        │    │        3        │
│ 推进并实施专业教育 │    │ 加强专业认证与评估 │
└─────────────────┘    └─────────────────┘
```

图4-3　专业建设的三个方向

（一）明确举办专业的指导思想和定位

　　在高等教育中，专业设置的指导思想和定位对学校的发展战略具有决定性意义。这种定位需要在宏观和微观两个层面进行细致规划。从宏观层面看，大学的专业建设应与学校的整体发展目标紧密相连，涵盖专业结构的优化、资源配置的合理化以及新专业增长点的挖掘。这不仅包括对传统专业的合理布局，更包含根据社会发展趋势的调整和增设新兴专业，以提高学校整体的教育水平和社会适应性。在微观层面，每个专业的建设都应基于独特的指导思想和具体定位。不同院校的专业建设受到其历史背景、教育理念和办学条件等多重因素的影响，因此每个专业都应有其特色和定位。这种个性化的专业设置能够使各院校在同一学科领域内展现不同的教育特色和优势，避免高等教育的同质化趋势。

综合宏观与微观两个层面，大学在专业设置上应追求既符合学校总体发展战略，又能体现各专业独特性和创新性的平衡。通过这种战略性和个性化的规划，高校不仅能在竞争日益激烈的高等教育市场中保持自身特色，还能更好地满足社会和学生的多元化需求，培养出更具竞争力和适应能力的优秀毕业生。

（二）推进并实施专业教育

专业教育的实施是一项复杂而系统的工程，要求高校在教学计划的设定和执行上做到精确和高效。这不仅涉及知识的传授和能力的培养，更包含教育质量的全面提升。为了有效推进专业教育，高校需要综合考虑师资队伍、教学资源（包括实验室、图书资料）、教材建设以及人才培养模式、教学内容、课程体系、教学方法和手段的改革和建设。

首先，建立一支高素质的教师队伍是专业教育质量提升的基础。这要求教师不仅具备深厚的专业知识和研究能力，还应具有高尚的职业道德和教育情怀。其次，充足而先进的教学资源，如实验设备、实习基地和丰富的图书资料，对于确保教育的有效性至关重要。这些资源能够为学生提供更多实践机会，促进理论与实践的结合。再次，多样化的人才培养模式和处于科研前沿的教学内容也是必要的。这涉及教学内容和课程体系的不断更新，以适应社会和技术发展的需求。从次，采用科学和灵活的教学方法，以及先进的教学手段，可以提升教育的效果和质量。最后，高效的教学管理系统是确保专业教育顺利进行的关键。这包括合理的课程安排、教学进度的监控、学生学习情况的评估以及资源的有效分配等。只有通过科学有效的教学管理，才能协调各方面资源，确保教育过程的顺利和有序。

（三）加强专业认证与评估

在高等教育体系中，专业建设的有效性和办学质量的评估是至关重要的环节。专业认证和评估机制不仅反映了专业教育的成果，更是对高校教育质量的全面考察。中国的高等教育经历了多轮的本科教学工作评估，这对于提

< 124 >

高教学质量具有显著的作用。

专业评估应该被视为专业建设中的一个重要环节，其实施可分为三个层面：第一，专业管理层面的评估需要由专业负责人带头，进行自我评估和反思。这包括定期检查教学计划的实施情况、课程内容的更新、教学方法的有效性，以及学生学习成果的评价。通过这种自我评估，可以不断发现并改进教学中的不足之处。第二，学校教学管理层面的评估应由各高校根据自身特点制定。这涉及建立一套适合本校特色的专业评估指标体系和方法，定期对所有专业进行评估。这样的评估有助于促进各专业教学质量和整体教育水平的提升。第三，国家或社会机构组织的专业评估是评估体系中的重要部分。这类评估通常由外部专家进行，更多地关注行业标准和认证要求。通过这些评估，高校可以从宽阔的视角审视自身的专业建设，获得全面反馈和积极建议。

二、优化课程体系

课程体系的设计和实施在很大程度上影响着学生的知识结构和技能水平，直接关系到毕业生的综合素质和未来发展潜力。为了适应创新型人才培养的需求，课程体系的优化需要系统性的规划和调整。这包括对课程目标的重新定位、内容结构的合理组织以及实施方式的创新。优化后的课程体系应当能够促进学生多元创新素质的发展，以及知识和技能的和谐共生。

首先，课程目标的设定需要紧密结合时代需求和学科发展趋势。这意味着课程内容不仅要覆盖专业核心知识，也应包括跨学科知识的融合、创新能力的培养以及对未来技术和行业趋势的前瞻性理解。其次，课程内容的结构应当灵活多变，能够适应不同学生的学习需求和兴趣。这包括提供基础课程和选修课程，鼓励学生进行自主学习和探索，以及开展实践性强的项目和研究活动。最后，课程的实施方式也需创新，采用多样化的教学方法和技术手段。这涉及采用项目式学习、案例研究、在线学习等多种教学模式，以提高学生的参与度和学习效果。

（一）课程体系优化的目标取向

在现代高等教育体系中，课程体系优化的目标应从单一的知识传授转变为培养具有综合能力的创新型人才。这一变革要求课程设计不仅涵盖专业知

< 125 >

识的深入学习，同时关注思维养成、能力锻造以及个性品格的全面发展。这种多维度的课程构建有助于学生的全面成长，更好地适应社会和职业的多元需求。

课程体系的核心应包含知识、能力和个性品格三个维度的协调发展。知识维度的设计应涵盖专业核心知识和跨学科知识，以促进学生深入理解和创新应用。能力维度则强调批判性思维、沟通技能、团队合作等能力的培养，使学生具备解决复杂问题的能力。个性品格的培育则侧重于学生的人文素养、社会责任感以及伦理道德观的塑造。课程体系还应强调理论与实践的融合。通过实验、实习和项目式学习，学生能够将理论知识转化为实践技能，提高其职业适应性和创新能力。同时，科学教育与人文教育的结合也至关重要，这不仅涉及专业技能的培养，还包括对学生全面发展的关注。在课程体系的优化中，还需考虑个性教育与共性教育的平衡，确保课程内容既满足大部分学生的需求，又能关注到每个学生的个性化发展。这要求高校在课程设计中采用灵活多样的教学方法和技术手段，以适应不同学生的学习风格和发展潜能。

（二）课程体系优化的应然状态

在高等教育中，为了培养创新型人才，课程体系的构建需根据其目标取向进行系统化整合。这涉及将各种形式和内容的课程组织成一个协调统一的体系，以实现知识、技能和创新能力的全面发展。笔者认为，课程体系的优化至少应该表现出以下状态特征（见图4-4）。

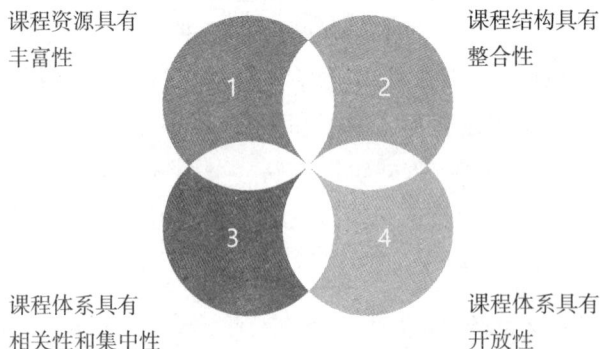

课程资源具有　　　　　　　　课程结构具有
丰富性　　　　　　　　　　　　整合性

1　　2

3　　4

课程体系具有　　　　　　　　课程体系具有
相关性和集中性　　　　　　　　开放性

图4-4　课程体系优化后应呈现的三个特征

< 126 >

1.课程资源具有丰富性

在高等教育领域，为了培养具有创新能力的人才，课程资源的丰富性成为一个关键因素。这种丰富性体现在高校能提供多样化、综合性的课程体系，满足创新型人才培养的各项需求。课程资源的多元化涉及不同学科领域，包括从基础理论到前沿技术的科学课程，以及从基本技能到综合实践的训练课程。

高校的课程体系应包含促进学生科学与人文素养形成的通识教育课程，同时也要有专注于培养创新思维和方法的创新教育课程。此外，课程资源还应包括常规性课程，用于知识体系的逐步积累和建构，以及探索性和研究性课程，引导学生发现、分析和解决问题。为了满足学生的共性和个性发展需求，高校应提供既满足普遍需求的一般性课程，又针对特定学生群体的特殊性课程。这种课程体系的设计不限于校内资源，还应包括来自其他学校和社会各方面的课程资源，以扩大学习内容和视角。通过这样丰富多元的课程资源，高等学校能够为专业教学目标的选择和实现提供更广阔的空间。这种课程体系的优化不仅确保了学生在知识、思维、能力和个性品格等方面全面发展，还为创新素质的系统培养提供了坚实的基础。

2.课程结构具有整合性

课程体系的有效性不仅取决于单个课程的质量，更在于不同课程之间如何相互协调和整合，以实现培养目标的最优化。一个整合性强的课程体系能够在横向和纵向上形成协调一致的教学结构，确保各课程内容、教学目标与专业培养目标的一致性和连贯性。

课程体系构建包括课程目标的设定、内容的选择与组织、实施与评价等环节。要实现这些环节的有机结合，需要在课程设计阶段就考虑不同学科之间以及学科内部的相互联系，从而避免课程内容之间的重复或零散现象。在课程的选择上，应重视学科间的相互补充和融合，以及各学科内部知识点的逻辑联系。对于所选课程元素的整合，既要尊重各门课程的特性差异，又要明确它们之间的内在联系。在此基础上，将这些元素整合为一个有机整体，确保在横向上保持合理的比例关系，而在纵向上呈现出一定的层次性和连贯性。这种整合性的课程体系有助于学生形成系统化、层次化的知识架构，更好地促进综合素质和能力的培养。此外，整合性的课程体系需要确保课程内

< 127 >

容与教学目标与专业培养目标相一致，避免因课程目标与培养目标不匹配而导致部分目标无法实现。

3.课程体系具有相关性和集中性

根据约翰·S.布鲁柏克关于"相关与集中"的教育理论，高校在构建课程体系时，应强调不同课程之间的相关性以及对专业培养目标的集中趋势。这种课程体系设计理念旨在确保各个课程不仅相互关联、共同支持专业目标的实现，同时也促进学生在多个学科领域的知识和技能的综合发展[①]。

在"相关性"方面，高校需要设计一套课程体系，其中的每一门课程都应与其他课程相联系，共同构成一个多元化的知识网络。这样的课程设计有利于学生从不同学科获得广泛的知识视野，使他们能够在理解复杂问题时从多个角度进行思考和分析。"集中性"的实现，则要求这些多样的课程共同指向一个明确的教育目标，即培养学生的创新素质。例如，除了专业核心课程外，高校应广泛开设与专业培养目标和规格相关的课程，如创新思维方法训练、跨学科综合课程等，从而形成一个指向同一目标的课程合力。在这种课程体系下，学生的学习不限于单一领域的知识，而是通过多学科的融合，形成一个丰富、多元的知识体系。这种课程体系的优势在于，它不仅提供了知识的广度，还促进了知识的深度和综合应用能力的提升。通过"相关与集中"的课程体系，学生能够全面地掌握专业知识，同时培养出创新思维和解决复杂问题的能力。因此，高校在课程体系的设计与实施中，需要不断强化课程之间的相关性，并确保所有课程共同指向创新型人才培养的集中目标。

4.课程体系具有开放性

在培养创新型人才的过程中，高校的课程体系需展现出显著的开放性。这种开放性不仅体现在课程体系对外部信息变化的敏感性和适应性，也反映在课程内部结构的灵活性和互动性。首先，课程体系应具备动态调整的能力，能够根据社会发展、技术进步和行业需求的变化及时更新和优化课程内容。这种动态调整保证了课程体系始终与时代同步，增强了人才培养的实用性和前瞻性。其次，在课程体系内部，应实现不同课程要素之间的相互开放和融合，打破传统教育中各个课程内容的封闭性和孤立性。这种内部开放性

---

① 布鲁柏克.教育问题史[M].昊元训，译.合肥：安徽教育出版社，1991：291.

< 128 >

鼓励学科间的交叉和融合，避免课程内容的重复，促进知识体系的完整性和连贯性。再次，高等学校应促进各个学科专业课程体系之间的相互开放，鼓励学生跨学科、跨专业选修课程。这样的跨界学习不仅拓宽了学生的知识视野，也满足了他们个性化发展和兴趣探索的需求。最后，高校间课程体系的开放性也非常重要。通过校际合作，学校可以共享优势课程资源，为学生提供广阔的学习平台，共同培养具有创新能力的人才。

（三）课程体系优化的基本思路

在实施高等教育中培养创新型人才的过程中，优化课程体系是关键一环。当前的课程体系改革倾向于"通识化"和"模块化"，但为了全面地提升学生的知识水平、思维能力、个人技能及品格，有必要探索更深层次的改革途径。具体来说，可考虑从以下方向推进（见图4-5）。

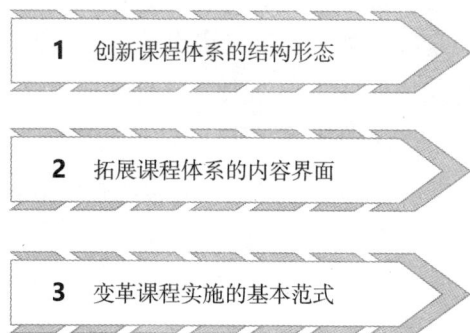

1 创新课程体系的结构形态

2 拓展课程体系的内容界面

3 变革课程实施的基本范式

图4-5　课程体系优化的三个方向

1.创新课程体系的结构形态

在构建面向未来的高等教育课程体系时，一个关键的变革是将传统的模块化课程结构转化为更为先进的矩阵式课程结构。这种结构不仅在水平方向上通过多元化的课程模块，如理论教学、实践教学和科研创新训练等，提供广泛的学习领域，还在垂直方向上实现不同层次的教育深度和专业度的细分。这种矩阵式的课程安排不单单是为了传授知识，更重要的是通过跨学科的支持与合作，促进学生的全面能力提升。在这样的教学架构下，学生不仅能够掌握丰富的知识和技能，还能在实践中学会如何将这些知识和技能综合运用，从而实现思维能力和综合素质的共同进步。

< 129 >

矩阵式一体化的课程组织模式旨在全面提升学生的综合素质和创新能力。此种模式下，理论教学系列在纵向上被细分为多个模块，各自承担不同的教育目标。首先，通识教育课程模块致力于培养学生的广博知识和全面视野，这些课程由学校依据国家教育政策和自身人才培养方向设计，包括必修课程和选修课程，旨在为学生打下坚实的通识基础。其次，学科专业大类教育课程模块侧重于在"宽口径"和"按类培养"的框架下，提供学科基础知识，强调课程的公共性和学术性。再次，专业主干课程模块着重于专业领域内的基本理论与知识，展现专业的优势和特色。最后，专业选修课程模块强调特色、前沿和交叉学科，促进学生的个性化发展和对专业知识的深入理解。实践教学系列确保学生能够将理论知识应用于实际，分为三个层次：第一层次的课程实验和课程设计以培养基本的实验和设计能力为目的；第二层次的课程实习、认知实习和生产实习在学生完成相关专业课程后进行，旨在提升学生将理论联系实际的能力；第三层次的毕业实习与毕业论文（设计）则着眼于学生综合应用所学知识的能力，以及分析和解决实际问题的能力。科研创新训练系列的目标在于培养学生的科技创新能力。通过提供课程平台，让学生参与研究性学习和早期的科研活动，旨在培养学生的科学研究精神、创新意识，以及实践操作、知识应用与转移、综合问题分析和解决方案提出的能力。

这种课程体系的设计通过纵横双向维度的结构，避免了传统单维度课程体系中可能出现的课程间隔离现象，促进了课程之间的互动和联动效应，有效地强化了课程间的相互联系和集中度，实现了整体化的课程安排。此矩阵式的课程架构不仅符合创新型人才培养的需求，增强了学科之间的交叉和融合，还有助于贯彻创新型人才素质模型，这一模型提倡知识、能力、思维和个性品格等方面的和谐发展。

2. 拓展课程体系的内容界面

在当今快速变化的教育环境中，高校面临着重大的挑战和机遇，特别是在培养具备创新素质的人才方面。为了满足这一挑战，必须对现有的课程体系进行深入的改革和优化，以适应科技发展的最新趋势和社会对高素质人才的需求。这种改革不仅要求课程内容的现代化和多样化，还要求与时俱进，能够反映科学技术的最新发展。一方面，课程内容的优化应当着重于废除和

< 130 >

更新那些过时或重复的部分，以确保学生能够接触到反映当前科技发展状况的最新知识。这种更新不仅仅是对已有知识的简单替换，而是一种深刻的教育内容革新，旨在提高学生对新兴科技和理论的理解和应用能力。另一方面，为了培养学生的创新素质，课程体系的内容应当围绕着创新型人才素质模型来设计。这意味着课程不仅要涵盖传统学科知识，还应包括促进创新思维和跨学科能力的元素。这样的课程设计有助于学生在学习过程中形成完整的知识体系，并提高其在现实世界中的应用能力。同时，课程体系还应当注重培养学生的关键素质要素，如批判性思维、创造性问题解决和团队协作能力。这些素质对于应对当今世界的复杂挑战至关重要，是创新型人才所必需的。

3. 变革课程实施的基本范式

在高等教育的发展进程中，课程实施的方式一直是提高教育质量的关键因素。长期以来，传统的课程实施模式以学科理论为核心，重视知识的系统性传授，但这种模式往往忽视了实践教学的重要性。为了更好地培养学生的综合能力，尤其是在实际应用知识和解决实际问题方面的能力，我们需要变革现有的课程实施策略，将学科课程模式与实践课程模式有效结合。这种新的课程实施策略主张将理论学习和实践应用同步进行，而不是遵循传统的"先理论后实践"的模式。通过这种叠加方法，学生可以在掌握理论知识的同时，立即将其应用于实践情境中。这样的教学模式不仅有助于学生更深入地理解和记忆理论知识，而且能显著提高他们的知识迁移能力和实践能力。此外，该策略强调在课程实施中，教师应使用创新的教学方式和方法。例如，通过案例分析、调查研究等方式，将学生带入更加接近真实世界的学习环境。在这些环境中，学生能够利用自己已有的知识和经验，对新知识进行"同化"和"适应"，并通过不断的反思过程，赋予新知识以更深的意义。

在这种课程实施模式下，学生不仅能够学习到理论知识，还能够在实际应用中不断提高自己的问题发现、分析和解决能力。同时，这种模式能够培养学生的多元化思维能力，使他们能够从不同角度审视和处理问题。课程实施范式的转换具体涉及教学方式、方法的创新。

（四）课程体系优化的原则

课程体系的优化可以基于以下四种原则进行（见图4-6）。

< 131 >

"厚基础、宽口径"原则	"理论与实践相结合"原则	"交互性、综合性"原则	整体优化的原则

图4-6 课程体系优化的原则

1."厚基础、宽口径"原则

进入 21 世纪,我们面临一个快速变化和高度互联的世界,这对人才培养提出了新的挑战和要求。在这个背景下,培养既有深厚知识基础又具备广阔专业视野的人才成为教育领域的核心任务。这种新型教育理念强调在深化专业知识的同时,扩展跨学科的学习范围,以适应不断演变的学术和职业环境。首先,教育的核心应放在建立扎实的基础知识上。这意味着不仅要在传统的学科领域内建立坚实的理论和实践基础,还要关注那些能够支撑未来学习和创新的基本技能和知识。例如,科学、技术、工程和数学领域(STEM)的知识对于理解和创新在现代社会中变得愈发重要。其次,宽口径的专业教育是培养复合型人才的关键。这意味着学生不仅需要深入一个专业领域,还需要了解与其相关的其他领域,例如管理学、艺术和人文科学。这种跨学科的学习可以帮助学生在广阔的领域内发现创新的机会,同时培养他们解决复杂问题的能力。最后,随着科技的快速发展和学科间的日益交叉,教育内容和方法也应不断适应新的变化。这不仅要求教师在课程设置上更具前瞻性和灵活性,还要求他们能够引导学生学会如何学习,如何在不断变化的环境中保持知识更新和技能提升。

2."理论与实践相结合"原则

在 21 世纪的教育领域中,重视理论与实践相结合的教学方法对于培养具备创新能力和实际操作技能的人才至关重要。这种教育模式的核心在于通过实际的操作和实践活动,让学生能够将理论知识应用于解决现实问题中,从而培养他们的动手能力、创造力和解决问题的能力。在课程设计上,实践教学应成为教育的一个重要组成部分。这不仅包括传统的实验和实习,还涵

< 132 >

盖了设计项目、科技活动、计算机应用、工程工具使用等多元化的实践环节。通过这些活动，学生不仅能够学习具体的技能，还能够在真实或接近真实的环境中应用他们所学的知识，从而深入地理解和掌握这些知识。同时，实践教学应注重培养学生的信息技术能力、语言表达能力和图形表达能力。在当今信息时代，这些技能对于学生理解复杂的概念、有效沟通思想和构建知识网络至关重要。通过这样的训练，学生可以更好地与他人交流思想，同时能够有效地表达自己的创意和见解。此外，人际沟通和团队合作的能力也是实践教学中不可或缺的一部分。在多元化和高度互联的工作环境中，这些技能对于学生未来的职业发展至关重要。通过团队项目和合作活动，学生可以学会如何在团队中工作、如何解决冲突以及如何共同推动项目的成功。

21世纪的人才培养需要一个全面且重视实践的教育体系。这种体系不仅能够让学生们掌握理论知识，还能够让他们在实际操作中学习和成长，培养他们成为能够适应快速变化世界的创新型人才。

3. "交互性、综合性"原则

在21世纪的教育背景下，面对科技发展带来的各学科领域的交叉和融合，教育系统需要转向更加强调交互性和综合性的教学模式。这种教育模式的核心在于鼓励和促进学生在学习过程中跨越传统学科界限，综合运用不同领域的知识和技能，以培养具有创新能力和多元视角的人才。

为了适应这一变化，课程设计应更加重视跨学科的整合。这意味着传统的单一学科课程需要向包容和综合的方向转变。例如，在教学过程中，应将数学、自然科学、工程基础科学、人文社会科学等不同领域的课程内容融合，以便学生能够在广阔的知识领域中建立联系和理解。在这种教育模式下，学生被鼓励打破思维定式，超越单一学科的视角，以发现和理解不同领域之间的相互联系和交叉点。这种跨学科的学习方式不仅能够增强学生对复杂问题的理解，还能促进创新思维的形成。学生能够通过综合运用各学科知识，来解决现实世界的问题，从而培养出真正适应未来社会和科技发展需要的人才。此外，这种教育模式强调在课程设置上注重实践和应用。通过实践活动，学生不仅能够将理论知识转化为实际应用，还能够在真实或模拟的职业环境中锻炼自己的技能和判断力。这有助于学生建立起综合性的思维方式，为他们日后的职业生涯和个人发展奠定坚实基础。

< 133 >

4.整体优化的原则

在 21 世纪的教育领域，面对日益复杂多变的社会环境和技术进步，构建一个多元和谐、能够全面发展学生德、智、体、美、劳的教育体系显得尤为重要。当前的挑战在于改革传统的、过于专业化的课程体系，转而构建一个能够适应时代发展要求的新型教育模式。这种模式应着重于综合考虑学生的共性需求与个性发展，确保课程设置的系统性和科学性。在这个过程中，教育者们需要重新审视和调整课程结构。传统的专业培养目标和课程设置，虽然经过改革，有所拓宽，但仍然受到旧有思维的限制。为了适应现代社会的需求，教育体系应转变对专业教育的观念，淡化专业界限。这意味着，专业课程不再仅仅是学生未来职业的定义，而应成为学生能力培养的载体，更多地注重于技能和知识的综合应用。为了实现这一目标，课程设置应当按照复合型人才培养的要求进行统筹考虑。这包括合理安排公共基础课、专业基础课、专业方向课以及选修课的结构比例。通过这种综合布局，旨在构建一个更加均衡和多元的课程体系，不仅能够提供必要的专业知识，也能够促进学生在思想、人文和心理素质方面的全面发展。在课程内容的设计上，应当充分体现循序渐进的教学规律。合理安排课程的先后顺序和课与课之间的衔接，是确保学生能够有效吸收和运用知识的关键。同时，课程改革应遵循推陈出新的原则，正确处理专业与非专业、基础性与非基础性课程之间的关系，以建立一个适应时代发展的新课程体系。另外，新的课程体系应注重培养学生的创新能力、批判性思维和解决问题的能力。这不仅要求学生掌握深厚的专业知识，更要求他们能够在多学科交叉的环境中应用这些知识，从而能够在未来的职业生涯中适应并引领变化。

三、优化培养途径

（一）优化学科专业

在 21 世纪的高等教育领域，面对不断变化的社会经济和科技文化背景，学科专业结构的优化成了教育改革的重要议题。随着学科间交叉和融合的加深，高校的功能和角色正在发生转变，这不仅体现在学科结构的复杂化，更在于对创新型人才培养方式的探索和实施。这种变革的核心在于从单一学科的专业化教育转向综合化和跨学科的教育。

< 134 >

　　学科专业结构的优化不仅是对传统教育模式的挑战，也是对高等教育体系的重要补充。现代社会对人才的需求日益倾向于具有跨学科背景和创新能力的复合型人才。因此，高校需要重新组织和整合学科知识，形成新的课程体系，以促进不同学科之间的相互渗透和整合。这种教育模式的转变，有助于学生理解和解决更加复杂的生产和社会问题，同时有助于克服学科孤立和划分所带来的局限性。

　　高校需要在学科专业结构的优化基础上，加速知识创新、技术创新和公共服务的平台建设。这要求高校在人才培养和科研组织形式上主动进行改革和完善，通过探索多学科集成的创新队伍，促进新兴学科与传统学科的相互改造，解决人才培养结构与经济结构调整及产业结构升级之间的错位问题。

　　同时，学科专业结构的调整与人才培养模式的改革是相互依存的。要实现高质量的教育，必须将学科专业结构的调整与人才培养模式的优化紧密结合。通过这种结合，高校能够为创新型人才培养提供更广阔的平台，为学生在多学科交叉的环境中的全面发展创造基本条件。这种全新的教育模式不仅能够满足经济、社会和科技发展的需求，更能够满足学生个人发展的需求。

（二）学科专业结构合理性的标志

　　学科专业结构的合理性并不是静态的，没有一成不变的标准。相反，它是一个充满动态性和适应性的过程，这一点从历史的演变和国际比较中均可见一斑。例如，中世纪大学的专业结构在当时可能适应了时代需求，但在现代社会中已不再适用。同样，不同国家和地区因其独特的国情，其学科和专业结构也存在显著差异，没有普遍适用的模式。尽管如此，学科专业结构的合理性仍有其科学的评价标准。这些标准主要围绕三个核心问题：第一，学科专业结构的设置和优化调整是否有助于学校长远发展和办学目标的实现；第二，是否有利于高校在特定领域形成优势学科和学科群；第三，是否有助于高校特色的形成和人才培养。这些标准反映了一个高校在不同时期和条件下所能达到的最优学科专业配置。为实现这一目标，高校需要持续审视和调整其学科专业结构，以适应社会经济和科技发展的需求。这包括不断评估现有学科的发展潜力，探索新兴学科领域，并将其融入现有体系。同时，高校应关注学科间的交叉融合，促进不同学科之间的相互补充和协同发展，以创造多元化和综合性的学习环境。此外，高校需确保其学科专业结构的调整不

< 135 >

仅符合当前的教育和社会需求，而且要有助于学校的长期发展和特色形成。这意味着学科专业结构的优化不应仅仅是追求短期的趋势和热点，而应是一种长远的、战略性的规划。

（三）学科专业结构优化调整的关键

在高等教育的实践中，每所高校往往难以在所有学科领域中都处于领先地位。相反，大多数高校会专注于发展一些具有显著特点的学科和专业，这些领域成为学校的强项和标志性特征。通过这些核心学科的发展，高校不仅能够塑造自身独特的教育形象和文化，而且能够推动整体学科专业结构的优化和学术水平的提升。这种以特色学科为核心的发展策略，有助于高校在激烈的教育竞争中突显自己的优势，同时为学校未来的发展奠定了坚实的基础。具体来说，高校学科专业结构优化可以从以下几个方向入手（见图4-7）。

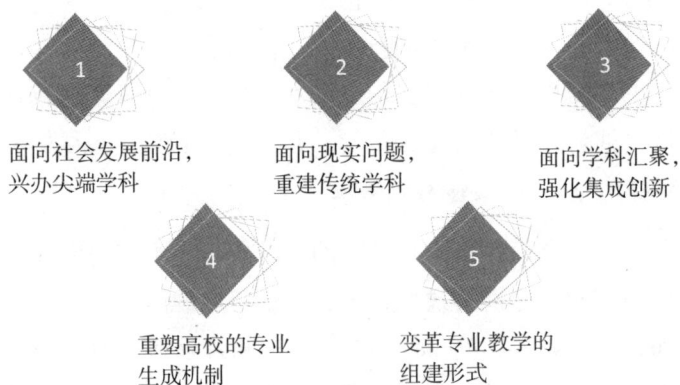

图4-7　高校学科专业结构优化

1. 面向社会发展前沿，兴办尖端学科

在当前知识经济的时代背景下，科技革命引领了全球化和经济的快速发展，对人类社会产生了深远的影响。这一变革不仅推动了新技术的产生，而且加速了创新成果从理论到实践的应用过程。特别是在自然科学与工程技术领域，传统的学科边界变得模糊，促进了这两个领域的深度融合。这种变化使得从基础研究到工业应用的路径直接和迅速，颠覆了传统的线性发展模式。对于高校，尤其是那些致力于高水平研究的大学来说，适应这一科技革命的趋势，改革学科专业的设置，成了一个不可回避的挑战。这不仅是国家

< 136 >

创新体系建设的需要，也是培养创新型人才的关键所在。为此，高校需要审视和更新其学科专业结构，特别是加强那些能够引领科技前沿的尖端学科的建设。这涉及在自然科学、工程技术以及其他相关领域推动跨学科的融合与合作。在这个过程中，高校应该积极响应科技革命带来的新机遇和挑战，通过引入新的学科领域，调整和优化现有的学科结构。这不仅有助于缩短理论研究到实际应用的时间间隔，而且能够为学生提供广阔和多元的学习平台，培养他们的创新思维和实践能力。

2. 面向现实问题，重建传统学科

在当前的教育体系中，高校面临着重塑传统学科以更好地适应社会经济和科技发展的挑战。多数学科在长期的发展过程中形成了深厚的历史积累，虽然经历了一些内容上的改革，但这些变革往往未能完全跟上时代的步伐。现实中，这些学科与经济社会的需求之间存在一定的差距，导致了教育与社会发展之间的脱节。为了解决这一问题，高校需要对现有的学科专业进行综合的审视和调整。这包括对现有学科专业的清理和重组，整合相近的学科专业领域，加强那些具有特色的学科专业，同时淘汰那些已不再适应现代社会需求的过时学科专业。这样的调整旨在促进学科结构的更新，实现更加符合现代社会需求的"升级换代"。此外，高校还应努力拓展现有学科专业的范围，增加专业的灵活性，打破学科间的界限，消除各学科专业之间相互孤立的现状。通过这样的融合，不仅可以加强学科间的相互联系，还可以促进交叉和边缘学科的发展，形成新的学科专业增长点。这对于创新教育体系、培养多元化人才具有重要意义。同时，对于那些具有历史价值和传承意义的传统学科，高校也应当进行创新和改革。这包括更新课程体系、教学内容、实验方法和实践体验，引入现代技术和理念，以提高这些学科的现代化水平和技术含量。通过这种方式，可以为传统学科注入新的活力和生机，使其符合当代的经济、社会和科技发展需求。

3. 面向学科汇聚，强化集成创新

在现代教育和科技发展的背景下，高校正面临着从传统学科分化走向学科交叉与综合的新趋势。这一变化体现在当今科技革命的核心领域，如信息技术、纳米技术、航空航天以及生物医药工程等，均是跨学科交汇的成果。此外，全球化背景下，人类面临的诸如经济、资源、环境和可持续发展等全

< 137 >

球性挑战，都需要不同学科领域的知识和技术的集成创新来共同应对。因此，高校在培养人才的过程中必须跨越传统的学科边界，采纳新的跨学科教育模式。这种模式有利于促进学科之间的深度融合，实现知识的交叉渗透，从而增强学科整体的功能和效能。这种学科群的构建不仅是实现学科优势的关键，也是衡量学科专业建设水平的重要指标。在学科群的互动中，不同学科间的合作成为知识创新和模式重组的关键。这种合作不仅能够带来集体的合力，而且能够转化为持续推动学科发展的动力。学科间的协同作用可被分为三种主要类型：综合效应、交叉效应和横向效应。

综合效应是指不同学科专业汇聚其各自的优势和理论精华，通过综合创新的路径，待条件成熟时，能够构建起自成体系的新学科。交叉效应通常在多个学科共同研究一个问题时产生，通过跨学科的研究确定新的学科课题，进而建立一套基于交叉领域的概念、方法、关系和评价标准，最终形成一个内在逻辑连接的新的知识体系，从而诞生新的交叉学科。而横向效应关注不同学科领域中的共性问题，通过抽象方法研究事物的运动规律，从而形成共同的概念、原理和方法，促进新知识的产生，逐步改变学校内部的学科结构。

总的来说，面向学科汇聚的强化集成创新，不仅是高校发展的必然选择，也是推动学科进步和创新型人才培养的关键路径。通过这种跨学科的交叉融合，高校能够更有效地应对当代社会和科技的挑战，培养出能适应未来社会发展的复合型人才。

4. 重塑高校的专业生成机制

高等教育在培养创新型人才的过程中，应当关注并改革现有的专业生成机制。传统上，我国高校在专业设置上通常遵循着基于职业需求的模式，即一旦社会出现新的职业需求，就在相关学科基础上建立新的专业，并随后设计相应的课程。然而，这种模式并不总是能够有效地应对快速变化的职业市场和社会需求。当代社会对新职业的需求往往首先在课程层面反映出来，而不是直接导致新专业的设立。这表明，一个更加灵活和适应性强的专业生成路径是"职业需求—课程设计—专业建立"。这样的路径意味着，当社会出现新的职业需求时，高校首先应考虑开设相关的选修课程，这些课程直接针对特定职业的技能和知识需求。随着这些新职业的发展和人才需求的稳定增

< 138 >

长，以及必要的教学资源如师资和设施到位时，可以考虑将这些课程发展为一个完整的专业。在这种模式下，高校可以灵活地应对社会和职业市场的变化，同时保持教育质量的稳定和提升。通过先行课程的设置，学生能够及时获得与新兴职业市场相关的技能和知识，进而在进入职场时具有更强的适应性和发展潜力。同时，这种方法使得高校能够在专业设置上保持动态的更新和调整，避免了过时或不再符合市场需求的专业的长期存在。此外，这种专业生成机制有助于高校精准地判断新兴职业的发展趋势和持续性，从而做出理性决策。通过这种方式，高校不仅能够培养出与时俱进、适应市场需求的高素质人才，也能够提升整体教育质量和专业的市场适应度。

5. 变革专业教学的组建形式

为了适应学科专业内涵的不断发展与变革，高校需要对其传统的教学组织形式进行创新与改革。传统的"教研室"作为基层教学组织，在面对学科交叉与融合的新趋势时显得不够灵活和综合。因此，高校应考虑变革现有的教学组织结构，以更好地响应教育改革的需求。一种可行的方法是：基于现有的"学校—院系（所）—专业教研室"的结构，逐渐转变为以更大范围的学科专业群为基础的教学科研机构。这意味着高校将向"学校—学院—学科专业群"的新型教学组织模式转变，从而构建起宽广和综合的大学科专业体系。这种新模式不仅能够促进不同学科之间的交流和合作，还能够更有效地整合教学资源，提高教学和科研的质量和效率。这一转变与部分高校已经开始实施的按学科大类招生和培养的改革方向是一致的。通过这种改革，学校能够在招生和培养过程中更好地引导学生跨学科学习，同时能够为学生提供广阔的学术视野和研究领域。此外，这种新的教学组织形式有助于高校更好地适应快速发展的科技和社会变革，培养具有创新精神和跨学科能力的人才。

需要指出的是，高校学科专业结构的优化和调整是一个多方协作的过程，它不仅依赖于高校自身的努力，还需要政府主管部门和社会机构的共同推动。在宏观层面，政府的角色尤为关键。政府部门应加强对高等教育的宏观管理和引导，建立专业设置预测和研究的平台。这个平台的目标是系统分析国家在经济、社会和科技方面的发展趋势及其对人力资源的需求。通过定期发布研究报告，政府可以为高校提供科学的数据和趋势分析，指导他们进

< 139 >

行科学合理的学科专业结构调整。除了政府的角色，社会机构的参与同样重要。这些机构参与高校专业的评估和监督，促进形成一个开放和透明的学科专业建设机制。这种社会参与可以增加教育体系的多样性和适应性，确保高等教育更贴近社会和行业的实际需求。在微观层面，高校自身也需承担起重要的责任。高校应确保专业设置的高质量，同时根据自身的特点和发展方向，精心选择和建设那些有利于长远发展和强化学校特色的学科。

（四）更新课堂教学内容，改进教育教学方法

为了提高人才培养的效果，高校需要对课堂教学的内容和方法进行全面的更新和改进。在当代教育环境下，课堂教学仍然扮演着培养学生的核心角色，而教学内容的更新、教学方法的创新以及教学手段的改进是实现这一目标的关键。第一，教学内容的更新是必不可少的。这意味着教学内容不仅需要符合当前学科的发展要求，而且要包含合理的知识结构，强调学科之间的交叉和融合。此外，教学内容应及时融入学科的最新研究成果和教育改革的创新成果，确保学生能够接触到最前沿的知识和信息。同时，课程内容的设计应恰当地平衡经典与现代的关系，确保学生能够在传统知识与现代科技发展之间建立联系。第二，信息化教学的推广是提高教学效果的重要手段。利用多媒体和网络技术辅助课堂教学，可以极大地丰富教学资源和手段。这包括使用网络环境实现教学资源的共享，构建网络教学平台，以及鼓励优秀的课件或授课录像的在线分享。这样，学生可以在广阔的网络环境中进行自主学习，更好地吸收和理解知识。第三，开展研究性教学是提升学生创新能力和科研素养的关键。研究性教学的核心在于将教学与科研有机结合，促使学生参与实际的研究工作，接触科技的最前沿，并探索未知领域。通过优化课程结构，建立以研究探索为主导的学习模式，学生能够在实践中学习和成长，提升他们的研究能力和创新思维。

（五）强化师资队伍建设

在高等教育体系中，教师队伍的建设和发展是实现教育质量提升的基石。大学的核心不在于其建筑的宏伟，而在于其师资的卓越。一个学校若拥有领域内的学术大师，便能够在该领域乃至整个学术界占据重要地位。因此，建设一支高水平的师资队伍对于中国建设研究型大学尤为关键。首先，

< 140 >

高校需严格把控教师的选拔标准。招聘具有深厚学术背景和科研能力的教师至关重要。这些教师不仅能以其专业知识启迪学生，更能站在学术前沿引领教学和研究。其次，重视教师的培养和发展至关重要。为教师提供发展平台和条件，激励他们投身教育教学和科学研究，尤其是教学方法的研究与创新，对提升教学质量至关重要。再次，加强国内外学术交流，提升教师的科研水平同样重要。同时，高校应坚持让教授直接参与本科生教育。名教授和院士等资深学者在学术和经验上具有无可比拟的优势，他们直接参与教学能带来显著成效。此外，"广纳贤才"的策略非常重要。高校应向全国甚至全球广泛吸纳人才，提供最佳条件以吸引优秀人才，这是迈向一流大学的关键步骤。最后，完善教师评价机制也是提升教师队伍质量的关键环节。应实施全面、公正的评价体系，克服片面评价的弊端，这对于提高教师的积极性和教学质量具有决定性作用。

四、优化实践教学方式：系统设计、科学构建与开放拓展

为了更好地培养具有创新能力的人才，高校必须着重优化实践教学的方式和方法。创新能力的培养不仅依赖于智力的发展，更在于通过实践活动锻炼和提升创造力。实践教学是现代教育体系中不可或缺的一部分，它在加深理论知识的理解、培养学生的探究和分析能力，以及促进知识的转化运用等方面发挥着至关重要的作用。与此同时，实践教学相比传统课堂教学，能更有效地激发学生的参与性和主动性，使他们在实际操作中深刻体验和理解知识。在优化教学体系，特别是在创新型人才培养模式中，理论教学与实践教学的关系重构至关重要。要纠正传统教学中"重理论、轻实践"的不平衡现象，实现理论与实践的有机结合和相互渗透。理论教学和实践教学应该是相辅相成的，它们的关系不应是一方主导另一方，而是各自侧重不同功能的平行关系。

在实践教学的优化中，几个关键点需要被着重考虑。

一是系统设计。在当今教育体系中，实践教学的重要性越来越被重视，这一趋势促使教学模式发生了深刻的变革。传统上，实践教学往往被看作是课堂教学的辅助或延伸，但这种观念已经逐渐不能满足创新型人才培养的需求。面对这一挑战，教育体系的更新变得迫在眉睫，其中关键的一步是重新

< 141 >

设计教学系统，使理论教学与实践教学形成平衡和互补的关系。首先，必须认识到理论教学和实践教学应该是两个既相互依存又相对独立的系统。在教学设计中，这两个系统应该并行发展，而不是将实践教学简单地视为理论教学的附属。通过这种方式，可以从根本上改变实践教学相对于理论教学的次要地位，提升实践教学在整个课程体系中的比重。实践教学的价值不仅在于它是学生获取知识的重要途径，更在于它作为验证知识正确性的手段和标准。通过实践教学，学生可以将理论知识应用于实际情境，不仅加深对知识的理解，而且能够培养科学的思维方式和实际操作能力。这种教学模式特别适合于培养创新思维，因为它鼓励学生在面对现实世界问题时思考并应用所学知识。因此，在设计教学系统时，我们应该致力于建立一个既能展现理论教学深度，又能充分利用实践教学优势的综合体系。这一体系不仅满足了传统教育的需求，更重要的是，它为培养能够适应快速变化社会和经济环境的创新型人才奠定了坚实的基础。

二是科学构建。在教育领域，实现实践教学的科学构建是培养创新型人才的关键。这一过程要求对实践教学的内容、方式和结构进行全面的革新和优化，以便更好地适应学科专业的发展和科学研究的深化。为此，教学体系的改革必须从根本上打破传统模式，建立一个灵活、模块化和层次化的实践教学体系。传统的实践教学往往以课程为中心，以验证理论知识为主，这种模式限制了学生的创新能力和实践能力的发展。相对于此，新的实践教学体系应当注重与学科专业发展和科学研究的结合，推动实践教学内容和方式的更新改进。这种新模式不仅包括知识验证性的实验项目，还应涵盖探索性的实验项目，从而全面地提升学生的学习体验和技能。在实践层次，新的教学系统应当采取递进式设计，包括基础实验、综合实验、实践训练和毕业设计等模块，确保学生能够在不同阶段获得适当的指导和挑战。这种层次化的安排有助于学生逐步构建知识体系，同时培养其解决复杂问题的能力。在实践方式上，新的教学模式应当鼓励学生从被动接受知识转变为主动探索。这要求教师的角色从传统的实践辅导者转变为实践引导者，将实践教学的重点从结果导向转变为过程导向。这种变化不仅能提高学生的参与度，而且能够促进他们的创造性思维和问题解决能力。此外，实践教学体系的构建应该重视依托学科专业优势和教师的科学研究项目。通过将科研项目转化为实践教学

< 142 >

的平台，不仅可以提高科研项目的水平，还能为学生提供与实际科研紧密相关的学习机会。

三是开放拓展。在现代教育体系中，为了培养具有高素质和创新能力的人才，教育领域正日益注重将课内实验与课外实践活动有效结合的开放性教育模式。这种教育模式的核心在于拓宽学生的学习视野，为他们提供丰富和灵活的学习环境，以促进学生自主学习、研究和创新能力的发展。在传统的教育模式中，学生往往被限制在理论知识的学习和课堂内实验中。然而，为了培养具备全面发展的创新人才，教育机构必须跳出这一框架，将课堂内的理论知识和实验课程与课外的实践活动有机结合起来。通过这种方式，学生可以将课堂上学到的知识更好地应用于实际生活和工作中，从而实现理论与实践的无缝对接。此外，开放拓展的教育模式还强调为学生提供更多的自主学习和创新的机会。这意味着学校应该鼓励学生参与各种课外活动，如科学研究项目、创业挑战赛、社会实践等，这些活动不仅能够提高学生的实践能力，还能促进他们的个性发展和创新思维。在这一教育模式下，教师的角色也应随之发生变化。他们不再仅仅是知识的传授者，而是变成了学生学习和创新过程中的指导者和协助者。教师应该提供必要的资源和指导，帮助学生在实践中发现问题、解决问题，并在此过程中培养学生的自主学习能力和创新能力。

五、科学制定人才培养方案

在当代教育体系中，科学制定人才培养方案是确保教育质量和培养合格人才的关键环节。这一方案不仅是教学模式转化为实际操作的指南，更是确保教育目标与实践相符合的重要工具。在这个过程中，学校需要综合考虑培养目标、教学计划和非教学活动的安排。培养目标的确定应该基于对社会需求的深刻理解和对未来发展趋势的准确把握，确保人才培养与时代发展保持同步。这包括对所培养人才的能力、知识水平和专业素养的明确要求。同时，教学计划的制定需要围绕这些目标展开，涵盖学科设置、课程顺序和教学时间分配，确保学生能够在理论和实践中获得均衡的发展。除此之外，非教学活动的安排同样重要。这包括各种课外活动、实习机会和社会实践，旨在拓宽学生的视野，增强他们的实际操作能力和社会适应性。通过这些活

< 143 >

动，学生不仅能够将课堂上学到的知识应用到实际中，还能在实际操作中深化理解和创新能力。

（一）科学制订人才培养目标和培养规划

在构建现代教育体系的过程中，科学地制定人才培养目标和培养规格成了教育规划的核心环节。这一环节要求学校在其自身定位和社会对人才的综合需求的基础上，精准地确定专业的培养目标，同时明确所需的培养规格。这包括对学制、学位的规划以及对于学生所需掌握的知识、能力和素质的细致划分，以适应社会对本专业毕业生的期望和需求。在确定培养目标时，学校需要根据专业特点和社会发展趋势，在研究型、技术型、应用型等不同的培养规格中做出选择。这种选择不仅涉及专业知识和技能的培养，还包括毕业生应具备的综合能力的塑造。这些能力不仅包括专业知识的掌握，还涵盖了知识获取、应用和创新的能力。在知识结构方面，高校应该提供工具性知识、人文社会科学知识、自然科学知识以及专业知识的全面教育，确保学生能够在多个层面上获得均衡的知识结构。能力结构的培养则着重于提升学生获取和应用知识的能力，以及创新能力的培育。此外，素质结构的建设关注思想道德素质、科学文化素质、专业素质和身心素质的全面发展，以便培养出全面发展的人才。

（二）科学制订专业教学计划

在当代教育改革的背景下，高校面临着如何科学地制定专业教学计划的重大挑战。这一挑战的核心在于如何在确保知识、能力和素质协调发展的基础上，构建一个合理的教育内容和知识体系。专业教学计划应依据培养规格要求，以适当的知识体系为基础，同时注重能力培养和素质教育的融合。专业教学内容的设计应遵循顶层设计原则，涵盖基础课程、专业课程和思想教育内容。这些内容不仅构成了教学计划的基本框架，还为学生提供了全面的知识结构。在这个结构中，知识体系被划分为知识领域、知识单元和知识点三个层级，形成了清晰的层次感和系统性。每一个知识领域都细化为若干个知识单元，而每个知识单元又包含多个具体的知识点。在这个体系中，必修课程提供了专业知识的基础框架，是学生在本科阶段必须掌握的核心知识。选修课程则提供了广泛的知识范围，允许学生根据自己的兴趣和未来职业规

< 144 >

划进行选择，这在一定程度上体现了学校教育的个性化和多样性。为了有效地将这些知识传授给学生，学校需要在明确了知识体系的基础上，构建相应的课程和课程体系。这包括理论课程和实践课程的合理搭配，以确保学生不仅掌握必要的理论知识，还能通过实践活动加深理解和应用能力。每所学校都应根据自己的特色和优势，科学地构建课程体系，使之既符合教育部门的要求，又能体现学校自身的特色和优势。

（三）科学制定影响学生素质培育的关键因素

在当代教育体系中，高校面临的一个主要挑战是如何科学地制定影响学生素质培育的关键因素。为了充分发挥人才培养模式的效能，学校需要超越传统的以课程设置和课时计划为核心的教育模式，转而关注广泛的教育要素，以促进学生的全面发展和创新素质的培养。首先，学校应在人才培养的总体目标指引下，围绕专业培养目标与规格，整合关键因素进入人才培养模式。这包括采用创新性的教学方式和方法，以及相应的实施计划，如探索性学习、项目导向教学等，这些方式旨在激发学生的主动学习兴趣和创新能力。此外，实践训练的资源保障是另一个重要环节。这不仅涉及学校内部的实验室、工作坊等资源，还包括社会性资源平台，如企业实习基地、科研项目合作等，这些资源的有效利用可以为学生提供众多的实践机会。为了提高创新教育的效果，学校还需要构建适宜于创新教育实施的学习环境。这涉及学习空间的设计、技术设施的配备以及学习氛围的营造，旨在提供一个有利于学生创新思维和实践能力发展的环境。对学生素质培育效果的考核也是不可忽视的一环。学校需要制定有效的考核实施计划，通过多元化的评估方法，如项目评估、实践表现等，全面评价学生的综合素质和创新能力。

（四）科学体现培养方案分层分类、因材施教的思想

在现代高等教育体系中，适应学生多样性并因材施教是制定人才培养方案的重要指导思想。面对不同地区、不同背景的学生群体，高校在培养方案设计上必须考虑到学生文化基础和能力水平的差异，实施分层分类的教育策略，以确保每位学生都能得到适合自己的教育和发展。具体来说，高校在制定专业培养方案时，应重视对学生个体差异的认识和尊重，这不仅涉及教学内容的安排，还包括教学方法和进度的调整。对于基础水平较弱或有特殊需

< 145 >

求的学生，学校应提供更多的支持和帮助，如补充课程、个性化辅导等，以帮助他们跟上学习进度，逐步提高自身能力。同时，对于少数拔尖学生，学校应设计特殊的培养方案，以促进其特长和潜力的最大化发挥。这包括提供高级课程、研究机会、国际交流等，以激发他们的创新精神和独立思考能力。然而，这种关注不能以牺牲大多数学生的教育质量为代价。对于一般学生的培养同样重要，他们构成了未来社会的主体力量，是创新型人才队伍的宽广基础。

第四节　教学管理体系的创新

在当今知识经济时代，教学管理体系的创新对于高校的发展至关重要。有效的教学管理不仅反映了一所学校的教育理念和办学水平，更是直接影响人才培养质量的关键因素。因此，不断进行教学管理上的创新和改革，对于提升教育质量和学校竞争力具有重要意义。教学管理的创新不仅仅是改变旧有的管理模式，更重要的是引入新的思维、新的理念，并将其有效地应用于教学管理实践中。这包括对教学理念的更新、教学机制的改革以及提升教学管理团队的专业素质等。

一、创新教学管理理念

在当前的教育改革背景下，高等学校正面临着教学管理理念的深刻变革。这种变革的核心是将传统的教学管理模式转向更加创新和以学生为中心的方式。现代社会对人才的需求日益多元化，特别强调创新精神和实践能力，这就要求高校教学管理在理念上进行根本性的更新和升级。首先，教学管理应坚持"以生为本"的原则，深入贯彻"以人为本"的教育思想，将学生的需求和发展放在首位。这意味着要充分尊重学生作为学习主体的地位，培养他们的独立思考能力和自我管理能力，同时关注他们的身心发展，保护并促进学生个性化和差异化的发展。在实践中，这需要教学管理者打破传统的一刀切教学模式，摒弃那些忽视学生个性化需求的传统教学方法。教学过

< 146 >

程中应注重因材施教、分类指导，为学生的自主学习和个性化发展提供更多的空间和条件。这包括创造更多样化的学习平台，提供多元化的学习资源和机会，以培养出更多适应社会需求的创新型人才。教学管理者需要从封闭式、刚性的管理模式转变为开放、灵活的管理模式。这意味着从单一的讲授式教学向促进学生学会学习、学会创造的科学化教学模式转变。

二、改革传统的管理制度

在探索现代教育管理的新途径中，我们必须深化对传统教学管理制度的改革。这意味着转变从一种刚性、权威主导的管理模式，向一种人性化、柔性的教学管理模式过渡。本质上，这种转变是对"以人为本"管理理念的深入实践，这不仅彰显了对学生作为学习主体的充分尊重，也为学生提供了一个促进学术自由和交流的环境。具体来说，传统管理制度的改革可以从以下三个方面展开（见图4-8）。

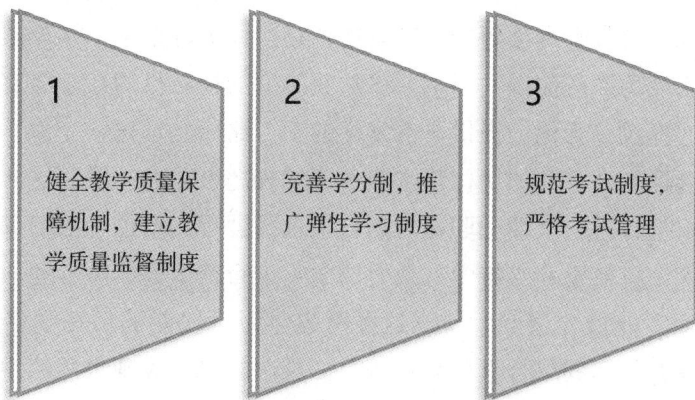

图4-8　传统管理制度的改革方向

（一）健全教学质量保障机制，建立教学质量监督制度

目前，许多高校在确保教学质量方面存在明显短板，这主要表现在对教学质量的监督缺乏系统性和连续性，且过分依赖随机抽查和事件驱动的处理方式。这种模式不仅增加了管理的随意性和人为干预的可能性，而且无法全面反映教学质量的真实状况。因此，构建一个综合性的教学质量监督体系成为提升教学水平的关键举措。

< 147 >

要实现这一目标，首先需要建立一套明确的教学质量保障机制，这些标准应涵盖课堂教学、实践实习、实验教学、毕业论文（设计）及课程考试等多个环节。这些标准将成为评估教师教学质量的重要依据，有助于确保教学活动的标准化和规范化。此外，需配套建立一系列教学质量监督制度，如听评课制度、考试分析制度、教学督导制度等。这些制度将为教学质量的持续监控和改进提供有效的工具和途径。特别是学生评教制度和信息反馈制度的建立，能够让学生直接参与教学质量的评估过程，从而更好地反映学生需求和意见。进一步的措施包括定期进行毕业生问卷调查，通过收集毕业生对教学过程的反馈，为教学质量的改进提供宝贵的第一手资料。同时，要采取访谈和问卷调查等方式，收集学生对教师授课的评价和建议，这不仅能够提高教师的教学质量，也能够增强学生的参与感和满意度。

（二）完善学分制，推广弹性学习制度

随着教育改革的深入和高校招生规模的不断扩大，适应多样化、个性化学习需求成了教育管理创新的关键方向。在这样的背景下，学分制的完善和弹性学习制度的推广显得尤为重要。这些制度的核心目的在于尊重和响应学生的自主选择权，为他们提供灵活多样的学习路径。首先，完善学分制的关键是健全选课制度，并加快构建类似于"课程超市"的体系。这样的体系可以让学生根据自己的兴趣和职业规划自主选择课程，增加学习的灵活性和个性化。其次，应鼓励和支持学有余力的学生进行跨学科、跨专业的学习，甚至是辅修双专业或攻读双学位。这种跨界学习不仅能够拓宽学生的知识视野，还能提升他们的综合素质和竞争力。再次，对于表现出色的学生，可以实施"本硕博连读"制度，以激励他们更早地开始深入研究和学术探索。这种制度不仅能缩短学生的学习周期，还能更好地培养未来的学术和行业领袖。最后，高校需要明确各专业的学分要求，并允许学生根据自己的能力和基础灵活安排学习进度。这包括允许学生提前毕业、延长学制或者分阶段完成学业，从而满足不同学生的学习需求和生活安排。

（三）规范考试制度，严格考试管理

考试不仅是对学生学业成绩的评估，更是对教学成效的重要反馈。因此，构建一个公平、公正的考试体系对于促进学生的全面发展和激发其学习

< 148 >

热情至关重要。考试制度的完善需要涵盖补考、缓考和重修等多种机制，以适应不同学生的学习需求和特殊情况。这种灵活性不仅有助于减轻学生的学习压力，还能保障教学质量和公平性。实行教考分离是另一个重要的改革方向。这种分离有助于消除潜在的利益冲突，确保考试的客观性和公正性。教考分离也鼓励教师探索多样化和创新的考试方法，如项目评估、开放式考题等，从而全面地考核学生的知识掌握和应用能力。此外，积极鼓励学生根据个人特点和兴趣选择发展方向，是现代教育理念的体现。这不仅有助于调动学生的学习积极性，还能激发他们的探索精神和创新能力。考试制度的设计应充分考虑到这一点，通过多元化的考核方式，促进学生对知识的理解和创新应用。

三、努力实现教学管理信息化

随着科技的飞速发展，特别是计算机和网络技术的广泛应用，信息化已成为推动各行各业进步的关键动力。对于高等教育而言，实现教学管理的信息化不仅是跟上时代潮流的必然选择，更是提高教学质量和管理效率的有效手段。在这一过程中，开发和利用先进的计算机技术和网络技术来构建教学管理信息系统显得尤为重要。这些信息系统包括学籍管理系统、教学资源管理系统、排课系统、选课系统、成绩查询系统、教学评价系统、考试系统以及各类报表系统等。通过这些系统的应用，不仅可以提高教学管理的效率和透明度，还能为学生和教师提供方便快捷的服务。高校教务管理部门可以通过网络上的教务管理信息系统完成各项教学管理工作，这样的信息化管理不仅减轻了管理人员的工作负担，也为学校提供了精准和高效的管理工具。同时，基于校园网络的综合教学、教务管理信息服务系统的构建和完善，将促进教学资源的共享和利用，提升教育教学质量。

四、全面提高教学管理人员的素质

在当今教育领域，随着教学管理的不断创新和发展，对教学管理人员提出了更高的要求。教学管理的效果直接取决于管理人员的素质和能力，因此，全面提升教学管理人员的综合素质成为提高教学管理水平的关键。具体来说，数字化时代教学管理人员应该具备以下几种素质（见图4-9）。

< 149 >

1	
	具有创新精神和创新能力

2	
	掌握现代教育科学管理理念，熟悉相关的学科知识

3	
	具有沟通协调和应变能力

4	
	具有一定的外语、计算机应用能力

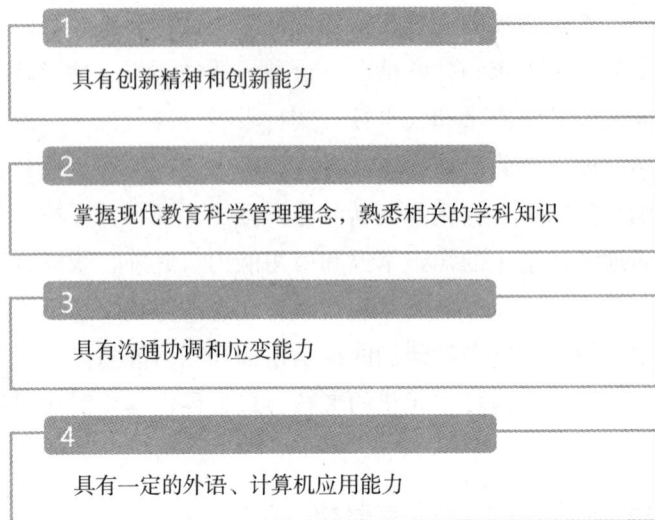

图 4-9　数字化时代教学管理人员应该具备的素质

（一）具有创新精神和创新能力

在现代教育管理中，创新已经成为一种必不可少的能力。教学管理人员作为教学活动的组织者和推动者，需要具备教育创新的精神和能力。在面对教育领域日新月异的变化时，他们应当能够迅速适应，提出创新性的管理策略，以应对新出现的问题和挑战。管理人员的创新精神体现在敢于挑战传统观念、敢于实施新思路的勇气和决心上。他们不仅需要关注教育理论的最新发展，还要关注实践中的新趋势，从而能够及时调整和优化管理策略。例如，在数字化和网络化日益普及的背景下，如何有效地利用技术手段来提升教学效果，就是一个需要管理人员不断探索和实践的问题。此外，教学管理人员需具备良好的问题解决能力。在实际工作中，他们需要能够准确识别和分析面临的问题，然后创造性地提出解决方案。这不仅需要丰富的教育管理经验，还需要较强的分析和判断能力。

（二）掌握现代教育科学管理理念，熟悉相关的学科知识

在教学管理领域中，管理人员的专业知识和对现代教育科学管理理念的理解程度是衡量其能力的关键因素。一个优秀的教学管理人员不仅需要具备深厚的专业理论基础，还应对教育行业的最新动态和政策有深入了解和透

< 150 >

彻认识。这种知识结构的完善，对于实现高效、科学的教学管理具有重要意义。

教学管理人员应深入学习和理解高等教育管理学、教育哲学、教育心理学等学科的基础理论。这些理论不仅为管理实践提供了理论支撑，还有助于管理人员更好地理解教育活动中的各种现象和问题。对于国家的高等教育政策和法规，教学管理人员应持续关注其最新发展和变化，以保证教育管理活动符合法律法规的要求，同时响应国家教育方针的指引。

（三）具有沟通协调和应变能力

教学管理中的沟通与协调能力，以及面对各类挑战的应变能力，是教学管理人员在日常工作中不可或缺的素质。这些能力对于处理教学管理中的复杂情形和潜在矛盾至关重要，能够有效保障教学活动的顺利实施和高效运行。

作为教学管理的关键人员，他们经常需要与具有不同背景、观点和利益的教师、学生及其他相关人员进行沟通和协调。在这一过程中，良好的沟通技巧可以帮助他们有效地传达信息、理解他人的需求和观点，寻找共识。同时，协调能力让他们能够平衡各方利益，妥善解决冲突，维护教学管理的和谐与稳定。除此之外，教学管理人员需具备强大的应变能力和稳定的心理素质。在教学过程中，常常会出现各种预料之外的挑战和问题，如突发事件、政策变化、技术故障等。面对这些挑战，管理人员需要迅速作出反应，灵活调整策略，以确保教学活动的连续性和有效性。

（四）具有一定的外语、计算机应用能力

在全球化和信息化的背景下，教学管理人员还需要掌握一定水平的外语能力和计算机应用能力。熟练的外语技能不仅能促进国际交流与合作，还能加深对全球教育趋势的理解。同时，利用计算机和网络等现代信息技术来收集、分析和处理教学信息，对于提升教学管理的效率和质量具有重大意义。教学管理人员需不断学习和适应新的技术工具，以科学和高效的方式处理教学中的问题。

< 151 >

第五章　数字化时代人才培养与教学改革策略

第一节　数字化时代课程新形态的构建

一、互联网变革课程的基础

在当前的教育体系中，课程设计受到四个主要因素的影响：知识、社会要求、社会条件、学生特点。首先，"知识"涉及的是在一定时期内全球范围内累积的科学技术和经验。在设计课程时，首要任务是筛选这些庞大知识库中的相关内容。其次，"社会要求"体现在不同的生产活动对个人素质的期望中，这些期望不同，导致从知识库中做出不同的选择，进而影响课程的形成。再次，"社会条件"指的是当前的科技和物质生产水平，这为课程设计提供了必要的物质和技术支持。最后，"学生特点"包括其认知特性、水平和学习动机，这些因素在相同的知识和社会背景下，也会导致课程的差异化。

随着互联网技术的发展，这些基本要素都受到显著影响，促使教育界全面革新课程目标、内容、结构和实施方法。现代教育领域迫切需要在信息技术环境下开发新的课程理论和设计模式。这些新的理论和模式不仅反映了信息社会的文化基础，即信息相关知识和技能的培养，还依赖于现代化的教育技术手段。无论是大学、中学还是小学，所有学科及其教学的深化改革都需要教育技术理论的指导和计算机等技术的支持。

（一）互联网改变课程知识传承的目标基础

在互联网时代，课程设计面临着全新的挑战和机遇。知识的快速增长和不断更新，尤其是互联网带来的知识爆炸，已经深刻地改变了教育的目标和方法。现代课程不再仅仅是知识传递的媒介，而是成了培养学生学习和应用能力的关键平台。面对这种现象，我们不得不重新思考和定义课程的核心价值和目的。在过去，课程的主要目的是将人类经验和知识的精华传递给下一代。然而，随着科技的迅猛发展，特别是互联网的普及，知识更新的速度极大加快，传统的"仓库理论"已经不再适应当今社会的需求。如今，我们面

< 155 >

临的挑战是如何在有限的时间内教授日益增长的知识。解决这一问题的关键在于转变我们对课程的基本观念。课程设计应该从单纯的知识传递转变为重点培养学生的创新性和适应性能力。这意味着，课程不仅要传授基础知识，更要教会学生如何学习，激发他们进行终身学习的动机，并培养他们自我更新知识结构的能力。这样的课程设计将更加注重学生的主动学习和批判性思维能力，而不仅仅是知识的被动接收。

在1996年，国际21世纪教育委员会向联合国教科文组织提交的报告中，提出了面向新世纪的教育改革与发展的全面对策。报告中最核心的观点是关于教育的"四大支柱"，即"学会认知、学会做事、学会共同生活、学会生存"。这一新理念对未来教育的方向提出了明确的指引，强调教育的目标应转向培养学生的基本学习能力。"四大支柱"中，尤其强调了"学会认知"的重要性，并对认知的含义进行了重新解释。在信息时代，知识的快速增长和更新要求教育不仅仅是传授知识本身，而是更多地关注教授学生如何获取和更新知识的方法。传统教育模式下的知识学习很快会变得过时，无法满足社会发展的需求。因此，教育的焦点应转向如何使学生学会学习，掌握自我更新知识结构的能力，以适应社会的持续变化。报告中提出的认知观对课程发展提供了新的视角，即课程的主要目标应该是教授学习技能和方法，而不仅仅是知识本身。这种学习技能的获得应该在知识学习过程中自然融合。课程内容应当侧重于知识的基础性和通用性。布鲁纳的教育理念强调，学习任何学科应着重于掌握该学科的基本结构、概念和原理，并在教学过程中促进这些基本知识的迁移和应用。为了实现这一目标，课程设计应当不仅仅关注教材和教学计划的内容，还应涵盖丰富的学习活动和学习资源。通过设计接近真实生活的情景和案例，可以有效地展现和传授这些基本知识结构。学习技能的培养应该嵌入在利用这些学习资源进行知识迁移的活动中。

（二）互联网时代课程要适应信息社会的要求

在互联网时代，课程设计必须适应信息社会的新需求，特别是在经济和社会结构迅速转向知识和信息为基础的新形态。21世纪的社会特点是信息技术的普及和信息作为核心生产力的上升。这一转变不仅改变了经济结构，也对教育和课程内容提出了新的挑战。信息社会的经济越来越多地依赖于以知识为基础的信息产业，这一行业的发展迅速且竞争激烈。在这个背景下，知

< 156 >

识经济逐渐显现，尤其在发达国家如美国等地更为明显。经济合作与发展组织（OECD）的主要成员国，其国内生产总值有超过一半是以知识为基础的，这一事实凸显了信息社会中知识的重要性。在信息产业中，对知识和信息的快速获取和有效利用成了企业生存和竞争的关键。这种行业的特点是快速变化和高度竞争，即使是短暂的领先或落后也可能导致巨大的差异。

在知识经济时代，知识的形成与应用变得更加依赖于对大量复杂信息的加工和分析。这一时代的显著特征是信息的爆炸式增长，这些海量且杂乱的信息需要通过综合分析、提炼和加工才能转化为有用的知识。互联网时代不仅带来了信息获取的便利，也带来了信息过载的挑战。因此，信息的有效处理和知识的有效提炼成为关键技能。信息与知识之间的紧密联系在信息社会中体现得尤为明显。随着通信和计算机科技的紧密结合以及互联网的全球扩散，我们见证了知识产生、保存、学习及应用模式的根本变革。比如，先进的芯片技术显著提升了数据处理的效率，同时增加了我们存储知识的能力；光纤和数字技术的应用使得信息和知识能够迅速传播；模块化的软件设计也促进了复杂知识的有效传递和价值增长。这些技术进步不仅影响了社会的经济基础，还对整个社会结构产生了深远的影响。生产力的提升和生产关系的变革推动了经济结构的演变，这种变化又促进了从政治、法律到文化和教育等各个层面的重大变革。在信息逐渐成为关键的生产要素的今天，社会的经济结构和上层建筑都面临着全面的、深刻的转型。这种变化不仅是技术层面的，更是社会结构和人类活动方式的全面转变。

互联网时代对社会和经济的影响深远，特别是在培养新型人才方面提出了更高的要求。这一时代的核心特征是信息的获取、分析和加工能力变得至关重要。新型人才不仅需要掌握信息的发现、检索和选择的能力，还需要具备信息的分类、综合、查错和评价的能力。此外，信息的有效组织、表达、存储、变换和控制传输同样重要。这些技能和知识构成了"信息基本知识"和"信息能力"，成为信息社会经济发展的基本要求，也是现代人必备的文化基础。数字化和信息化已经深入人类生活的各个方面，成为我们生存的重要组成部分。数字已经超越了其与计算的传统联系，成为决定我们生存方式的关键因素。在这种背景下，缺乏信息相关知识和能力的人在信息社会中将面临被边缘化的风险，可以说，信息能力的缺失等同于信息社会的"文盲"。

< 157 >

因此，在信息社会中，传统的"读、写、算"不再足以满足文化基础的要求，必须加入"信息"这一新的元素。"读、写、算、信息"成了信息社会的新文化基础。为适应这一变化，国家和学校的课程设计必须跟进，将信息能力的培养纳入各种教育层次的课程。这意味着课程不仅要传授传统的文化基础知识，还要重视信息能力的培养，确保学生能够在信息密集的社会中有效地生存和发展。

（三）互联网时代的课程要适应学生信息型认知结构的要求

在互联网时代，人类的认知结构经历了显著的变化，这一转变由信息技术的广泛渗透和普及引起。现代人类在生理、心理和智力结构方面与古代人类有着根本性的差异，这反映了人类在不断进化的过程中，社会和自然的双重作用。互联网时代的人类思维、观点、知识结构和行为方式都深受"信息"概念的影响。因此，课程设计必须适应这种信息型认知结构，使其内容、组织形式、实施方法和手段都与信息技术的特点相符合。信息技术的迅猛发展不仅对经济基础产生了深远的影响，而且对文化基础和生存方式也带来了重大变革。因此，课程设计必须反映这一时代的基本特征，不仅在知识内容上与时俱进，而且在教学方法和学习手段上也应体现时代特点。

课程应关注培养学生的信息处理能力、批判性思维和创新能力，使他们能够适应快速变化的信息环境。这意味着课程不再仅仅是知识的传递工具，而是成了培养学生分析、合成和创新能力的平台。随着社会和科技的发展，课程的设计和实施必须不断适应这些变化，以确保教育能够有效地支持学生在互联网时代的成长和发展。

二、线上线下融合的课程形态

（一）数字化、立体化课程内容呈现

随着互联网时代的到来，学习内容的表现形式经历了一场革命性变化。数字化和立体化成了课程内容呈现的新趋势，以满足数字化时代学生对于互动性和多维度体验的高要求。纸质教材的单向传输方式已逐渐不能满足当代学生的学习需求，因此，教学内容的呈现方式从传统的纸质媒介转向动态、互动的电子格式。电子教材不仅具备动态更新的能力，还能减轻学生的物理负担，并提供丰富的交互体验。现代教育的立体化内容包括教材、多媒体教

< 158 >

学课件、在线课程、音像制品以及包含试题库在内的教学资源库和支持平台。这些多元化的学习资源通过综合设计，从不同角度展现教材的精华，实现内容上的重复强调、交叉补充，形成一个互补的信息化课程体系。课程的立体化表现不仅使教学资源更为丰富和多元，还为教师和学生提供了灵活的教学和学习方式。例如，教材为学生学习提供基础内容，教学课件协助教师阐释重点难点，网络课程则支持学生的自主学习。音像制品和教学资源库则拓宽了学生的学习视野，为他们提供广泛的学习材料。此外，试题库和习题集帮助评估教学效果，而教材应用和服务支撑平台为师生提供全方位的教学支持。数字化和立体化的课程内容呈现方式不仅反映了互联网时代的特征，还大大激发了学生的学习兴趣，使得学习过程生动、有效，符合当代学生的学习需求和习惯。

例如，北京市人大附中西山学校的崔登才老师在一堂地理课中创新性地运用 iPad 进行教学，展示了信息技术在教育中的应用。通过 iPad 电子书的形式，崔老师将动画、图片、文字等多媒体元素融入课程，同时引入了 MindNode 工具，帮助学生学习和总结。这种教学方法不仅丰富了教学内容，还增强了课堂的交互性，使学习过程生动而有效。在这种交互式电子书的辅助下，课程结合了人机互动和学生参与的各种活动及展示。这种课程内容呈现方式既体现了以学生为中心的教学理念，又彰显了教师的指导作用，同时考虑到了学生的个性差异，实现了因材施教。电子书的使用不仅仅是作为媒介工具，更是有效地利用了地图这一地理学的特殊语言，通过引导学生进行大量地图阅读，培养了他们的图读能力。

计算机媒介的教材引入了学生与教材间的互动，这种互动性特点的教材正在逐步在中小学推广，扩展了课程内容的边界，预示着未来教材的发展趋势。这些立体化课程不仅为学生提供了数字化、智能化的学习体验，还通过智能学习伙伴的形式，使课程内容丰富和多维。例如，2015 年一个研究团队在人机交互会议上展示了"Co-Writer"机器人帮助学生学习的案例。在此案例中，机器人尝试着将带有二维条码的字母书写在平板电脑上，学生在纠正机器人的过程中无形中提升了自己的书写技能。Co-Writer 的学习水平可以通过编程调整，以适应学生的学习需求，这种方法能有效提升学生的自信。同时，互联网时代的教材不仅是在传统印刷教材的基础上进行的革新，

< 159 >

而且利用网络技术和多媒体技术，将教学内容、计划、资源和服务整合成一个灵活、开放和动态的教学系统。这样的系统旨在满足多样化的教学和学习需求，促进学生能力的全面发展，为培养适应信息社会的高素质人才奠定基础。

构建新形态教材时，综合性地考虑了各个方面的需求，包括跨学科的内容、多样化的教学对象、多媒体的展示形式以及多角度的问题解决方法。这样的方法为互联网时代教育提供了一个全面且多维的支持系统。在这种数字化教材中，包含了六个基本组成要素（见图 5-1），以满足当代教育的多元化需求。

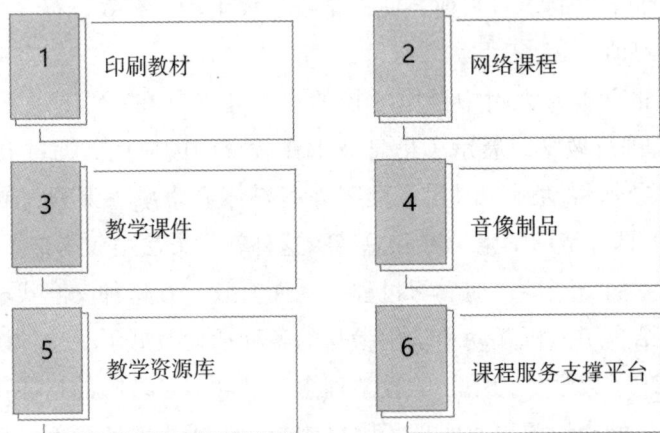

图 5-1　数字化新形态教材的基本组成要素

印刷教材：主要用于展示基本的概念、法则和规范。其范围不仅限于主要的教学内容，还扩展到相关的辅助材料如参考书、练习册、实验手册和学习指南等。此外，主教材还能以电子书形式存在，支持按需打印，方便学生根据需要获取，并且能够实时更新，以确保内容的时效性和准确性。

网络课程：作为数字化新形态教材的关键组成部分，通过网络平台提供特定学科的教学内容和活动。这种课程不仅仅是传统教材的数字化，更是一个集成各种能力训练、心理作业、实践作业和交互式教学的综合系统。它包括项目设计、实习报告等训练模块，并整合了最新的学科知识和技能应用。网络课程的特点在于其共享性、灵活性、开放性和动态性，使教学能够全面发展学生的能力和素质。此外，它克服了传统印刷教材在知识结构上的封闭

< 160 >

性和更新滞后的问题，确保教学内容的及时性和前沿性。

教学课件：作为数字化新形态教材中的关键组成部分，主要用于对一个或多个特定知识点进行完整的教学展示。这些多样化的教学课件能够适应教师与学生的不同需求，在教学的各个阶段都扮演着重要的角色。

音像制品：构成了数字化新形态教材的重要部分。这些制品包括用于教学的录像带、录音带、CD 和 DVD 等，提供了一种多媒体的教学内容呈现方式。特别适用于那些缺乏计算机网络设施的教学环境，音像制品能够有效地辅助教学活动。

教学资源库：为教育过程提供了一套完整、结构化的资源和内容，这些资源涵盖了电子书、多媒体材料（如文本、图片、音频、视频及动画）、考试题库、教案和案例研究等多种内容，通过数字化手段易于获取和传播。根据教育部门的技术规范，这些教育资源不仅满足了教学的基本需求，还可依据教师和学生的特定需求进行调整和扩展。教学资源库的存在大大丰富了教育内容，支持了课程的设计和实施，同时增加了教育活动的价值，促进了学生的学习和理解。

课程服务支撑平台：是数字化教材的一个核心组成部分，它通过集成管理各类优质教育内容，为教学活动提供了全面的支持。这个平台不仅助力于课程解决方案和相关产品的广泛推广与应用，还为教育的发展提供了必要的技术和理论支持。平台上的服务不限于课程内容的提供，还包括教学模式和方法的培训，覆盖了从建构主义教学理论到混合式教学法、数字化时代的教学策略及其应用、数字资源建设的技术规范，以及如何设计信息化教学方案等广泛领域。

（二）线上线下的一体化课程设计

随着数字化和网络技术的发展，线上与线下一体化的课程设计成为教育领域的新趋势。这种混合式教学模式结合了传统的面对面授课和现代的网络学习，为学生提供了灵活和个性化的学习体验。学生可以在课外通过线上平台进行自主学习，根据自己的学习特点调整学习步骤和进度。为了实现这种混合式教学的目标，教育机构需要向学生提供丰富的教学资源，并建立有效的评估机制。例如，可汗学院通过与 K-12 教育机构的合作，提供了大量教学视频和互动练习资源，支持学校开设混合式课程，并有效实施翻转课堂模

< 161 >

式。在这种模式下，教师利用在线平台进行授课，而线下进行教学活动和讨论，从而使线上和线下的学习紧密结合。

此外，大规模在线开放课堂（MOOC）、云课堂平台和网络在线学习平台等工具也被广泛应用于教学活动的实施和教学资源的管理。这些工具支持协同备课、结构化预习、导教导学、在线同步和异步互动、学生任务管理和多元评价等功能，拓展了传统课堂的边界，构建了开放和互动的学习环境。在这种混合教学环境下，学生可以在网上进行个性化学习，而线下课堂侧重于教师与学生的直接交流。

（三）多层次的课程开放与共享

开放课件（OCW）的概念起源于 1999 年，当时德国蒂宾根大学首次在网络上公布了一系列讲座视频，开创了在线学习的新模式。紧接着，麻省理工学院（MIT）也开始探索如何利用互联网来实现其传播知识和教育学生的目标，并于 2000 年推出了自己的 OCW 项目。到 2015 年，MIT 的 OCW 项目已经包括了 2320 门课程，其中 1018 门课程的课件已被翻译成多种语言，访问量接近两亿次。这一项目的实施意味着全球学生都能够更容易地获取高质量的课程资源，深入地参与课堂学习。

自 2008 年大规模在线开放课程（MOOC）的兴起，开放课件运动迎来了新的发展阶段。MOOC 不仅提供了配套的课程视频、教材和习题集等数字化学习材料，还增设了交互性论坛和学习社区，使成千上万的学生能够围绕共同的学习目标和兴趣组织起来。在线开放课程正逐渐成为学校日常教学的重要部分，课程供给的形式趋向于开放和多样化。

在 MOOC 的建设上，国际上如大规模开放在线课堂平台（edX）等平台致力于为学生提供优质的课程。edX 与全球众多顶尖高校合作，已推出超过 950 门课程，覆盖广泛的学科领域。中国在 MOOC 的发展上也紧跟国际潮流，各类 MOOC 平台如中国大学 MOOC、学堂在线和网易云课堂等迅速崛起。例如，中国大学 MOOC 与众多高校合作，开设了 650 门课程，内容丰富多元，涵盖了包括计算机、心理学、经济管理等在内的多种学科，并提供了大学选修课和职业教育课程，服务于在校学生和成人学习者。这一趋势反映了 MOOC 在全球教育领域中的影响力，以及对传统教育模式的挑战和变革。

< 162 >

　　MOOC 的出现是基于互联网技术在教育领域的成功应用、开放教育理念的社会认同以及社会化学习成为主流学习形式的背景下。它不仅促进了社会化学习网络的构建，也有助于知识的创造与共享，对开放教育的推广可能产生重大影响。MOOC 的融入传统学校教育，为人们提供了根据个人兴趣和文化背景选择适合自己的学习路径的新方式，这不仅打破了教育的传统垄断，还增加了教育的选择性，推动了教育民主化，标志着教育组织模式的重大变革。

　　开放课程的概念超越了简单的网络可达性，它包含了课程内容、教学方法、学习工具、参与者、评估体系、课程管理、学习过程及教育理念的整体开放。这种全方位的开放性促进了学习材料的灵活编排和知识的共享，同时支持了泛在学习和非正式教育形式。面对这样的需求，传统的以内容管理为核心的学习平台显得力不从心，缺乏足够的灵活性和社交功能。鉴于此，我们团队设计并实施了一个创新的开放学习平台——学习元平台，旨在解决现有系统的局限。该平台以"创新性""适应性""互动性"为核心设计原则，成功弥补了传统系统的缺陷。它通过支持协同编辑、利用 KNS 网络技术和整合多样化内容活动，实现了教学内容的动态更新和丰富的社会互动。此外，该平台还在网络接入、课程内容开发、教学方法应用等多个层面提供了全面支持，打造了一个支持新型课程开放与共享的强大基础设施。通过这一平台，教育者和学习者可以在开放、灵活和互动的环境中进行教与学。

　　现代教育正经历着前所未有的变革，而其中关键的一环是开放教育资源的访问与内容创建方式。学习元平台以其独特的设计和理念，引领了这一变革的潮流，将教育资源开放给全球任何用户，并赋予他们共同创建内容的能力。这种新的教育范式具有以下特点。

　　（1）开放的资源访问权限。学习元平台打破了传统的教育界限，允许任何人通过网络自由访问课程内容。这一开放性的权限设计是开放课程最基本的特点之一。它使教育资源不再受限于地理位置或背景，为全球范围内的学习者提供了平等的机会。

　　（2）开放灵活的创建方式。与传统的"专家创建"课程不同，学习元平台鼓励广大用户参与内容的创建。这种开放而灵活的方式意味着不仅专家，任何人都可以贡献自己的知识和见解，共同建设课程。这一理念扩大了教育

< 163 >

资源的来源，使开放课程多样化和丰富。

（3）协同编辑与完善。学习元平台通过协同编辑功能和段落批注功能，为课程内容的开放建设提供了有力支持。这意味着用户不仅可以创建课程，还可以对已有的内容进行协同编辑和修改。这种群建共享的理念推动着课程内容的不断更新，使教育资源更具活力和实用性。

（4）灵活的资源组织方式。未来课程的内容结构不再是固定不变的，而是动态的、可重组的。学习元平台采用了知识群这种资源组织方式，将相关主题的学习元组织在一起，同时允许用户根据学习或教学需要对内容结构进行重组。这意味着学生可以根据自己的需求，自由调整课程内容的结构，个性化地定制学习路径。同时，系统可以根据内容之间的语义关系进行自动重组，提供更智能的学习建议。

（5）人际网络共享。在信息更新速度飞快的今天，学习不再仅仅是获取已有知识，更重要的是持续地获取新知识和跟踪知识的变化。在这一过程中，人际网络共享变得至关重要。未来的开放课程不仅关注物化资源的开放共享，还将强调"人"这一重要资源构成的人际网络的共享。学生可以通过与专家、学者和同学的互动来获取知识，实现学习信息来源的多元化和开放性。学习元平台提供了 KNS 视图，展示了知识与知识、知识与人之间的关系，学生可以从中寻找相关的专家和学者，进行深入的交流和学习。

（6）多终端开展学习。未来的开放课程将不再受限于特定学习终端。为了适应泛在学习和非正式学习的需求，课程将以开放的方式，让学习者可以随时使用各种终端进行学习。无论是计算机、手机、平板电脑还是其他设备，都将成为学习的工具。学生可以在任何时间、任何地点进入学习环境，实现学习情境的真正开放。

（7）角色转换的可能性。开放课程将打破传统的师生角色分隔，使师生的角色可自由转换。普通用户可以成为教师，创建课程，同时可以成为某课程的管理员，与其他教师一起协同管理课程。此外，学生角色将更加灵活，即使未选修某门课程的学生也可以通过网络进入该课程进行学习，成为该门课程的学习者。这种角色的自由切换促进了知识的共享和互动，为学习者提供了更多选择。

（8）丰富的学习活动。学习活动将成为学习过程的核心，将课程内容与

< 164 >

活动紧密结合起来。开放课程将允许学生有针对性地参与相关活动，使学习过程更加开放和丰富。同时，学习过程中产生的过程性信息也将得到充分利用，作为新内容的"养料"，促进知识的不断扩展。学习元平台提供了多种类型的学习活动，支持活动与内容的深度整合，从而促进学习过程的开放性和互动性。

（9）整合性设计支持多种教学模式的混合学习。混合式学习已经不再是简单地将传统课堂和在线教学混合的教育方式。未来教育将强调整合性设计，使课程内容与学习活动相互贯穿，以支持多种教学模式的混合学习。这意味着教育不再受限于特定的教学理念、模式或方式，而是能够适应多种教学目标和内容，采用多种教学模式。学习元平台通过整合性设计，鼓励教师关注学生的学习过程和引导学生主动参与，通过多样化的教学活动序列激发学生的积极性，培养他们的问题解决和知识应用能力。

（10）基于过程性信息的开放评价。未来教育将以开放的方式重新定义学习评价。学习元平台提供基于学习过程信息的评价工具，教师可以根据学生的实际表现对其进行评价，并将评价内容、过程和结果开放给学生。此外，学习元平台还允许学生参与评价过程，实现评价主体的多元化。这一开放评价方式更加注重学生的学习过程和个性化发展，使评价不再仅仅关注结果，而更关注学习的质量和深度。

三、回归生活的课程实施

（一）课程内容与现实生活建立紧密联系

在当前的教育环境中，课程实施正逐渐回归到生活的实际场景中。传统的课堂学习通常在教室内进行，地点和空间相对固定，这种模式往往使得课程内容与学生的现实生活经验相脱节。学生通过间接的方式获取知识，这限制了他们在现实生活中应用所学知识的能力。然而，随着互联网技术的发展，课堂的空间已不再局限于教室，而是扩展到真实的生活环境中，使课程内容更紧密地与现实生活相连。新型的信息化教学工具成为连接课程内容和真实生活的桥梁。例如，在基础教育的生物学课程中，学生可以使用移动设备为植物制作带有二维码的标签，通过扫描这些标签来获取关于植物的详细信息。在高等教育中，学生所做的数字化项目设计可以直接服务于企业和社

< 165 >

会。而在职业教育中，利用 3D 打印机打印模型、使用虚拟病人进行医学培训，以及运用游戏耳麦进行护理服务训练等方法，都是将课程内容与职业实践紧密结合的典型例子。

技术驱动的移动学习和泛在学习正在改变课程实施的方式，通过将课程内容与学生的实际生活环境相结合，使学生能在真实的生活情境中学习、实践和解决问题。这种课程与现实生活的紧密联系不仅增强了学生的学习体验，还有助于他们更好地理解和吸收学习内容，同时为他们提供了适合的学习资源、有效的学习策略和工具。虚拟现实技术的应用为教育领域提供了革命性手段。例如，物流、会计、机电一体化、汽车故障诊断和数控等专业都在利用仿真技术进行教学。此外，虚拟现实技术在文化、旅游、医学、工程和环境监测等课程中也得到了广泛应用。将虚拟现实技术融入教学，使得理论与实践能够同步进行，突破了传统的"先理论后实践"的教学模式，避免了学与用之间的脱节。在虚拟现实的支持下，理工科学生可以进行各种仿真实验，如手动操作工具、构建桥梁模型等，而管理学科的学生也能在虚拟环境中体验公司运作。

增强现实（AR）技术作为虚拟现实技术的关键分支，通过集成显示、交互、传感和计算机图形多媒体技术，成功地将计算机生成的虚拟环境与现实环境相融合。这种技术为用户创造出感官上无缝连接的虚实体验，有效增强了学生对知识的直观理解和学习效果。在教育领域，增强现实技术能极大提升学生的学习体验，特别是在理工类课程中。实验教学对于学生实践能力的培养至关重要。虚拟实验突破了传统实验教学的时空限制，为学生创造灵活的实验条件，支持大量学生同时进行实验操作。这种方式不仅有助于学生形成科学的学科概念，深化对学科规律的理解，还能够培养和提高学生的观察、动手实践和探究能力。因此，如何利用计算机技术、网络技术和虚拟现实技术来构建高效的虚拟实验系统，成为未来课程设计和发展的重点。这种系统不仅可以提供丰富的实验资源和互动体验，还要能够支持个性化和多样化的学习路径，以满足不同学生的学习需求和偏好。在未来，这种以技术为基础的虚拟实验环境将成为教育创新的重要方向，为培养具有实践能力和创新精神的学生提供强有力的支持。

虚拟实验系统的应用为学生提供了理论与实践相结合的学习机会。这些

< 166 >

系统通过决策仿真、虚拟仿真以及远程操作等多种实验类型，使学生能够将学到的理论知识运用于实际情境中。虚拟实验的一个显著优势是扩大了实验的范围，使得学生能够接触到在真实条件下难以或不可能进行的实验对象。例如，虚拟实验可以模拟自然现象如地震、台风等，这些在现实中无法控制的情况可以在虚拟环境中被研究。此外，虚拟实验还可以研究历史上曾出现的事物，如地球的形成或生命的起源。这类实验能够超越时间和空间的限制，缩短实验周期，有助于科学研究的深入进行。对于一些长期的实验过程，如天体的运动或生物的进化，虚拟实验可以在短时间内展示这些过程，使学生能够直观地观察和学习。比如，在生物学中，通过虚拟实验可以快速演示孟德尔的遗传定律，而在现实中这可能需要数月时间。通过这种方式，虚拟实验不仅提高了教学效率，还丰富了教学内容，为学生提供了深入理解和掌握复杂科学概念的机会。

（二）课程内容是生成的、进化的

在当今教育领域，传统的课程模式逐渐让位给更加动态和互动的教学方式。这种新型教学模式强调的是课程内容的生成性和进化性，不仅仅是对现有知识的传递和共享，而是更加注重学生在学习过程中的积极参与和创造。这种方法的核心在于将学生从被动的知识接受者转变为主动的知识贡献者，使他们既是学习过程的受益者也是内容创造者。在这种教学模式下，课程内容不再是固定不变的，而是随着学生的参与和创新不断发展和演变。要实现这种教学模式的转变，我们必须重视合适的学习活动和策略的设计。仅仅提供学习材料和工具是不够的，更重要的是激发学生的高阶思维能力，比如批判性思维、创造性思维和问题解决能力。这需要教师设计刺激学生思考的活动，比如小组讨论、案例分析、项目制工作等，使学生在实际操作中体验和应用所学知识。协作学习在这一过程中扮演着重要的角色。它不仅促进学生之间的知识和经验共享，还有助于培养他们的自我反思和批判性思维能力。在协作的过程中，通过讨论、辩论和分享，学生可以遇到认知上的挑战，这些挑战促使他们反思和重新评估自己的知识结构，从而促进了知识的深入理解和创新。

在现代的网络课程教学中，一种新的教学理念正在形成。它强调学生的协同知识建构，这要求教师转变传统的教学思维。在这种教学模式中，教师

< 167 >

不再只是单向传授知识的角色，而更多地成为引导者和协调者，关注的焦点从教学内容的传递转移到学生知识建构的过程和成果上。在这个过程中，学生通过互动和协作，能够在课程学习中产生新的概念、观点和解决方案。这些新元素表现为学生在讨论、辩论和共同完成任务过程中产生的创新思维和创造性成果。这种教学模式鼓励学生积极参与课程内容的创造和改进，使得课程内容不断更新。生成性课程的实施，要求教师在教学过程中持续关注并引导学生的思维和行动。教师需要灵活地根据学生的反馈和课程内容的生成情况调整教学计划和学习活动。这种课程模式是动态的，能够根据学生的需求和兴趣进行调整，以促进学生个性化发展。同时，这种教学方法要求教师和学生共同构建和优化学习资源。这意味着学习资源不再是静态的，而是随着学生的参与和贡献而不断变化。教师可以鼓励学生对提供的学习材料进行修订、补充和更新，同时允许学生设计新的学习活动，以提高课程的相关性和实用性。在网络环境下，学习资源的进化尤为重要。团队在这方面进行了创新性的探索，通过应用先进的技术如语义基因、基于规则的推理和关联规则挖掘等，实现学习资源的动态语义关联进化。这不仅提高了资源的关联准确性，还增强了资源的个性化和适应性。内容进化和关联进化是学习资源进化的两个关键维度。内容进化指的是资源通过开放的方式吸引用户参与，不断更新，以满足不同用户的需求。关联进化则指的是资源在成长过程中与其他资源建立起丰富的语义关系，形成一个结构化的、动态的知识体系。这两种进化不仅增加了资源的价值，也使得课程能够更好地适应学生的学习需求和学习风格。

在面向未来的教育环境中，课程的构建和学习资源的发展需要采取一种开放和动态的方法。这种方法的核心在于利用群体智慧来推动学习资源的不断更新。为了实现这一目标，课程和学习资源必须设计成既开放又具有高度适应性，使其不仅能够被广泛地创建和编辑，还能够与其运行环境进行有效的信息交换。开放性是确保资源能够不断进化的关键。通过允许广泛的参与者对学习资源进行创造和修改，资源能够吸纳来自不同用户的知识和经验，从而实现内容的多样化和丰富化。这种方法能够最大限度地利用群体的创造力和智慧，使得学习资源能够动态地反映和适应用户的需求。另外，学习资源的内聚性和逻辑联系对于其有效演化至关重要。资源内部的知识结构需要

< 168 >

像"基因"一样，指导资源的成长和发展方向，确保资源的质量和正确性。这种结构化的知识组织不仅有助于资源的有序演化，还能够使用户更容易理解和吸收信息。为了保证学习资源的有效更新和演化，未来的资源建设还需要具备实时更新和历史版本追踪的能力。这种能力不仅能够反映资源的最新状态，还能够记录资源的演化过程，为用户提供关于资源如何及为何发生变化的宝贵信息。通过记录每次更新产生的历史版本，学生和教师可以更好地理解资源的发展历程和演化逻辑。

为了更好地适应现代教育的需求，课程设计需要重点关注学生在学习过程中的主动参与，特别是他们对学习资源的持续贡献。这种参与不仅仅是被动学习，而是主动地创造和贡献新的知识，这些知识随后成为课程内容的一部分。通过这种方式，学生不仅能够深化对知识的理解，还能够从多个角度和层次掌握与应用这些知识。此外，课程设计应当强调生成性资源的动态和实践性质。这意味着教学内容不是静态的，而是随着学生参与不断更新的。这种动态的教学方式能够使教学过程生动和具有吸引力，同时鼓励学生在学习中进行探索和创新。在这样的教学环境中，教师的角色变得更加重要。他们不仅要传授知识和技能，更要引导学生在学习过程中进行知识创造和个人发展。这种教学方法能够有效提高学习的效率和质量，帮助学生在理解知识的同时，能够培养其创新和解决问题的能力。

（三）基于项目式学习的综合性课程日渐受欢迎

项目式学习作为一种现代教育模式，逐渐在全球范围内获得了广泛的认可和应用，特别是在科学、技术、工程、数学教育（STEM）和创客教育领域。这种学习方式强调将学生置于实际问题解决的情境中，通过综合性的探究活动，培养学生的多方面能力，包括学科综合应用能力、创新能力以及实践能力。

在项目式学习的框架下，学生被鼓励主动探索和解决真实世界的问题，这种方式不仅提高了学生的学习积极性，还有助于深化他们对学科知识的理解。与传统的被动学习方式相比，项目式学习更能激发学生的创造性思维和解决问题的能力。此外，项目式学习也强调跨学科的学习和思维方式。在这种模式下，学生被鼓励将不同学科的知识综合应用于解决复杂的问题，从而培养他们的综合实践能力和学习迁移能力。例如，通过设计和开发一个多功

< 169 >

能数字时钟系统，学生不仅需要掌握电子和计算机编程的基础知识，还需要理解电子工程和设计原理，这样的项目式学习活动促使学生将理论知识与实际操作相结合，深化对学科知识的理解。在项目式学习中，信息技术和数字化工具的应用对于增强学习体验和提高学习效果至关重要。通过使用这些工具，学生可以深入地收集和分析数据，以及有效地展示和交流他们的发现和创造。例如，学生可以使用计算机网络、多媒体技术和社交媒体平台来进行信息的收集、分析和分享，这不仅提高了学习的趣味性，还增强了学生的信息技术能力。此外，项目式学习强调了师生和社区成员之间的协作。在这种模式下，教师不再是知识的唯一传递者，而是成为指导者和协调者，学生则成为学习的主体。通过与教师和社区成员的合作，学生可以在现实世界的情境中学习和成长，这种合作不仅加深了学生对知识的理解，还培养了他们的团队合作和社会交往能力。

综上所述，项目式学习作为一种全面、动态和实践的教学模式，能够有效地培养学生的跨学科思维、创新能力和实践能力。通过将学生置于真实世界问题解决的情境中，项目式学习不仅使教育更加生动和有意义，还为学生未来的学术和职业发展打下了坚实的基础。

四、整合性的课程结构

（一）核心素养的培养需求催生跨学科的课程结构

在当今这个快速发展的时代，教育面临着前所未有的挑战和机遇。随着"互联网 +"技术的普及和知识信息的快速扩张，教育的重心正在从传统的学科知识传授转移到注重培养学生的核心素养上，以适应社会的多元化需求并促进个人的全面发展。核心素养的概念在全球范围内受到越来越多的关注，成为各国教育改革的关键词。这种素养不仅关系到个人的生活成功，也是推动社会良好运行的基石。为了适应这一变化，教育系统正在转变其课程结构，从过去单一学科的教学模式转向重视跨学科知识和能力的培养。在这种背景下，许多国家和地区已经开始实施包含跨学科素养的教育框架。例如，经济合作与发展组织（OECD）提出的核心素养框架就强调了跨学科素养的重要性；美国的 21 世纪学习技能框架将核心学科知识与 21 世纪的跨学科主题相结合；欧盟的核心素养框架也明确包含了跨学科素养，如数字素

< 170 >

养、社会与公民素养等。这些框架的实施表明，现代教育越来越注重在跨学科的背景下培养学生的综合素质。跨学科教育的实施不仅促进了学科间的相互融合，还开阔了学生的视野，使他们能够在广泛的领域内思考和应用知识。例如，在学习过程中结合数学、科技、语言和社会学科的知识，学生不仅能够深化对单一学科的理解，还能够学习如何将不同学科的知识综合运用于解决复杂的实际问题。这种跨学科的教学方式有助于培养学生的创新思维、问题解决能力和批判性思维能力。在实施跨学科教学时，教师需要设计具有挑战性的课程内容，激发学生的好奇心和创造力，同时提供足够的支持和资源，帮助学生在不同学科间建立联系。此外，通过项目式学习、小组讨论和实践活动，学生可以在真实世界的情境中应用他们所学的跨学科知识，这种方法不仅提高了学习的实用性，还增强了学习的趣味性和参与度。

（二）信息技术与课程整合

在当代教育领域中，信息技术与课程的整合成为一种趋势，这不仅是科技进步的必然结果，也是对教育模式现代化的追求。这种整合的目的是更有效地利用现有的教育资源，提高教育系统的整体效能，最终达到优化教学过程、提升学生学习效果的目标。信息技术在教育中的应用，不仅仅是技术本身的引入，更重要的是其与传统教育内容和方法的有机结合。这种结合意味着信息技术成为教学中的一种辅助工具，旨在增强教学效果，帮助学生掌握关键的生活技能，以及激发他们的创新精神和实践能力。为了实现这一目标，信息技术需要在教学设计中占据合适的位置，与课程内容、教学方法和学生需求相匹配。信息技术与课程整合的过程要求教师深刻理解技术的潜力和限制，在此基础上设计出既能够发挥技术优势，又能够贴近教育目标的教学方案。例如，利用计算机和网络资源不仅可以为学生提供丰富的学习材料，还可以通过交互式学习、虚拟实验室等方式，使学习更加生动和有效。此外，信息技术在教学中的应用应关注学生的自主学习能力的培养。通过计算机和网络等工具，学生可以在老师的指导下进行自我探索，自主寻找信息，从而培养他们的独立思考和问题解决能力。同时，信息技术可以作为一种情感激励工具，通过各种互动和反馈机制，激发学生的学习兴趣和动力。

信息技术与课程整合的核心在于优化教育资源的配置，通过技术手段促进教育方式的变革。这种变革的方向是从以教师为中心的教学模式转变为更

< 171 >

加注重学生主体性和互动性的学习方式。在这个过程中，教师的角色也会发生变化，从知识的单一传递者转变为学习的引导者和协助者。通过信息技术与课程的有效整合，在培养学生的创新精神和实践能力的同时，也能够提高他们对知识的理解和应用能力，为他们未来的学术和职业生涯打下坚实的基础。

（三）跨学科整合的课程结构形式：STEM教育

在当今教育领域，STEM教育正成为一种重要的教学模式，它通过将科学、技术、工程和数学这四大领域融合，形成一种全新的跨学科教育结构。这种教学方式的核心在于打破传统教育中各学科之间的界限，鼓励学生在更广阔的知识体系中进行探索和学习。STEM教育不仅仅是各个学科知识的简单组合，而是强调这些学科之间的相互联系和整合，目的是培养学生的创新能力和实际应用能力。在STEM教育中，学生被鼓励采用综合性的思维方式来解决问题，这种方式要求他们不仅掌握每个学科的专业知识，还要能够将这些知识应用于实际情境中。例如，一个工程项目可能需要学生运用物理学、数学和技术知识，同时考虑设计的可行性和实用性。通过这种方式，学生可以更好地理解学科知识在真实世界中的应用，增强他们解决复杂问题的能力。STEM教育的推广也反映了现代社会对多元化技能的需求。在科技日新月异的今天，仅有单一学科知识已不足以应对社会的挑战。STEM教育提供了一种多维度、跨学科的学习模式，使学生能够在各个领域中获得均衡的发展，为他们日后的学术和职业生涯打下坚实的基础。STEM作为一个有机整体，有其独特的内涵与特征。

1.STEM教育的核心特征

STEM教育作为一种先进的教育模式，其独特之处在于将科学、技术、工程和数学的教学紧密结合，形成一个综合性、互动性强的学习体系。这种教育方式强调跨学科学习的重要性，注重培养学生通过有趣、体验性强的情境式学习，提高他们的协作和设计能力，同时融入艺术元素和实证方法，借助先进技术增强学习体验。融合的STEM教育具备以下几种新的核心特征。

（1）跨学科。在当前教育领域，STEM教育的兴起体现了一种重要的教学变革，即由传统的按学科分割的教学模式转向一种更为综合和互联的跨学科教育方法。这种教育模式强调科学、技术、工程和数学四个领域的知识和

< 172 >

技能相互融合，形成一个统一的学习体系。在这种体系下，教育不再是单一学科的知识传递，而是以解决实际问题为核心，强调从多学科综合应用的角度提升学生的实际问题解决能力。跨学科的 STEM 教育打破了学科间的界限，鼓励学生在广阔的知识领域中探索和学习。这种教学方式不仅有助于学生深入理解每个学科的知识，还能够使他们学会如何将不同学科的知识综合运用于实际情境中。

（2）趣味性。STEM 教育中的趣味性是其吸引学生参与并保持学习热情的关键因素。这种教育方法通过将学科知识嵌入与学生生活密切相关、充满挑战的实际问题，有效激发学生的内在学习动力。在 STEM 教育中，问题和活动的设计不仅仅是为了传授知识，更重要的是创造一个有趣的学习环境，使学生在解决问题的过程中感受到乐趣和成就。此外，STEM 教育强调学生在学习过程中的分享和创造体验。这种教育方式鼓励学生在探究和解决问题的过程中分享他们的想法和成果，体验团队合作的乐趣和个人创造的满足感。为了增加教育的趣味性，一些 STEM 项目甚至采用游戏化的教育模式，将游戏元素、方法和框架融入教育场景。这种方法不仅使学习过程更加生动和有趣，还有助于发展学生的团队合作技能和跨学科知识的理解。通过将 STEM 教育内容与游戏化相结合，学生可以在轻松愉快的环境中学习，同时深入地理解和掌握科学知识。这种趣味性和互动性强的学习方式，不仅提高了学生的学习兴趣，也促进了学生的全面发展，从而实现更加理想的教育效果。

（3）体验性。在 STEM 教育体系中，体验性学习的重要性日益凸显。这种教育方式超越了传统的课堂教学模式，强调让学生通过亲身参与和实践操作来深化理解和应用科学、技术、工程和数学知识。在 STEM 教育中，学生不仅是知识的接收者，更是探索者和创造者。他们被鼓励动手做、动脑思，通过实际的项目设计、建造和实验活动，将理论知识转化为解决实际问题的能力。这种体验性学习的过程不仅仅是关于结果的获得，更重要的是在解决问题的过程中积累的经验和技能。学生们在参与构建、实验和合作中，不仅学习到特定的知识点，还发展了他们的批判性思维、创新能力和团队协作能力。这些技能对于学生今后的职业生涯和个人成长具有深远的影响。通过这种动手实践的学习方式，STEM 教育帮助学生建立起对科学和技术的深刻理解，同时培养了他们解决复杂、跨学科问题的能力。

< 173 >

（4）情境性。STEM 教育中的情境性学习是其核心特征之一，这种教学方法强调将学科知识与真实世界的情境相结合，使学习过程更加具有实际意义和社会相关性。在这种教育模式下，学生不是在孤立无关的环境中学习抽象概念，而是将所学知识应用于解决现实生活中的具体问题。这种教学方法强调知识的情境化应用，让学生在特定情境中学习和实践，以此来理解知识的实际应用和背景。在 STEM 教育中，教师设计的项目和问题通常基于现实生活情境，这些问题不仅包含结构化的学科知识，还包括对该知识的社会性、情境性理解和应用。通过这种方式，学生在解决实际问题的过程中，不仅学习到具体的科学和技术知识，还培养了他们的社会理解能力和实际应用能力。这种情境化的学习方式使得学生能够在真实的社会环境中体验和成长，提高学习的有效性和相关性。

（5）协作性。STEM 教育的协作性特征显著地体现在其教学过程中，强调学生在小组合作的环境中共同参与、探索和解决问题。这种教育模式鼓励学生在团队中相互协作，共同面对和解决实际的、具有挑战性的任务。在这个过程中，学生不仅需要利用各自的知识和技能，还需要学会有效交流和协调，以达成共同的学习目标。在 STEM 教育中，团队合作被视为一种重要的学习方式。学生通过与队友的讨论和协作，可以深刻地理解和掌握 STEM 相关的概念和原理。同时，这种合作学习模式有助于培养学生的社交技能、领导能力和团队精神。通过小组内的相互帮助和启发，学生能够在集体智慧的基础上构建深入和全面的知识。此外，STEM 教育中的协作学习包括与教师和外部专家的合作。在解决复杂的现实问题时，学生往往需要依赖教师的指导和专家的建议，这不仅能够加深学生对问题的理解，还能够拓宽他们的视野，增强解决问题的能力。

（6）设计性。STEM 教育中的设计性是其核心特点之一，这一特点强调在学习过程中加入创造性设计的环节，以促进学生对知识的综合运用和创新。在 STEM 教育中，设计不仅仅是完成任务的手段，更是一种促进认知建构和能力提升的过程。通过参与设计活动，学生们可以将所学的科学、技术、工程和数学知识结合起来，解决实际问题，并通过创造性的作品来展现他们的学习成果。设计性活动在 STEM 教育中起着重要的作用。它不仅激发学生的创造力和想象力，还有助于培养他们的解决问题的能力和批判性思

< 174 >

维。通过设计性活动，学生能够将抽象的理论知识转化为具体的实践应用，这一过程不仅增强了他们对学科知识的理解，还提升了他们的实际操作能力。同时，设计活动有助于激发学生的学习兴趣和动机。创造性的设计项目可以带给学生成就感和满足感，这种积极的情感体验是维持和增强学习动力的重要因素。在设计过程中，学生需要运用科学和数学的原理来进行合理的设计和实践，这不仅是对他们所学知识的实践应用，也是科学、技术、工程和数学知识整合的体现。

（7）艺术性。在当今教育体系中，STEAM 教育逐渐成为焦点，它超越了传统 STEM（科学、技术、工程和数学）教育模式的边界，通过引入"艺术"（Art）元素，为学习过程注入了新的活力和创造力。STEAM 教育不仅涵盖了美术和音乐等传统艺术领域，而且拓展至包含社会科学和语言艺术等人文学科。这种教育理念的核心，在于强化科学与艺术之间的互动和融合，以促进更全面的学习体验和知识理解。STEAM 教育的独特之处在于，它不仅强调科学、技术、工程和数学的学习，还重视艺术与人文的整合。这种跨学科的结合有助于学生全面地理解科学概念，同时激发他们的创造性思维。例如，在科学和工程的教学中，通过引入相关领域的历史背景，不仅能够激发学生的学习兴趣，还能增强他们对这些学科与日常生活联系的理解，从而提高他们的综合判断力和决策能力。此外，STEAM 教育特别强调审美在学生作品中的重要性。在学生进行设计和创作时，教师不仅评价其科学和技术的准确性，还考量作品的艺术性和美感。这种评价方式鼓励学生从不同角度思考，培养他们将科学原理与艺术美感相结合的能力。如此，学生不仅能掌握必要的科学技能，还能发展出独特的艺术视角和创新思维。

（8）实证性。实证性作为科学的核心特征之一，强调基于观察和实验得出的客观证据，是区分科学与其他学科的关键因素。在 STEM 教育中，重视实证性不仅意味着教育内容的科学性，还体现了一种教学方法和学习过程的本质。STEM 教育中的实证性体现在多个方面。首先，它要求学生在设计和解决问题时，必须遵循科学原则和方法。这意味着学生在进行科学探索和技术创新时，必须基于实验和数据，而不是单纯的推理或想象。例如，在进行工程设计时，学生需要遵循数学和科学的严谨规则，通过实证数据来验证他们的设计是否有效，这不仅增强了学生的实践能力，也加深了他们对科学原

< 175 >

理的理解。其次，实证性在 STEM 教育中的体现还包括培养学生基于证据进行思考的习惯。学生通过实验和调查收集数据，学习如何从证据出发，形成合理的假设，并对这些假设进行验证。这种以证据为基础的思维方式是科学探究的核心，对学生未来的学术和职业发展都至关重要。最后，STEM 教育强调的实证性还体现在对问题的跨学科探索上。学生在学习过程中不仅要掌握各学科的知识，还要学会如何将这些知识应用到实际问题中。这种跨学科的探索过程鼓励学生将科学原理应用于真实世界的情境中，从而更好地理解和运用科学知识。

（9）技术增强性。STEM 教育不仅传授科学、技术、工程和数学的基础知识，更着重于将技术融合进教育的各个方面，以此培养学生的技术素养和创新能力。STEM 教育的一个重要特点是强调技术的增强性，即通过技术的应用来加强教学效果，激发学生的学习兴趣和创造力。在 STEM 教育中，技术的角色不仅仅是一个学习工具，更是一个催化剂，它能够激发学生的创新思维和实践能力。通过实践中的技术应用，学生能够深入地理解科学原理和数学概念，同时获得解决实际问题的经验。例如，利用计算机模拟和编程，学生可以在虚拟环境中测试和优化他们的设计方案，从而在没有风险的情况下探索更多的可能性。此外，STEM 教育注重培养学生对技术发展趋势的敏感性和理解能力。在教学过程中，学生不仅学习如何使用现有技术，还要学会分析和预测新技术对个人、社会乃至环境的潜在影响。这种对技术影响的深入理解，有助于学生成为负责任的技术使用者和创新者。技术在 STEM 教育中的应用还体现在多样化的成果展示上。学生被鼓励通过技术手段来展示和分享他们的创意和成果，如制作数字模型、动画或使用社交媒体来传播他们的项目。这种展示方式不仅能提高学生作品的可见性和影响力，也能激发他们对于创新和设计的热情。

2. STEM 课程的跨学科整合模式

STEM 教育的核心特色之一是其跨学科整合模式，这种模式在现代教育体系中显得尤为重要。传统的中小学教育系统普遍采用分科教学模式，每个学科独立运行，彼此之间缺乏深度的联系和互动。这种教学方式虽然能够让学生在各学科领域获得基础知识，但难以培养他们将不同学科知识综合运用解决实际问题的能力。与此相反，STEM 教育通过整合科学、技术、工程和

< 176 >

数学这些学科，强调不仅仅是知识的积累，更重视知识的综合运用和跨学科思维的培养。在 STEM 教育中，整合的课程设计模式使得学生能够在一个广阔的学习环境中成长。这种整合不限于学科内容的融合，还包括将理论知识与实际应用紧密结合。学生在学习过程中不再是被动接受知识，而是通过项目和实验，将学到的数学原理、科学概念和工程技术综合运用，解决实际问题。这种实践中的学习方式，不仅加深了学生对各学科知识的理解，也锻炼了他们的创新和解决问题的能力。更重要的是，STEM 教育中的跨学科整合模式，为学生提供了一个模拟真实世界情境的学习环境。在真实世界中，大多数问题都是跨学科的，需要综合不同领域的知识和技能来解决。通过STEM 教育，学生能够提前适应这种跨学科的思维模式，为他们未来的职业生涯和持续学习奠定坚实的基础。

在 STEM 教育领域，马里兰大学的赫希巴奇对课程设计提出了两种创新模式：相关课程模式和广域课程模式。这两种模式对于现代教育体系中的跨学科整合具有深远的影响，为 STEM 教育提供了新的视角，特别是在如何更有效地整合科学、技术、工程和数学教育方面提供了重要指导。

相关课程模式旨在维持学科的独立性，同时加强各学科间的联系。这种模式下，虽然每个学科仍然保持独立的教学计划，但教师之间需要进行密切的沟通与协作，确保不同学科的教学内容和时间安排能相互支持和补充。例如，在教授物理学时，学生可能需要依赖之前学习的数学知识。在这种情况下，数学和物理的教学计划需要协调一致，以确保学生能够在物理课程中有效应用数学概念。这种模式强调学科间的有机联系，提高了学生学习效率和对知识的深层理解。广域课程模式则是一种激进的整合方式，它打破了传统学科之间的界限，将所有学科融合为一个统一的学习领域。在这种模式下，STEM 教育不再是几门独立学科的简单组合，而是将科学、技术、工程和数学的概念和方法融合在一起，形成一个综合的、结构化的课程体系。这种跨学科的整合不仅让学生能够在广泛的背景下理解和应用知识，还培养了他们用综合性思维解决现实世界问题的能力。这两种模式在实施上各有特点和优势。相关课程模式容易与传统的课程体系相兼容，对学校现有的教学架构调整要求相对较低，是一种渐进式的改革方法。广域课程模式则是一种彻底的教育创新，它要求更大范围的课程重构和教学方法的根本改变。无论采用哪

< 177 >

一种模式，其核心目标都是提高 STEM 教育的效果，让学生能够在真实世界中更好地应用和整合他们所学的知识和技能。

五、个性化的课程体系

（一）互联网使实施个性化的课程发展成为可能

在信息技术高度发展的当今时代，教育领域正经历着一场深刻的变革。这种变革最显著的体现之一，就是个性化课程体系的发展。信息技术不仅为个性化教学提供了强大的技术支持，也为课程的设计和实施带来了革命性改变。在这种新兴的课程体系中，课程内容不再局限于传统的教学大纲和教材，而是拓展到了广泛和多样化的学习资源和教学工具，从而为学生提供丰富、灵活的学习环境。这种个性化课程体系的核心在于其高度的灵活性和适应性。借助现代信息技术，如智能化教学软件、自动化考核评价系统、视听教学材料和仿真实验等工具，教师可以根据学生的具体需求和学习进度，调整教学计划和内容。这样的教学模式不再是"满堂灌"，而是能够针对每个学生的特点和兴趣，提供个性化教学方案。

在当今信息技术飞速发展的时代背景下，也使得个性化教育成为现实。个性化课程的概念是基于学生个性发展规律的深入理解，旨在促进每个学生的个性化成长。这种课程体系的构建不仅关注学生的个性化学习需求，也强调课程结构的灵活性，以适应不同学生的独特需求和兴趣。个性化课程的实现分为两个层面。一是学科课程的个性化，意味着同一学科的教学内容和方式应根据不同学生的需求进行调整。每位学生都有自己独特的学习风格和兴趣点，因此，课程内容和教学方法的灵活性对于满足个体差异至关重要。二是课程结构的个性化，这要求学校提供多样化的课程选择，以满足不同学生的学习兴趣和职业发展需求。这种课程设计允许学生根据自己的特点和未来规划选择最适合自己的学习路径。信息技术的发展为实现这种个性化课程提供了强有力的支持。在传统的工业社会教育模式中，由于教育资源的限制和生产方式的影响，教育往往强调统一性和量化，忽视了学生个体之间的差异。然而，在信息社会中，教育模式发生了根本性转变。信息技术的应用，尤其是互联网的普及，为教育领域带来了前所未有的可能性。通过网络平台，学生可以跨越学校、地区甚至国界的限制，寻找和选择最适合自己的课

< 178 >

程和学习资源。

此外，全球化的网络课程提供了无限的选择机会，使得个性化教育在更大的范围内得以实现。学生不再被限于传统教室的墙壁之内，而是可以在一个开放、多元的学习环境中发展自己的兴趣和特长。这种全球网络课程的广泛可及性，解决了传统个性化课程难以大规模实施的问题，为每个学生提供了量身定制的学习方案。信息技术在个性化课程中的应用，不仅提高了教育的灵活性和有效性，还强调了"以人为本"的教育理念。在这种新型教育模式下，每个学生都被视为独立的个体，其个性和兴趣被充分尊重和培养。因此，个性化课程体系不仅是教育技术创新的产物，更是教育理念变革的体现，它将引领教育走向更加个性化和多元化的未来。

（二）满足学生个性化需求的课程建设

随着教育信息化的深入推进，个性化课程建设已成为现代教育发展的重要趋势。在中国，新的课程改革正逐渐从以往的"群体式课程"向满足学生个性化需求的教育模式转变。这种转变的核心是将课程设计和实施变得更加模块化、碎片化，并赋予其动态可重组的特性，以适应社会的多元化需求和学生个性化发展的趋势。

个性化课程的核心是"以人为本"，旨在传递适应学生不同需求的知识，从而达到培养学生核心素养的目标。为了适应这一变化，中国的新课程改革强调改变传统课程结构的弊端，如过分强调学科本位、科目繁多且缺乏整合。新的课改策略包括设置九年一贯的课程门类和课时比例，并增设综合课程，以更好地适应不同地区和学生发展的多样化需求，实现课程结构的均衡性、综合性和选择性。在个性化课程的实践探索方面，许多学校和教师开始积极利用信息技术来实现这一目标。例如，将MOOC（大规模在线开放课程）、微课等数字化学习平台与传统的学科课程相结合，开展了翻转课堂的教学模式。在这种模式下，学生在课堂之外通过网络平台学习课程内容，而在课堂上进行讨论、实践和深入探索。这样的教学方式不仅有效提升了学习效率，还增加了学生对学习的主动参与和兴趣。

（三）利用大数据实现课程个性化精准评价

在现代教育领域，大数据技术的引入正逐步革新着教学和评价体系。大

< 179 >

数据，以其海量数据处理能力、多样化的数据来源和类型，提供了一个全新的视角来理解和应用教育数据。它通过深入分析和挖掘数据背后的潜在关系和价值，为基于数据和理性证据的教育决策提供了坚实的支持。特别是在个性化学习和评价方面，大数据技术展现了其独特的优势。利用大数据技术进行教育评价，可以极大地丰富评价的维度和深度。这不仅使得教育评价全面和客观，还能为每个学生提供精准的学习反馈。

大数据的应用给教育领域带来了宏观和微观层面的洞见。它不仅使我们能够超越传统的数据精确度限制，还能在广阔的视角中洞悉教育问题的核心。这种方法不再仅仅关注因果关系的探索，而是向着系统性的相关性分析迈进。通过全面追踪学生的学习数据，大数据揭示了更多隐含的数据和关联性，从而为学生提供了个性化且精准的评价。

"互联网+"时代的到来促进了大数据的有效采集和分析。这种技术的运用，使得对学生需求的精确诊断和测评成为可能。利用大数据，教师不仅可以准确地识别每个学生的独特需求，还能及时地反馈，且无须过多的人力投入，这为满足学生个性化学习和发展需求提供了有力支持。

第二节　数字化时代教学新范式的构建

随着互联网技术的快速发展，教育领域正经历一场深刻的变革，特别是在教学方法和课堂结构方面。这种变革的核心在于从传统的以教师为中心的教学模式转变为以学生为中心的教学新范式。在这个数字化时代，学生通过网络可以接触到丰富的信息资源和广泛的人际互动交流，这不仅改变了他们学习的方式，也对教师的角色和教学方法提出了新的要求。在这种新的教学范式中，教师的角色从传统的知识传递者转变为学生学习的辅助者、组织者和引导者。教师不再单一地扮演知识的灌输者，而是更多地关注帮助学生主动建构知识和理解。这要求教师深入了解每个学生的个性特质，为他们提供个性化的辅助和指导。

"互联网+"时代教育的深度融合，在课程上体现为线上线下、虚实融

< 180 >

合的教学模式。这种模式既包含传统的面对面教学，也包括数字化的线上教学资源和互动。在学生层面，这种教学模式强调以学生为中心，重视学生的主动参与和个性化学习。在教师层面，教师不再是教学的唯一主导，而是转变为学生的学习教练、学习同伴和辅助者。

一、课堂互动的变化

在现代教学环境下，课堂互动的性质和方式正在经历一系列重大转变。这种互动，无论是在传统的教学环境还是在由"互联网＋"技术支持的现代教室中，始终是教学过程的核心。课堂互动的形式多样，可以从不同维度进行分类。按照互动主体划分，它包括教师与学生之间的互动和学生之间的互动；从互动内容来看，它可以分为认知层面、情感层面和行为层面的互动；从互动的意识层次来分，可以分为显性互动和隐性互动。随着信息通信技术、云技术、物联网技术和虚拟现实技术等新兴技术的发展，课堂的形态及其互动方式均发生了显著变化。在这种技术革新的驱动下，"互联网＋"时代的教学不再局限于传统的教学模式。课堂互动变得多元化，包括学生的自主互动和虚拟现实中的互动体验等。这些新型的互动方式不仅丰富了教学手段，也增强了学习体验的多样性和参与感。具体来说，课堂互动的方式将会从以下三个方面发生转变（见图5-2）。

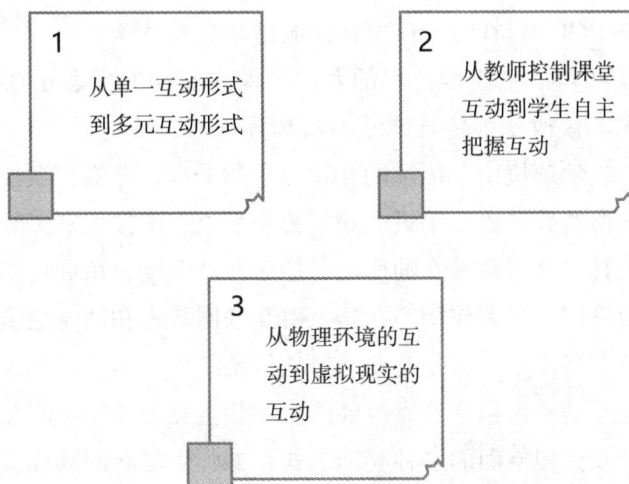

1. 从单一互动形式到多元互动形式

2. 从教师控制课堂互动到学生自主把握互动

3. 从物理环境的互动到虚拟现实的互动

图5-2　课堂互动方式转变的三个方面

< 181 >

（一）从单一互动形式到多元互动形式

在教育领域，课堂互动一直是影响教学质量的关键因素。在传统的以教师为中心的教学模式中，简单的师生对话往往成为主要的互动手段。然而，这种单一的互动模式存在着不少局限性，例如学生参与度低、反馈效率不高以及缺乏个性化的互动等。这种单一互动的特点主要表现在互动主体、互动方向、互动内容。首先是互动主体的单一性。在传统课堂中，互动主要由教师、学生和教学内容构成，其中教师通常处于主导地位，而学生的主体作用受到限制，很难充分展示自身的能动性。其次，传统互动的方向是单一的。教师通过提问或讲解来引导课堂，而学生仅仅是被动地回应这些互动，缺乏主动提问或表达个人观点的机会。最后，互动内容的单一性也是一个突出问题。互动主要集中在知识的传递上，而忽视了学生的情感教育、态度培养等方面。

为了突破这些局限，促进学生深度学习，提高教学效率和学习效果，迫切需要将课堂互动由单一形式转变为多元化。这种转变意味着在课堂中创造更多样化的互动方式，包括鼓励学生主动提问、表达观点、分析学习内容以及增加教师与学生之间的情感交流。同时，应该拓展互动的内容，不仅关注知识的传递和理解，还要关注学生的情感态度和创新思维的培养。通过这种转变，可以实现平等、开放和双向的课堂互动，为学生提供丰富、灵活的学习环境。这不仅能够激发学生的学习兴趣，提高其参与度，还能够帮助教师准确地把握学生的学习状态，从而有效地指导学习过程。

随着互联网和信息通信技术的发展，课堂互动的形态正在经历一场革命。这些技术不仅改变了传统课堂的物理环境，也拓宽了互动方式的边界。在这种新型的教学环境中，传统的互动媒介如书本、黑板甚至投影仪和电子白板要逐渐让位给计算机、平板电脑、智能手机、虚拟现实工具和网络教学平台等现代工具。这些新媒介的使用在加深互动深度、拓展互动层次和扩大互动范围方面发挥了显著作用。在这个由互联网技术和信息通信技术构建的虚实融合的教学环境中，课堂互动已经从传统的单一形式转变为多元化的模式。这种多元互动不仅包括课堂内外的实际师生互动和学生间互动，也包括基于网络平台和虚拟空间的多种互动形式，如师生之间的远程交流、学生之间的在线协作，甚至人与智能系统之间的交互。通过这些多元化的互动方式，互动频率得以显著提高，同时为学习体验带来了更多的丰富性。

< 182 >

在"互联网+"背景下的现代课堂中，互动的结构和方式正在经历深刻的变化。这一变化体现在互动结构的发展：从传统的线型和星型结构转变为复杂和动态的网络型结构。这种结构不仅支持同步互动，也支持异步互动，为师生间的交流提供了广泛和灵活的平台。在这样的教学环境中，师生互动变得多样和丰富。互动方式可以是一对一单向或双向交流，也可以扩展到一对多或多对多互动。由于技术的支持，传统的面对面同步互动与非面对面的同步互动之间的差异正在缩小，学生甚至能在虚拟现实环境中体验到接近真实的面对面交流。此外，互动手段也变得多样化。从简单的文字交流到语音、视频等多媒体形式，这些手段增加了互动的丰富性和有效性。同时，教学内容的呈现方式变得多元化。学生可以通过阅读文本、观看图片、视频和动画等方式与教学内容进行互动，甚至可以利用视频会议系统实现与教师、教学内容和教学平台的即时交流。这种互动不仅促进了学生在知识建构方面的深入理解，也加强了他们将所学知识应用于实际情境的能力。

（二）从教师控制课堂互动到学生自主把握互动

在传统的教学模式中，教师通常扮演着课堂活动的主导角色，强调对知识掌握的重要性，而对于学生的情感、态度和价值观的培养相对较少重视。这种以教师为中心的教学方法，往往导致学生的主动性和创造性被忽视，他们在课堂上的行为和互动大多受到教师的控制和指导。根据穆尔的交互影响距离理论，在高度结构化的课程中，例如讲座式的课堂，师生之间的互动较少，交互影响距离较大，这要求学生具备较强的自学能力和自我控制能力。然而，在现代教学中，这种教师主导的模式正逐渐向学生自主控制的方向转变。在这种模式下，课堂互动更为灵活多样，学生可以更自由地与教师、同学以及教学内容进行互动，这种互动的灵活性有助于缩小师生间的交互影响距离。学生在这样的教学环境中可以展开更为主动的师生双向互动和生生互动，甚至与教学媒介和内容进行深入的交流，从而在知识的构建和实践应用中得到更好的发展。

在"互联网+"背景下的现代课堂教学中，学生的自主性和互动参与度正成为教学的重要焦点。在这种环境中，教师的角色发生了显著转变，不再是单一的教学控制者，而是成为互动的促进者和参与者，与学生建立起平等的关系。学生可以通过移动学习和泛在学习在任何时间和地点接触到所需

< 183 >

的教学资源和学习支持，这使得学习过程更加灵活和个性化。随着网络技术的发展，学生可以更容易地获取各种学习资源和互动机会。不仅是教师，还有专家学者、学习同伴等多种角色在网络平台上提供支持和互动，这些多样化的互动主体为学生的学习提供了广泛的视角和支持。在这样的学习环境中，师生之间的互动更加灵活，学生的自主能力和主动参与也得到了加强和提升。

在"互联网+"支持的现代学习环境中，学生的自主互动体验得到了极大的丰富和提升。这种互动不再局限于传统的教学工具和方法，而是发生在移动、泛在且智慧化的学习环境中。在这里，互动工具和平台无缝集成于日常生活和学习场景，自然地促进学生的沉浸式学习体验。如翻转课堂和创客教育等现代教学模式的实践显示，教师在互动中的主导作用正在减弱，而学生的自主学习和互动时间正在增加，显著提升了学习效果。未来教学活动中，辅助互动的技术将提供更加丰富的资源，如虚拟教师、助教、学习同伴和专家等。先进技术如全息投影和虚拟成像将强化教学互动，为学生提供近乎真实的学习情境。在这样的环境中，学生可以直接与虚拟环境互动，解决问题，这种真实感的增强使得学生更容易沉浸在学习过程中。

学生参与的师生互动、生生互动以及与学习内容之间的互动，都自然融入学习过程，空间限制不再是互动的障碍。学生现在能够实现跨地域的实时互动，这种互动方式远超传统面对面互动，甚至超越了网络在线教育中的基本互动模式。在这个新兴技术支持的学习环境中，互动不再局限于单纯的"人—机"或"人—内容—人"模式，而是成了学生与广泛知识网络、社会认知网络之间自然而然的交流。学生在这样的环境中享有更高的自由度和自主控制力，他们不仅能主动与人交流，还能与丰富的学习资源以及多媒体工具和技术互动，从而成为互动过程的主导者。

（三）从物理环境的互动到虚拟现实的互动

在教育领域中，课堂互动的形式和深度正在经历一场由物理环境到虚拟现实的显著转变。传统的物理教学环境，以教材为核心媒介，主要涉及教师的教学活动与学生的学习活动之间的互动。在这种环境下，互动通常存在一定的局限性，如形式的单一性、互动类型的偏颇、缺乏深度和方向性的失衡。这些局限性阻碍了全面和深入的互动的发展。然而，随着远程教育系统

< 184 >

和网络在线学习平台的不断发展，虚拟网络教室逐渐成为重要的学习场所，传统的物理课堂互动正逐步向虚拟环境中的互动转变。这种转变带来了互动方式的多样化和深度的增加。智慧学习环境、智能空间和智慧教室的构建和应用，为教学互动引入了新的元素，增强了互动的形式和实质。在虚拟现实、全息成像、智能机器人等先进技术的支持下，虚拟现实中的互动为学习活动提供了重要的支持服务。这些技术不仅提供了逼真的互动对象和仿真的学习环境，而且通过自动感知、识别、互联等特性，使得互动过程自然和高效。在智慧教室环境下，课堂互动的复杂性和多变性显著增强，如互动关系的多向连接、互动对象的多样化、互动内容的动态开放等。这种从物理环境到虚拟现实的互动转变，不仅扩大了互动的范围和深度，也为学生提供了丰富和灵活的学习体验。在这种环境中，学生可以主动地参与学习过程，享受个性化和沉浸式的学习体验，从而有效提升学习效果和学习质量。

二、从知识传递到知识建构

在当今教育界，信息技术与教育的融合已成为推动教育革新的关键动力。2010 年 11 月，美国教育部教育技术办公室（OET）发布的《国家教育技术规划》便是这一变革趋势的体现。该规划涵盖学习方式、评估方法、教学模式的变革，基础设施的升级，以及教育体系的整体重构，突出强调了对教育系统进行结构性的重大改革，而非仅仅局限于表面的改变。这一结构性变革的核心在于教育模式的转变，特别是教师的角色和教学范式。在这种新的教育模式中，教师不再仅是知识的传递者，而是变成学生学习过程中的引导者和促进者，帮助学生建构知识。这种转变意味着教育不再是简单地将知识从教师传递给学生，而是让学生在教师的指导下主动探索和构建知识，从而实现深层次的学习。《国家教育技术规划》的发布标志着美国教育领域正在向信息化驱动的全面改革迈进。这种以技术为基础的教育系统变革旨在提升教育生产力，同时反映了现代教育理念的进步，即重视学生的主体性和主动性，强调学习过程的参与性和互动性。通过这种深度融合信息技术的教育模式，学生能够在丰富、互动和创新的学习环境中成长。

（一）教师角色的转变：从单一的传授者到促进者、引导者

在信息化社会的背景下，教师角色的转变已成为教育领域重大变革的关

< 185 >

键点。传统上，教师被视为知识的传授者，但在"互联网+"的时代，这一角色需要重新定义和思考。互联网技术和信息通信技术不仅改变了获取信息和学习的途径，也对教师的角色定位提出了新的挑战。在这个新时代，教师的角色转变为学生发展的促进者和引导者，不再单一地聚焦于知识的传递。这种角色转变体现在几个关键方面。首先，教师需要从以人为本的视角出发，重视自我意识的发展，积极追求创新，以适应教学和课程改革的需要。其次，教师在课程目标、内容、结构、资源、评价以及师资培训和保障支持系统的建构等方面承担了复杂和多元的职责。最后，教师的身份正在变得多样化，包括顾问、交流参与者、问题发现者和引导者等多重角色，强调引导学生进行深入思考和探索。

在这种背景下，教师的任务不仅是传递知识，更重要的是激发学生的创造力和思维能力。教师需投入更多的努力去设计创造性的教学活动，充分考虑学生的个性化需求。他们应成为学习的促进者，将传统以教师为中心的课堂转变为以学生为中心的互动学习环境，成为质量监测者和课程开发者，推动"教学评一致性"的发展，以及组织学生团体，鼓励集体学习。这种转变将极大地提升教育的效果和质量，使教育贴合当今社会和技术的发展。

（二）教师教学范式的转变：从知识传递转变为认知建构

行为主义理论关注学习者对外部环境刺激的反应，视学习过程为一种未被详细探究的"黑箱"。其核心在于观察和分析可见的行为反应，而不深入学习者的内部心理机制。相反，认知主义理论更注重学习者内部的认知过程，强调学习并非仅是对外部刺激的简单反应。认知主义认为学习是外部刺激与学习者个人内部心理因素如态度、需求、兴趣和先前的认知结构相互作用的结果。在教学设计中，认知主义提倡根据学习者内部的认知规律来安排教学活动和刺激。两种理论均认为知识是外部给予的，但学习过程被视为知识的内化过程，是学习者主动构建和理解知识的活动。

建构主义是在认知主义的基础上发展起来的教育理论，它基于一种非客观主义的哲学视角。该理论认为，尽管世界是客观存在的，但人们对于世界的认识和赋予其意义是由个体的主观经验决定的。在这种观点下，每个人通过个人的经历来解释和构建自己心中的现实世界。由于每个人的经验不同，因此对于相同的外部世界，每个人的理解和解释也会有所不同。建构主义强

< 186 >

调个体需要基于自己的经历、心理和信念来建立新的知识，强调学习是个体通过"同化"和"顺应"来内化和构建知识的过程。在建构主义视角下，学习不是简单地将外部的知识转移到个体的记忆中，而是个体基于已有的经验，通过与外界的互动，来建立和理解新的知识。这一理论突破了传统经验主义和理性主义对于知识的客观、绝对化看法，而是将知识视为个体主动建构的结果，强调知识的内在性和主体性。建构主义也强调知识建构过程中的合作和交流的重要性，认为人际关系的基本形式应当是合作，而不是基于权威的命令或控制。在这种理论框架下，学生不再被看作是被动接受知识的容器，而是主动创造意义的参与者。

认知主义理论和建构主义的发展对教育教学产生了深远的影响，促使教育理念发生了根本性的转变。教育的重点从"教师教授的内容"转移到"学生的学习过程"上，从单纯注重教学资源和讲解方式的设计转变为关注激发学生的自主性、探究性和合作性学习的活动设计。评价方式也由传统的机械评价转向灵活和适应性的评价方法，重视对学习活动的干预和引导。学生的角色也从被动的知识接收者转变为主动、积极参与的自主学习者。未来的教学设计将更多关注教学过程的优化，而不仅是内容的传递，这标志着教育从传统的知识传递范式向认知建构范式的重要转变。

随着新理论和新技术的不断融合，"互联网+"环境下的教学范式正在经历一次深刻的变革。在传统的行为主义和认知主义学习理论指导下，以及基于 Web 1.0 的网络教学中，教学主要以知识的传递为核心，侧重于网络技术在呈现学习内容和刺激学生学习环境方面的作用。而建构主义则提出了不同的视角，强调学习是学生主动构建知识的过程，而不仅仅是被动接受外部知识。在这种理论下，技术被视为认知工具，帮助学生在学习过程中操作、转化和处理知识，以实现深层次的认知建构。

建构主义的教学范式着重于学习过程的主动性、探究性和交互性，关注如何设计学习问题和活动以促进深入学习。社会建构主义、分布式认知、情景认知和关联主义等理论，以及基于普适计算和 Web 2.0 的网络教学则关注学习的社会性、情境性和协作性。这些理论认为，学习过程中的外部世界是与人类心智相互作用的，这种观点推动了分布式情境认知教学范式的发展。

< 187 >

三、在线教学的新形态

在线教学，作为信息时代的重要产物，正在不断演变和发展其教学形态。与传统的面对面教学相比，它具有克服地理和时间限制、支持广泛参与等独特优势。随着信息通信技术的发展，学校教学已逐步超越传统的空间布局，形成了一种融合虚拟与现实的教学环境。在线教学的形态经历了从基于资源的自学（以网页形式呈现，缺乏交互性）到基于学习社区的在线互动学习，再发展至基于网络直播的开放式教学模式的转变。这种转变不仅使网络学习空间成为混合式教学的关键组成部分，也显著提高了其在教学过程中的应用程度。网络在线教学平台的发展既推动了在线教学模式的革新，也加强了学生在学习过程中的主体地位。学生的角色从单纯接收信息的被动接受者转变为能够评价信息、参与交流和讨论的主动参与者；从单一的资源消费者转变为资源的创造者和传播者；从仅仅使用知识的用户发展为知识的构建者和贡献者。同时，在线教学也面临着一些挑战，如 MOOC 等平台的参与度虽高，但完课率低，缺乏及时的互动和有效的评价反馈，这些问题成为在线教学需要突破的瓶颈。然而，随着视频直播技术、远程录播技术和认知工具等新技术的发展，在线教学正逐渐变得丰富和互动。未来的在线教学将更具现场感和互动性，为学生提供更加丰富和生动的学习体验。具体来说，在线教学的新形态会具备以下三个特点（见图 5-3）。

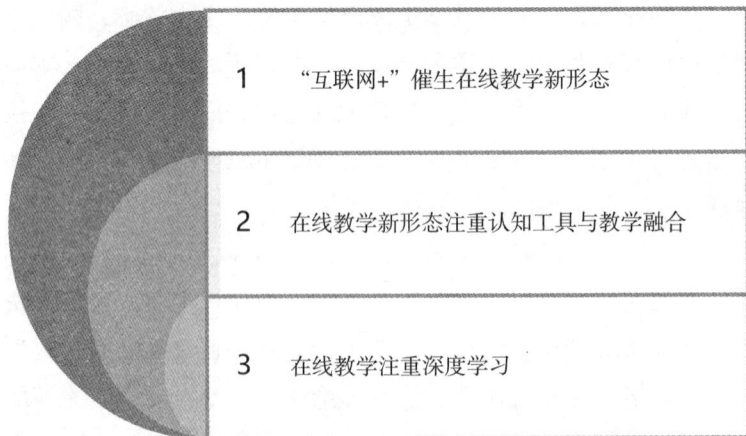

1　"互联网+"催生在线教学新形态

2　在线教学新形态注重认知工具与教学融合

3　在线教学注重深度学习

图 5-3　在线教学新形态的特点

< 188 >

（一）"互联网+"催生在线教学新形态

"互联网+"时代促进了在线教学形态的革新和多样化。信息通信技术和互联网技术的快速发展为教育领域带来了前所未有的变革，推动了学校课堂教学和在线教学模式的深度融合。这种融合催生了众多创新的在线教学模式，包括MOOC（大规模在线开放课程）、SPOC（小规模限制性在线课程）以及在线直播教学等，这些新型教学模式不仅适应了学生的个性化学习需求，还促进了师生及生生间的互动交流，弥补了传统在线教学的不足。这些新兴的在线教学形态特别适合于非正式学习环境，能够更好地促进学生的自主学习和探索。"互联网+"教学平台不仅提供个性化的教学产品和模式，还在教学的各个阶段为学生提供了全面的评估和反馈，包括自我评估、学习进度评价、学习效果评价以及总结性评价，使学生能够更好地了解自己的学习状态和需求。

在线教学平台的核心在于充分理解学生的学习需求和节奏，为他们设计合适的学习任务，形成个性化的学习策略。平台根据学生学习过程中的各阶段评价提供适时的反馈，支持学生的循环自主学习。此外，"互联网+"在线教学平台通过智能化的方式向学生推送学习资源、人力资源、学习路径和学习策略，为学生的学习提供全面的支持和服务。

"互联网+"时代下在线教学的发展不仅仅体现在其个性化和高效率的学习方式上，更体现在深层次地推动了现代教育的重大变革。这种变革主要体现在几个方面。首先，它允许学生从被动的知识接收者转变为主动的学习贡献者，激发他们在知识创新方面的积极性。其次，该教学模式鼓励学生学习如何学习，从而培养他们的自主学习能力。再次，以学生为中心的在线教学平台利用各种教学手段和认知工具，智能化地向学生提供学习内容、专家指导、同伴互助、学习路径等资源，创新了互动和协作教学模式。最后，利用大数据和学习分析技术，新型在线教学形态能够对学生的学习行为进行深入分析，为他们提供适合的个性化教学方案。这些变革不仅丰富了教学手段和内容，也为学生提供了全面、高效和个性化的学习环境。

（二）在线教学新形态注重认知工具与教学融合

在"互联网+"时代的在线教学中，认知工具的整合和应用正在成为教

< 189 >

学的核心。在线教学的技术应用观正在从"learn from IT"（从技术中学习）向"learn with IT"（用技术学习）转变，即利用技术工具来培养学生的高级思维和技能。在这种教学环境中，技术不再只是信息传递的工具，而是作为认知工具存在，帮助学生在信息处理、知识构建和问题解决等方面实现发展，成为激发思维、提升技能和加强学习的智能辅助。

认知工具被视为超越大脑限制的媒介，它能够扩展和支持使用者的思维过程，包括内存、思考、学习和问题解决等方面。常见的认知工具包括语义组织工具、动态建模工具、信息解释工具、知识建构工具和交流协作工具。在建构主义的视角下，信息通信技术、云计算技术等都成为有效的认知工具，它们不仅促进学生的知识建构和交流合作，还激发学生的情感参与，有效地支持社会性意义的构建。在线教学的新形态不限于学生观看视频和异步互动，而是提供了丰富多样的教学模式和即时的同步互动支持。这些认知工具辅助学生在在线教学中进行信息检索、加工、提取、关联、内化和应用，从而创造丰富、动态和互动的学习环境。

在将认知工具整合到在线教学中时，教师需深入理解这些工具的核心概念并充分认识到学生作为学习主体的重要性。利用认知工具的支持，学生在课堂上能够高效地发现并解决问题，主动掌控自己的学习进度，并根据及时反馈调整学习策略。这些工具不仅帮助学生提升设计和运用认知策略的能力，还增强了他们的参与度和创造力，提高了控制学习进程的能力。认知工具不仅促进具体知识的学习，还有助于学习通用技能和策略，使学生能够进行更深入的信息处理。它们实质上是一种智力资源，一种帮助学生构建知识的工具，且完全由学生自行控制。

在整合认知工具到在线教学中时，教师和学生应遵循以下关键原则：首先，应设计具有挑战性、重要性和现实性的学习任务，以鼓励学生在完成任务时主动进行合作；其次，应融入各类技术和工具，包括新兴技术，作为学习的辅助工具，这些工具不仅为教师提供教学支持，更应促使学生在学习活动中主动运用它们；再次，认知工具的目的不在于减轻学生的学习负担，而是提供必要的支持和引导，以确保学生能够持续且努力地进行学习；最后，学生应被鼓励创造并分享他们的学习成果，无论是在小组合作中还是在课堂内都可以展示他们的作品。

< 190 >

（三）在线教学注重深度学习

教育信息化在经历了一轮大规模的硬件投资后，目前正处于一个较为平稳的发展阶段，同时也面临着反思和调整。尽管硬件设备已经得到了极大的完善，但丰富的软件和服务并未如预期般显著提高学习效率。在线教学（例如 e-Learning 和 MOOC）虽然具备多媒体资源丰富、交流便捷和互动友好等优势，但其学习成效并未达到预期水平。目前的在线教学多集中于提供浅层次知识的学习，这虽然能够使学生获取特定知识点，但往往缺乏系统性，无法帮助学生全面理解问题，也不足以激发学生的深入反思和知识迁移应用。当前，信息化环境虽然扩大了知识的广度，但在促进深度学习和认知方面仍有待提升。在这个高度信息化的知识经济时代，更为重要的是培养学生深入处理知识信息的能力，使其能够深刻理解并掌握知识的内涵，并基于此构建个性化、情境化的知识体系，以解决实际复杂问题。

学习科学的兴起和学习理论的演变，尤其是建构主义等理论的发展，为深度学习提供了坚实的理论支撑。在学习科学的领域内，建构主义、情境认知、分布式认知、关联主义及元认知等理论构成了深度学习的理论框架。这些理论不仅重视传统学习环境的整体设计，还关注微观的学习过程，如分子水平和细胞水平的分析。深度学习研究的框架可以从多个维度进行划分，包括学习环境（技术层面和知识层面）、学习过程（外显行为和内在认知过程）、学习结果以及情感体验。这一框架模型致力于全面分析深度学习的各个方面。

随着大数据和计算机科学技术的发展，基于"互联网+"的在线教学开始关注深度学习。这种趋势不仅关注外部环境的设计，更深入探讨学生的内在认知过程，并且逐步研究基于互联网环境下的深度学习评估方法。这样的研究重心转移将有效地促进深度学习的实现，并在互联网环境中更好地培养学生的高级思维能力。

< 191 >

第三节　数字化时代评价新模式的构建

数字化时代所构建的评价新模式将具备以下三个特点（见图 5-4）。

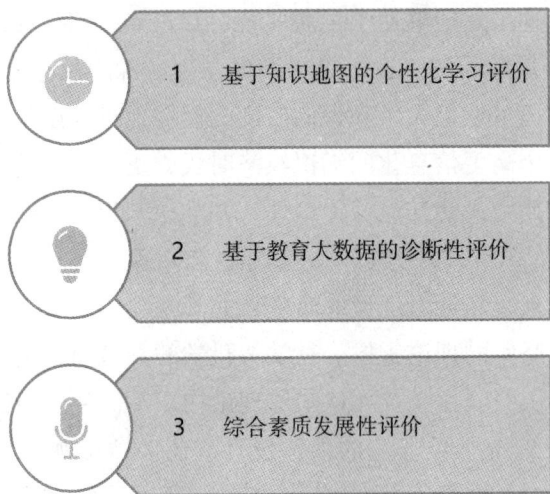

图 5-4　数字化时代评价新模式的特点

一、基于知识地图的个性化学习评价

知识地图的结构通常具备三个主要特点：首先，它代表了知识的结构和内在的联系；其次，虽然知识地图标示了知识的结构位置，但并不直接指向具体的知识内容；最后，知识地图通过可视化的形式呈现给用户。作为一种智能化的工具，知识地图在知识管理和站点导航方面发挥着重要作用。它不仅连接了各类知识资源和主体及其相互关系，还形成了动态且可变的知识和社会网络结构。这种可视化展示的方式极大地便利了不同水平学生间的知识交流和共享。

在当前的教育环境中，个性化学习的重要性日益凸显，特别是对于具有独立思考能力和创新精神的学生。传统的以班级为单位的教学模式往往无法满足这些学生的个性化学习需求。随着技术的应用，如学生使用平板电脑，

< 192 >

教师现在能够更有效地收集和分析学生的学习数据。这些数据包括学生与平板电脑的互动情况，从而理解这些互动背后的意义。

利用这些数据，教师可以构建每个学生的知识结构和能力模型，并识别他们在学习过程中遇到的困难和原因。这为提供个性化、有针对性的练习和辅导创造了条件。采用这种精确导向的方法，可以避免无效的重复练习，减少学生的作业和考试负担。例如，可汗学院开发的练习系统就是一个很好的例子。它利用游戏化的评价体系，记录了学生对每个问题的练习情况，并据此创建了学生的知识地图。教师可以通过这些数据了解学生在哪些知识点上存在问题，他们在观看教学视频时的行为模式等。通过这些洞察，教师能够根据学生的具体需求制作微型课程，从而实现针对性的教学指导。

在现代教育环境中，学生通过使用练习测试仪表盘上的知识地图，能够直观地理解整个专题的知识框架以及不同知识点之间的相互关联。这个知识地图具有缩放功能，允许学生放大以查看具体的知识点，或者缩小以获得对知识结构及其相互联系的总体视角。此外，该平台会根据学生对各知识点的掌握程度，以不同颜色进行标记，以便学生了解自己的学习进度。随着技术进步和创新教学理论的发展，教育模式正在经历一场转变。教师的角色正从传统的知识传递者转变为考虑学生个性化需求的知识提供者和辅导者，而学生从被动接受者转变为积极主动地进行自我驱动学习。在这种背景下，准确地了解学生的知识结构和个性特征变得尤为关键。电子书包作为一种教育工具，正提供这样的核心价值，帮助实现对学生学习情况的深入理解和有效支持。

二、基于教育大数据的诊断性评价

在 2010 年，美国发布了《国家教育技术规划》，其中强调利用技术手段来评估学习过程的重要性。该规划提出，教育系统各层级应采用技术手段收集实时的学习数据，以便对学习效果进行持续改善。收集、分析和概括这些数据是一个既长期又复杂的任务，特别是在数据分析的角度和方法上需要不断地探索和实验。我们应积极运用技术工具来收集教学和教育管理过程中产生的大量数据。对这些数据的分析不应局限于表层的描述，而需要在一套明确的标准和指标体系下进行深入的挖掘和分析，从而实现数据分析的深度

< 193 >

化、规范化和可视化。

大数据和互联网等现代信息技术为教育评价提供了新的可能性。与传统的教育测量、考试评估和教育实验相比，教育大数据涵盖了全面的样本和整个过程，提供了全面和动态的视角。大数据的分析不是寻找确定性的因果关系，而是探索相关性的关联关系。这种关联关系尤其适用于发现社会科学中与特定情境相关的模糊规律。教育领域中大量的规律都是基于相关性的，因此大数据的方法和思维特别适合于在教育领域进行深入探究。

传统教育数据通常集中于反映群体层面的特征，如学生群体的整体学业水平、身体健康状况、社交情感发展等。这类数据的收集通常不需要实时进行，而是可以通过周期性或阶段性的评价来获取。与之相对的是，教育大数据注重于监测学生个体的细微行为和表现，如学生何时阅读、选择解决何种问题、在特定题目上花费的时间、进行了几次修正、与哪位同学首先交流、何时表现出困惑或满意的表情等。这些数据是高度个性化的，仅对该学生具有意义，并且是在学习过程中实时生成的。要有效利用这些数据，关键在于将数据与教学内容、知识点紧密联系起来。通过分析这些数据，可以反思教学过程中的问题，为教师、学生、家长、学校以及政府等不同利益相关方提供具体、明确的参考标准和改进方法。这种方法不仅能优化教学内容和方法，还能实现以评估促进教学的目标。

面向学习过程的诊断性评价系统包括四个主要层次。首先是数据采集层，负责收集与学业评价相关的数据。这一层面涉及学生的品德发展（包括行为习惯、公民素养、人格品质、理想信念），学业发展（包括知识技能、学科思想方法、实践能力、创新意识），身心发展（包括身体形态机能、健康生活方式、审美修养、情绪行为调控、人际沟通），兴趣特长（包括好奇心、特长爱好、潜能发展），学业负担（包括学习时间、课业质量、课业难度、学习压力）。其次是实时分析层，主要负责对收集到的数据进行实时分析和追踪。这一层面包括教学过程的实时动态采集系统和教学资源使用的实时追踪系统，以有效记录和监控学生的学习状态以及教师的教学过程。再次是结果发布层，主要涉及评价报告的形成，包括教师评价、学生自评、班级内的纵向和横向比较等数据。最后是质量提升层，基于评价报告，为教师、学生及家长提供后续工作建议。这一层面致力于根据评价结果指导教学内容

< 194 >

和方法的改进，以提高教学质量。通过这四个层次的协同工作，诊断性评价系统能够全面而深入地了解学生的学习情况，从而为教育质量的提升提供有力支持。

结果发布层在诊断性评价系统中扮演着关键角色，实现了及时的反馈和现代化的网络互动，提供个性化的信息发布。这一层通过综合运用教师评价、学生自我评价以及班级之间的横向和纵向比较等多样化评价方法，生成详尽的学业评价报告。这些报告不仅精确地展示学生学业成绩的进步情况，还能让家长和学生及时掌握学业状态。在质量提升层，教师、学生和家长可以基于结果发布层提供的信息采取相应行动。教师能够借助这些数据来分析和诊断教学中的问题，并据此调整教学策略。学生可以改变自己的学习方法以提高成绩，而家长能更好地了解孩子的学业现状和发展趋势。在基础教育领域，利用基于大数据的学习诊断分析系统对学生进行评价和诊断，变得日益重要。通过成熟的网络追踪工具，可以精确捕捉学生在网络学习过程中的行为模式。这些工具不仅记录基本信息，如在某个主题上的学习时间，还能捕获更多细节，如学生对特定概念的理解和记忆。这样的数据可以帮助培养学生的批判性思维、综合问题解决能力以及加强概念记忆。同时，这些数据也能协助管理者和教师在教学管理和课程设计上做出调整，例如确定何时为学生提供辅导，以及如何优化课程内容和结构。

随着大数据和互联网技术的融入，教育评价领域正经历着多方面的变革。这些变革包括评价的依据、参与评价的主体、评价的内容，以及评价在教育中的作用。在未来的教育体系中，将更加强调以学生为中心的评价方法。例如，利用大数据技术进行教育决策，执行学习过程中的伴随式评价，形成包括学校、教师、学生、家庭和社区在内的多元参与者共同参与的协同评价。此外，将建立以促进学生核心素养发展为目标的教育评价内容体系。这将涉及采用科学、针对性强、智能化的评价技术工具。通过技术工具，可以有效评价学生的知识结构、情感结构、能力倾向和个性特征。同时，基于互联网的适应性评价将提供个性化、可视化的反馈，从而为学生的学习和发展提供精准支持。这些新兴技术的应用预示着教育评价领域将向全面、个性化和互动式的方向发展。

< 195 >

三、综合素质发展性评价

中国传统的教育评价体系过于侧重于学业成绩的量化评估，这种单一的评价方式往往限制了学生多元化学习方式的探索和他们综合素质的全面发展。因此，教育评价应当超越单纯的学科课程学习成绩，全面地考虑学生个体的发展。这包括评价学生的学习技能、生活技能、态度和价值观，以及身体素质等多个维度。仅关注单一方面的评价方式容易忽略学生的个性化发展，这与人本主义学习理论的基本原则相悖。在全球范围内逐渐增强对学生核心素养的关注背景下，全面、准确、客观地评价学生的学习绩效、个体发展和价值观念显得尤为重要。

在当前的教育评价体系中，结合形成性评价和总结性评价的方法被广泛采用以全面评价学生。形成性评价是一种在教学过程中实施的、及时且动态的评价方式，其核心在于提供即时反馈，以加强和优化学生的学习过程。这种评价方式通过及时反馈帮助学生了解自己的学习进展和发展轨迹，其形式包括平时作业、阶段性学习测试、课程实践、专题讨论、合作学习和学习记录等，主要关注学生的认知成果。总结性评价则着重于对学生最终成就的评估，通常以记录或报告的形式呈现，主要评估学生的认知绩效。在中国的教学评价体系中，形成性评价通常关注学生的日常表现，如课堂参与、出勤情况、作业完成情况和综合表现等；总结性评价则主要基于学生的期末考试成绩。随着人才培养目标日益侧重于学生的全面发展，核心素养成为评价学生综合能力的重要指标。因此，教育评价正在逐渐转向关注学生的全面发展和综合素质的发展，以促进学生在多方面的成长和提升。

信息技术在推动教育评价内容变革方面扮演了关键角色。它不仅打破了传统评价的局限性，还充分考虑了学生的文化和家庭背景、学习风格、认知水平等多方面因素。在这方面，电子档案袋成了一个具有代表性的评价工具。电子档案袋的出现反映了对公平评价的需求，并依赖于现代网络信息技术的支持。电子档案袋为教育和教学过程提供了真实性评估，关注评价的发展性、学生的个性化需求以及学习后的反思。它集多种功能于一体，是一种有效的质性评价方法，能够有效地记录并展示学生的全面表现。这不仅为教学管理提供了有力的依据，还使得评价过程客观、真实，体现了学生的主体性。

< 196 >

学生个体能力的构建框架综合考虑了学科核心知识、学科核心素养、通用心理与认知能力以及体质健康四个关键层面，以全面描述学生的发展状态。这一框架涵盖了人格特质、心理健康、认知能力、学习品质、学科素养、学科知识、体质健康、教育环境和发展倾向九个维度，并包括三百多个具体的指标，为描绘和理解学生的发展和个性提供了基础。

在这个框架中，学科核心知识主要关注学科中的关键概念，这些概念既具有概括性又具有具体性。学科核心素养则关注学生在特定学科领域中表现出的稳定素质和特点。通用心理和认知能力部分更加强调学生的日常表现，包括人格特征、心理健康、教育环境、发展倾向等，这些因素对学生的学习效果起着重要的作用，并在整个评价框架中提供支撑。体质健康方面则关注学生的身体状况，涉及心率、体重、肺活量等日常累计数据的分析。这种多维度的评价框架旨在为教师和学生提供全面、多角度地发展个性和提升能力的参考。

第四节　数字化时代教师的专业发展

一、数字化时代教师的特征

在"互联网+"的数字化时代，教育领域正在经历一场深刻的变革。这个时代的到来不仅改变了教育的环境和形态，也对教师的角色和素养提出了新的要求。当今教育环境的一个显著特征是虚拟与现实的融合，其中在线课程与传统课堂教学的结合正日益成为常态，这不仅改变了课程的呈现形式，也推动了教学模式的转变。在这个过程中，教学重点从单纯的知识传递转变为更多关注知识的创造和应用，教学设计的焦点也从课程内容转移到教学活动和过程。此外，学习方式在这个时代发生了显著转变。移动学习正向泛在学习和超移动学习演变。同时，评价方式经历了重大的变化。在技术支持下，多元主体评价和模拟环境中的综合素质评价逐渐成为主流，这反映了教育评价方式的多样性和综合性。面对这些变化，教师作为教育过程中不可或

< 197 >

缺的角色，其素养和能力对于这些新变化的实施至关重要。现代教师不仅需要深入了解和把握作为"数字原住民"的学生，还需要能够设计和实施符合学生认知方式和发展规律的教学活动。这不仅关乎教学效果的提升，也涉及学生个性化和全面发展的促进。因此，教师必须适应这一转变，成为数字化教育环境中的关键角色。

随着"互联网+"时代的到来，教育领域不断融入新兴的数字化技术。作为"数字移民"的教师正在经历一个学科知识与数字化、信息化深度融合的过程。这不仅是一种技术上的适应，更是一种教学思想和方法的转变。教师们正在探索如何有效地整合这些新技术与传统的教学内容，以及如何在数字化时代下优化教学策略和方法。这些挑战同时是机遇，为教师提供了新的视角和工具来丰富教学内容和提高教学质量。在这个背景下，教师的特征正在发生根本性转变。

（一）从知识占有者转变为学习活动的组织者

在数字化和互联网技术日益发展的当今时代，教育领域正在经历一场深刻的变革。特别是在"互联网+"的背景下，教师的角色和职责正在发生重大转变。过去，教师被视为知识的唯一或主要源泉，学生主要依赖教师传授知识，而现在这一局面正在发生变化。互联网技术的发展极大地丰富了学生获取信息的途径，使得他们能够方便快捷地通过网络获取所需资源和知识，这一变化挑战了教师在知识传递中的传统角色。

在这个新时代，学生可以轻松访问各种在线平台，如百度知道、知乎等，获取他们所需的信息和知识。这种情况下，教师的角色不再是唯一的知识传递者，而是需要转变为学习活动的设计者和组织者。教师的职责正在从简单地传授知识转变为指导和协助学生在丰富多样的信息源中进行有效学习。这要求教师不仅要有坚实的专业知识，还要具备引导学生如何在信息丰富的网络环境中学习和成长的能力。

在这个过程中，教师的作用变得复杂和多维。他们不仅要组织和设计教学活动，还要作为学生学习过程的指导者和协作者。教师的权威不再仅仅基于其拥有的知识量，而是基于其能够如何帮助学生构建知识结构，引导学生的思考和学习方式。教师需要根据新的教育目标、学生的身心发展规律以及人类的联想规律来组织知识，从而更有效地影响学生的学习。

< 198 >

（二）从知识传授者转变为学习的引导者

在当今"互联网＋"的教育时代，教师角色的转变成为教育改革的关键点。随着信息技术的迅速发展和智能终端设备的广泛普及，学生获取知识的途径和学习方式已发生根本性变化。在这个环境中，教师不再仅仅是知识的传授者，而更多地转变为学生学习的引导者。

现代技术手段如智能手机、平板电脑、计算机等为学生提供了接触丰富学习资源的机会。这不仅改变了知识获取的方式，还使得学生的学习方式多样化。学生现在可以在正式和非正式的学习环境中无缝学习，这对教师的角色提出了新的挑战和要求。教师需要适应这种变化，转变他们的教学策略，以适应新的教育环境。数字化时代的教师需要关注如何引导学生处理和分析海量信息，并教会他们如何自主学习。这意味着教师不再只是简单地传递知识，而是需要更多地引导学生去发现和探索知识，帮助他们吸收和内化这些知识，并鼓励他们进行创造性的活动。教师的工作已经转变为提供学习方法的指导，实施个性化教学，鼓励学生利用数字工具进行探究和解决问题。

此外，教师应该培养学生的信息化学习能力和创新思维能力，这是适应当代社会和未来挑战的关键。教师应成为学生的学习伙伴，而不仅仅是知识的传递者，他们应成为学生生活中的朋友和职业生涯的导师。在这一过程中，教师的角色变得复杂，他们需要不断地学习和适应，以满足这一时代对教育工作者的要求和挑战。

总的来说，在"互联网＋"的时代背景下，教师的角色正在从传统的知识传授者转变为学习的引导者和学生成长的助力者。这一转变不仅要求教师掌握新的教学技术和方法，还需要他们具备同情心，以便更好地支持每个学生的个性化学习和全面发展。

（三）从课程执行者转变为课程开发者

在当前的教育变革中，教师的角色正在从传统的课程执行者转变为主动和创造性的课程开发者。这一转变反映了教学过程中师生双方互动的重要性，以及教师在课程设计和实施中的关键作用。随着学生需求的多样化和教育技术的发展，仅仅依赖固定的教材内容和传统的教学模式已经不能满足现代教育的需求。在这个背景下，教师需要利用丰富的网络资源，对传统教材

< 199 >

内容进行整合、分割和重构，以创造个性化和适合学生的课程资源。这不仅意味着教师要参与课程的设计和开发，而且需要根据学生的不同特点和学习能力来定制教学计划。这种方法的实施更能体现对学生个性化学习需求的关注，并能有效地提高教学效果。

教师在这一过程中的角色是至关重要的。他们不仅负责执行现有的课程计划，还需要开发适应不同学生的数字学习资源和评估工具，创设多样化的学习环境。这包括使用微课、MOOC 等多样的教学形式，设计和实施翻转课堂等创新教学方法。此外，教师需要参与校际教研交流，通过团队合作开发和整合区域内的优质教育资源。

（四）从知识固守者转变为终身学习者

在当今"互联网＋"的时代背景下，教师角色的变化不局限于教学方法和课程内容的更新，更重要的是对知识更新和个人发展的持续追求。互联网技术的广泛应用和社会认知网络的快速发展，为知识的获取和分享提供了前所未有的便利，这也意味着知识更新的速度在加快，传统教育模式下的知识体系正在不断被挑战和重构。在这样的背景下，教师的角色不再是单纯的知识固守者，而是需要成为终身学习者。为了适应快速变化的教育环境和满足学生的学习需求，教师必须不断地更新自己的知识储备，拓展自己的视野，并不断提升自身的综合素质。这不仅包括专业知识的更新，也包括对新兴技术、教学方法的学习和掌握。教师需要通过持续的学习和实践，不断提高自身的教育教学能力，以更好地适应"互联网＋"时代的教学需求。终身学习的理念对于教师而言变得至关重要。它不仅是教师个人专业发展的需要，也是适应教育领域持续变革的必然要求。教师应主动拥抱变化，利用网络资源和各类平台进行自我提升和学习。

随着学习资源的极大丰富化和人类精力的有限性，学生不仅需要学习，更重要的是学会如何学习。对于教师这一培养社会人才的关键职业来说，学会学习尤为重要，这是实现职业成熟和专业化发展、成长为专家型教师的关键。教师职业生涯的发展是一个持续的过程，贯穿于整个职业生涯。在这个过程中，树立终身学习的理念变得至关重要。这种理念有助于教师适应社会发展的需求，同时帮助他们更好地适应学生的发展。终身学习对于教师职业生涯的发展具有深远的影响，它鼓励教师摒弃"一段时间的教育可以支持一

< 200 >

生工作"的旧观念，促进他们的职业生涯向可持续化、个性化和全面化发展转变。

　　为了适应这一变化，教师需要不断更新自己的思想观念，打破传统的教育观念、教学模式和教与学的方式。在终身学习的过程中，教师应致力于"创新型学习"，将更多的精力投入未来知识的学习。同时，教师在终身学习的过程中需要不断进行反思，通过对自身知识结构的更新和学习方法的反思，形成适应"互联网 +"时代的教学风格和知识储备。这样，教师才能在网络时代保持自身的竞争力，不被时代所淘汰，更好地指导和影响学生。

二、数字化时代教师的知识结构

　　在"互联网 +"的时代，信息技术对课堂教学的影响远超过简单的教室形态改变，它还深刻地影响了教师的教学方式。在这个时代，教师不仅需要向学生传授知识，更重要的是为学生设计包含丰富技术元素的学习方式，增强学生的实际操作和体验。这就要求教师掌握在技术支持环境下有效实施教学活动的相关知识和技能，而这些知识和技能应当是动态发展的，而非一成不变。在 20 世纪的教学模式中，教师的主要任务是将知识传递给学生，帮助他们掌握教学内容，准备将来的工作。但在 21 世纪，随着数字技术的发展，实现了人与人之间的即时信息访问和全球性的即时交互，教师的角色也发生了根本性变化。现代的教师变成了"数字化教师"，他们不仅需要具备数字化素养，还要能够设计和实施数字化的教学和学习环境。这样的教学环境能够支持学生适应一个动态变化、高度互动和全球化的社会。在这个过程中，教师的关注点也从单一的教学内容传递转变为全面地理解学生的学习过程。

　　在当今信息化社会中，教师作为数字化教育的重要推动者，需要掌握一套稳定而成熟的知识体系。Mishra 和 Koehler 提出了一个关键的理论框架，即技术、教学法和学科内容三者的相互作用，强调在现代教育技术环境下教师应具备的核心知识。这一理论认为，整合技术的学科教学知识（TPACK）是实现有效教学的基础，并指导教师如何将技术、教学法和学科内容有机结合，以提升教学质量。要实现技术与教学的有效整合，教师需要深入理解如何利用技术来表达和传递学科概念。这不仅包括掌握建构主义教学法在技术

< 201 >

教育中的应用，还包括对学生学习难点的识别及如何运用技术来调整教学策略以解决这些难点。此外，教师也需要了解学生现有的知识基础和认知框架，并利用技术在此基础上促进新的认知理论的发展或加强现有的认知理论。

首先，教师需要深入理解其所教学科的内容，这不仅包括教科书上的基本事实、概念和理论方法，还应包括对知识本质的深刻理解和对各学科领域的广泛探索。教师的科研活动也是他们知识体系的重要组成部分，科研能够帮助教师不断丰富理论和实践知识，拓宽研究视野，并将最新的学科知识传递给学生。其次，教师应具备教学法方面的知识。这包括与教与学过程、实践和方法相关的所有知识，如确定学生教学目标、采用合适的教学策略、进行有效的课堂管理和评估等。教学法指导教师如何教授和传递知识，包括教育理论和教学实践两个方面。这些知识帮助教师有效地实施教学活动、组织教学内容并管理学生的学习。教师可以通过实践经验和学习他人的方法来获得这方面的知识，并在教育理论的基础上对教学实践进行总结和反思。最后，教师还需要掌握技术知识。在数字时代，技术知识涵盖了从具体操作如使用 Web 2.0 工具、互动白板、计算机和互联网等，到如何有效利用这些技术进行信息处理、交流和解决教学问题的应用知识。同时，教师应关注新兴的高科技技术，如全息成像技术、虚拟现实技术等，这些技术虽然在特定情境下可能尚未普及，但对教育领域的未来发展具有潜在的重要影响。

三、数字化时代教师的教学能力

在数字化时代，教师的教学能力需要适应新的技术环境。教师不仅需要掌握常用的数字技术，提升数字化教学能力，还应能够主动使用信息技术解决生活和工作中的实际问题，以提高自己的专业素养。数字化时代教师在教学方面应具备五种能力（见图 5-5）。

< 202 >

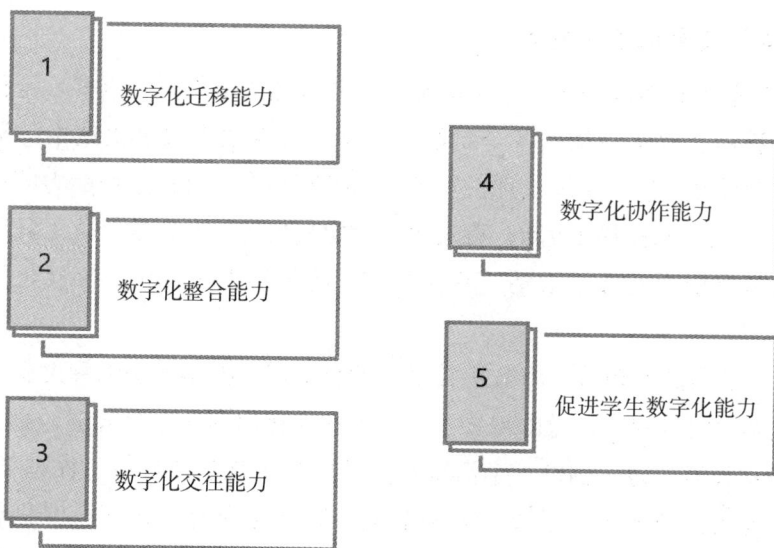

图 5-5　数字化时代教师在教学方面应具备的能力

（一）数字化迁移能力

在当今的教育环境中，数字化技术的迅速发展对教师提出了新的挑战和要求。教师在数字化时代的教学能力不局限于传统的数字技术使用，更关键的是具备快速适应和掌握新兴技术的能力，即"数字化迁移能力"。这种能力在数字化教育中尤为重要，它涉及教师在教学实践中的多方面技能。首先，数字化迁移能力要求教师能够迅速掌握新技术，并有效地将其应用于教学中。这不仅仅是对技术的理解和操作能力，更是一种灵活运用新技术以适应教学需求的能力。其次，教师需要通过信息技术进行自我学习和发展，不断提升自己的教学技能。这包括但不限于掌握新的教育理念、教学方法和技术工具。最后，教师应利用信息技术帮助学生更好地获得知识、构建知识体系以及创新知识。提升教师的数字化迁移能力对于教育的发展至关重要。这不仅能帮助教师利用技术更有效地开展教学活动和实施教学反思，还能帮助他们将所学的知识和技能应用于实际教学中，解决具体的教学问题。通过不断地学习和适应新兴技术，教师能够提升自身的专业能力，更好地适应数字化时代的教育需求，为学生提供丰富、有效和创新的学习环境。

< 203 >

（二）数字化整合能力

在当前的教育环境中，教师的数字化整合能力显得尤为重要。这种能力指的是教师在教学活动的各个阶段中，能够有效地将数字化技术与学科内容、教学设计、教学实施及评价等各方面紧密结合。具备这种能力的数字化教师能够利用技术手段生动、有效地展示学科内容，利用数字化工具和平台开展富有吸引力的教学活动，并在技术支持下实现多元化、个性化的学生评价。

这一能力的实现涉及将数字技术与学科知识、教学方法的深度整合。在数字化学习的过程中，教师需要不断扩展数字化内容的整合范围，直至全面融入课堂教学。为了创设一个活跃和高效的数字化学习环境、促进 21 世纪人才的能力素质培养，学校和教师必须将数字化内容与各学科课程有机结合。对数字化教师而言，理解数字化学习的本质并掌握如何将数字化技术与学科课程整合至关重要。这不仅能有效提升教学活动的质量，还能促进学生的全面发展。数字化整合能力使得教师能够灵活地应用各种数字工具和技术，以满足学生多样化的学习需求，同时能为学生提供丰富和多元的学习体验。因此，培养和提升这一能力对于数字化教师来说是至关重要的，它不仅关系到教学效果的提升，更关系到学生在数字化时代的成长和发展。

（三）数字化交往能力

在"互联网+"的教育环境中，教师的数字化交往能力成了他们教学成功的关键要素。这种能力涵盖了在数字环境下与学生进行有效的沟通和互动，包括了解和适应"数字原住民"的心理状态和交互特点，以及在数字化背景下促进教师与学生之间的思想和情感交流。有效的师生交互不仅是高效教学的保障，而且对于帮助学生实现学习目标至关重要。数字化时代的师生交互不仅发生在课堂内，还延伸到课后，不限于物理空间，同样发生在虚拟网络空间。在这种环境下，教师需要具备与学生在多种场景下进行有效沟通的能力，这包括使用各种数字化工具和平台以增强教学的互动性。这种互动和沟通能力使得教师能够更好地理解学生的需求和期望，从而在课堂内外都能提供个性化指导。因此，数字化交往能力对数字化教师来说是一项不可或缺的技能。它不仅关乎教师如何在数字环境中与学生建立有效的联系，还涉

< 204 >

及如何利用这种联系来促进学生的全面发展。这要求教师不仅要熟悉数字工具的使用，还要能够在数字化的教学环境中灵活应用这些工具，以促进教育目标的实现。通过有效的数字化交往，教师可以深入地参与学生的学习过程，成为他们学习旅程中的重要伙伴。

（四）数字化协作能力

在当今"互联网＋"的教育背景下，教师的数字化协作能力变得尤为重要。这种能力涉及在教学过程中促进教师与教师、教师与学生之间的有效合作。数字化时代的教学模式不再仅限于个体教师的独立工作，而是倾向于更多的团队协作和集体智慧的利用。教师之间的协作主要体现在共同备课、联合授课等方面，而教师与学生的协作是通过共同完成学习活动来促进学生的知识建构和创新。利用信息通信技术，教师可以跨越时空限制，进行网络教研，共享教育资源和信息，随时随地进行讨论和交流。这种协作方式具有跨时空、共享、协作和平等的特点。例如，基于博客圈的虚拟学习社区、基于QQ群或Moodle的区域网络教研平台、基于学习元的协同备课等，都是有效的数字化协作方式。因此，教师需要利用各种数字化媒介和平台加强与学生、家长的沟通和理解，通过网络资源与同行、专家进行合作，形成基于数字技术的教学知识共享和多样化学习社区。通过这种方式，教师可以更好地发挥集体智慧，共同探索高效和创新的教学方法，为学生提供丰富的学习体验。数字化协作能力不仅提高了教师的教学质量，还为学生的全面发展提供了更多的机会。

（五）促进学生数字化能力

随着计算机网络的发展和信息通信技术的普及，人们对如何使用数字技术，如何利用数字技术帮助社交、生活、学习，以及在使用数字技术时保护个人隐私、尊重他人等，开始给予关注。社会对人们的信息素养提出了新的要求，信息素养逐渐被许多国家和地区列入教育的基本目标中。现代人将网络用于学习、创新乃至创造生产力方面非常少，人们对数字化的使用进入了误区，因此，对于学生数字素养的培养，不能仅仅依靠学生使用数字技术来获得，而应该发挥教师的引导作用。教师在教学、师生交流中将数字素养潜移默化地传输给学生，使学生具备信息素养、社交素养、内容创建素养、网

络安全素养和问题解决素养。因此，促进学生数字化发展，提高学生数字化
能力成为数字化教师应该具备的能力。

第五节　数字化时代学生学习的新方法

随着信息化的深入发展，人们已经能够以开放包容的心态接受新科技和
新思维带来的生活方式变革，并在此基础上探索出融入互联网思维的人机协
作的新模式。当这种新思维渗透到教育领域时，学生的学习行为和方式也发
生了显著变化。具体来看，数字化时代学生学习的新方法主要有以下几种。

一、深度学习

深度学习的目标不仅是让学生深入理解知识，还要让他们在获取知识的
过程中积极参与，提升综合素质。这种学习方法有助于学生在知识、能力方
面获得更全面的发展。

（一）领会

在领会层级，学生的学习重心在于理解所学知识的含义，并在此基础上
进行转换、解释或推断。转换是学生将学到的知识用自己的语言或方式进行
表达。这种表达方式可以是文字、口语、图表或图像。比如，将繁复的数学
公式转述为简单的概念，或将历史事件用自己的话编写成故事。这一过程加
深了学生对知识的理解。解释是学生对所获得的信息进行阐释与说明，包
括对图表、数据、流程等进行概述或归纳。学生需要在掌握原始信息的基础
上，将其进行有逻辑的组织并呈现。推断是指学生基于当前知识或数据预测
未来发展趋势。通过推断，学生可以合理地预见可能发生的结果，并针对这
种预测做出准备。这不仅需要学生对知识本身有深刻理解，还需要学生具备
较高的逻辑思维能力。例如，在经济学中，学生可以通过分析历史数据预测
未来的经济走势。通过这种方式，学生对知识的理解更加深入，从而为更高
层次的运用、分析、综合与评价奠定了坚实的基础。

< 206 >

（二）运用

在运用阶段，学生开始将所学知识运用于新的情境，实践概念、原理、方法和理论。这一层级要求学生在充分理解知识的基础上，将理论知识与实际问题相结合，达到对知识的更深层次掌握。首先，理论与实际结合是运用阶段的核心。学生需要将抽象的概念与理论转化为解决问题的工具。其次，学生要将学到的知识合理地应用于新的环境。再次，学生通过反复实践，掌握不同情境下的方法论。最后，学生要将不同的理论、概念和方法综合运用，以此解决各种复杂的问题。这种综合应用不仅要求学生具备对知识的灵活性应用，还要求其具备系统的思考能力。

（三）分析

在分析阶段，学生要将复杂的知识结构分解成更小的组成部分，并理解这些部分之间的相互关系。这个层级的重要性在于培养学生的思维能力，帮助学生识别事物之间的联系，从而获得对整体结构的深入理解。首先，识别各组成部分是分析的基础。学生必须能够识别出复杂知识结构中的关键部分，找出主要概念、论点和证据。例如，在分析一篇学术论文时，学生需要辨别出论文的主要论点、次要论点和它们之间的支撑关系，以便更好地理解作者的立场。通过这种细化的识别过程，学生能够更加精准地定位所学知识的关键点。其次，理解各部分之间的关系是分析阶段的重要任务。在识别了组成部分之后，学生需要进一步理解各部分之间的逻辑联系，包括它们如何协同构建整个知识结构。例如，在经济学课程中，学生可以通过分析宏观经济变量之间的关联，了解通货膨胀、失业率和利率之间的相互影响。这种关联性分析可以让学生掌握更复杂的系统关系，进而更准确地预测和解释实际经济现象。再次，分析文本中的因果关系是学生深入理解知识结构的重要方法。通过识别和分析文本中的因果关系，学生可以辨别事件之间的相互影响，理解作者所呈现的逻辑结构。例如，在历史课程中，学生可以通过分析事件的因果关系，了解不同历史事件之间的联系，进而识别出更大历史进程的整体脉络。最后，识别作者的偏见有助于学生在分析过程中保持批判性思维。通过识别作者的倾向性或偏见，学生可以更全面地理解文本内容。例如，在新闻分析中，学生可以分析作者的语言和措辞，判断新闻报道是否具

< 207 >

有倾向性。这使学生能够在阅读过程中保持独立判断，确保自己对信息的全面掌握。总的来说，分析阶段不仅要求学生能够分解和理解复杂的知识结构，还需要他们识别信息之间的联系，培养批判性思维。

（四）综合

在综合阶段，学生的任务是将分散的知识点重新组合，创造出新的知识结构。这一过程强调学生的创造能力，要求他们从已经掌握的知识中提取核心要素并进行组合，构建出全新的观点或体系。首先，学生需要在此阶段展现独特的视角。例如，在文学分析中，学生可能会通过重新诠释经典文本，提出一种新颖的解读方式。这种独特的视角使学生能够在已有知识的基础上提出更具创见性的观点，推动学术讨论。其次，制订操作计划是一项综合能力的实践。在将知识重新组合的过程中，学生需要考虑问题的实际应用，制订可行的方案。这不仅要求他们掌握相关领域的理论知识，还需要具备解决现实问题的能力。例如，在工程学中，学生需要制订出符合工程实际的项目计划，将理论转化为实践方案。再次，概括一套抽象关系是综合的关键步骤。学生需要通过对不同知识点的分析、归纳和重新组合，提出更抽象的概念或理论框架。例如，在社会科学中，学生可以通过分析多样的数据集，得出一套描述社会现象的抽象关系。最后，综合还强调知识与实践的结合。学生需要将不同学科或领域的知识结合起来，形成多层次的解决方案。例如，在跨学科研究中，学生可以结合生物学和工程学知识，设计出新的医疗技术。总而言之，综合阶段要求学生具备将分散知识重新组合的能力，以创造出新的知识结构。

（五）评价

评价是认知学习的最高阶段，要求学生对知识、信息和材料进行深度评估。在这个阶段，学生不仅要掌握信息本身的含义，还要运用高阶思维来评估其价值。首先，评价阶段的一个关键任务是评估逻辑结构的内在标准。学生需要检查信息和材料是否符合严密的逻辑，是否自相矛盾，以及论点的推理链条是否连贯。例如，学生在阅读一篇学术文章时，应判断作者的论证是否基于有效的数据或证据，结论是否与论据紧密相关。基于此，学生便能准确识别信息中的潜在偏见和谬误，做出更明智的判断。其次，外在标准如

< 208 >

学术观点也是评估信息质量的重要依据。每个领域都有其特定的学术传统和权威观点，学生应在学习过程中了解这些标准，并将其运用于评价工作。例如，在历史学中，学生可以通过比较不同史料的视角和观点，判断某一史料的准确性和权威性。再次，学生应确保自己的评价不受传统观点的限制，保持开放的态度去质疑和反思现有的标准。评价还包括对信息价值的综合判断。学生应在内外标准的基础上，对信息的整体质量和价值做出综合判断。例如，在审阅一项研究报告时，学生需要评估其数据支持的充分性、研究方法的严谨性，以及结论的科学性。通过全面的评估，学生能够了解该研究在某一领域中的实际贡献和应用价值。最后，评价阶段也能激发学生的创造性思维。例如，在艺术评论中，学生可以通过比较不同流派的作品，对特定艺术风格的独特价值做出评估。

总之，这种方式能够将学生的学习拓展到课堂之外，让他们更加积极地投入知识探究和实践，深化他们对知识的理解，提升学习体验。

二、移动学习

移动学习指的是学生通过移动设备（如手机、带有无线通信模块的 PDA 等）和无线通信网络，在任何时间和地点获取学习资源，与他人交流、协作，实现个人和社会知识建构的过程。

（一）第一代移动学习：知识传递

随着移动学习的兴起，将计算机上的课程内容迁移到手持设备成为现实。在这种环境下，移动学习成为一大趋势。移动学习是一种在移动设备帮助下的能够在任何时间、任何地点发生的学习，移动学习所使用的移动计算设备必须能够有效地呈现学习内容并且提供教师与学习者之间的双向交流。

英国威斯敏斯特大学推出了一种创新的基于短消息服务（SMS）的英语学习系统，该系统通过网络工具制作了一个具有自动回复功能的短信测试平台。该系统允许学生通过短信形式回答教材中的多项选择题，并在完成后接收即时反馈，包括答题正确率及下一课程的主题和预习资源链接。这一系统大大减少了教师在收集和评分测试中的工作量，并通过报表工具帮助教师了解学生的学习情况。以下是该系统的主要功能分析：

（1）即时问题提交。即时问题提交功能通过移动设备为学生与教师的实

< 209 >

时互动提供了新的方式。借助这一功能，学生能够随时通过短信、即时通信工具或移动学习平台向教师提出问题，特别是那些需要立即得到解答的简单或紧急问题。无论学生身处何地，都能利用移动设备发出自己的疑问，从而无须等待上课时间或在固定的地点与老师面谈。这一便捷的沟通方式极大地提高了教学效率。首先，学生可以更加自信地提出问题，减少对在课堂上发问的顾虑和时间限制。通过即时沟通工具，学生能够有更多时间思考并以书面方式清晰地提出自己的问题，避免了课堂上因紧张或时间有限而无法完整表达的困扰。其次，教师可以快速查看并回复学生提出的问题。在系统的辅助下，教师能够迅速筛选出需要即时解答的常见或重要问题，为学生提供详细的、个性化的解答，同时保留这些问答作为后续教学的参考资料。系统还能自动将一些常见问题的标准答案或资源链接发送给学生，有效减轻了教师的负担，使其可以将更多时间和精力投入更具针对性的教学和指导中。最后，这一功能不限于师生间的互动，还可以促进学生之间的合作学习。例如，教师可引导学生利用平台互相解答问题、分享学习心得或讨论见解，形成一个积极的学习社区，共同探索知识领域的难题。

（2）自动回复功能。自动回复功能是移动学习系统的重要组成部分，旨在通过智能技术为学生提供更高效、快速的解答服务。当学生通过系统提交问题后，系统会在内置的数据库中自动检索关键词匹配的答案。如果数据库中已经存有相关解答，系统就会立即将这些答案反馈给学生。这种自动回复机制显著提高了问题解答的速度和效率，确保学生能够在学习的关键时刻迅速获得他们所需要的答案。首先，这一功能为学生带来了即时的学习支持。由于数据库中存储了大量常见问题和标准答案的记录，学生可以直接获取与其问题相关的详细解答。这有助于他们尽快克服学习障碍，回到正常的学习节奏中。在知识点复习或作业遇到困难时，学生不再需要等待特定时间与教师沟通或在课堂上提问，而是可以随时随地借助系统获得帮助。其次，自动回复功能减轻了教师的工作负担。通过自动检索与匹配常见问题的答案，系统能够为教师筛选出需要进一步关注和回复的复杂或罕见问题。教师可以将精力集中在这些需要深入解答的问题上，并在解答后将新答案加入数据库，以便系统可以在未来自动回复类似问题。这种协作机制提高了教师的工作效率，并确保了学生能在不同复杂度的问题上得到及时且全面的指导。最后，

< 210 >

系统还能够积累大量与教师教学和学生学习相关的数据。这些数据不仅能够帮助教师了解学生的学习状态和常见的知识盲区，还可以为未来课程内容的调整和优化提供依据。通过分析学生常问问题的类型、频率与关联，教师能够更精准地设计课程内容，并提供更具针对性的教学策略。

（3）作业与练习。作业与练习功能在移动学习系统中扮演着至关重要的角色，其通过为学生提供实时的反馈和丰富的资源，帮助学生进一步掌握和应用他们所学到的知识。学生可以通过移动设备访问系统，为每个课程完成预先设计的作业和练习。系统则自动评估这些作业，并为学生提供反馈，帮助他们及时了解自己的知识掌握情况，以便学生有效复习和巩固所学内容。首先，这一功能为学生提供了一个灵活且自主的学习环境。他们可以根据自己的时间安排，在任何地点完成这些作业和练习，无须受制于固定的课堂时间或地点。这种灵活性不仅使学生能够充分利用零碎的时间进行复习，还能根据个人学习进度调整节奏，实现自主学习。对于在校生和职场人士等不同背景的学习者来说，移动学习的灵活性和即时性使其成为一种理想的学习方式。其次，系统的反馈机制能够为学生提供精准的知识点建议。通过即时的成绩评估和分析，系统会指出学生的薄弱环节，并为其提供相应的学习资源，帮助他们复习和巩固相关知识。再次，作业与练习功能还支持教师更好地了解学生的学习进度。系统可以汇总每个学生的作业表现，为教师提供数据报告，使他们能够全面掌握学生对不同知识点的掌握程度，并识别出学生需要加强的领域。基于这些数据，教师可以调整教学策略，设计更具针对性的课程和练习，满足不同学生的需求。最后，通过实践练习巩固知识还能提高学生的主动性。系统设计的作业和练习往往结合实际案例或情境，让学生通过解决问题或完成任务，深入了解知识的实际应用。这种实践导向的练习不仅能激发学生的学习兴趣，还能帮助他们在复杂的现实情境中找到知识的价值，提升解决问题的能力。

（4）教务管理功能。教务管理功能为学生提供了一个方便的在线平台，使他们能够实时了解自己的学习进度、作业提交和成绩情况。这一功能的主要优势在于，它为学生提供了与教师和教学活动保持紧密联系的渠道，有助于学生合理安排学习时间，提高学习效率。首先，学生能够随时通过移动设备查询作业的提交情况和考试成绩，及时了解自己在每门课程中的表现和进

< 211 >

展。这种实时更新的信息反馈，使学生对自己的学习情况有了一个清晰的认识，方便他们根据当前的成绩或进度进行调整。例如，如果学生发现某个课程的作业提交率较低或成绩不理想，他们可以迅速意识到问题的存在，及时采取措施弥补不足。这不仅帮助学生更好地掌控自己的学习进度，也减少了因成绩不理想而带来的焦虑和压力。其次，通过移动设备接收重要的教学活动通知，学生可以时刻保持对学习活动的关注，确保不错过任何关键信息。这些通知包括课程安排的变化、考试时间的调整、补课信息、重要的课外讲座或活动等。这样学生无须每天查看校园公告或通过其他渠道获取信息，只需在移动设备上关注通知即可。这一功能使学生能够提前规划学习和活动时间，有效避免通知遗漏或信息滞后的情况。再次，教务管理功能还为教师提供了一个高效的沟通工具，让他们能够快速传达信息并保持学生之间的联系。通过移动设备发送紧急教学活动通知或指导意见，教师可以确保信息及时送达，提高沟通效率。同时，教师可以通过这一系统查看学生的作业提交情况和成绩情况，从而掌握每位学生的学习进度，设计更具针对性的教学策略。最后，学生还可以利用这一功能查询个人的学科排名、奖惩记录和其他相关的学习资料，为个人的学习与职业规划提供依据。对于那些追求更高学习成绩或在未来职业发展上有明确目标的学生来说，这些信息有助于他们规划学习策略，提高综合能力。

总体来看，该系统通过整合现代信息技术与传统教学方法，为学生提供了一个灵活、高效的学习环境，增强了教学互动性，同时提高了教育资源的利用效率。

（二）第二代移动学习：认知建构

第二代移动学习聚焦认知建构，旨在充分利用移动技术的特性，为学生创造更丰富的学习环境和交互式的学习活动。在这一代移动学习中，技术的"便携、廉价、通信、交互"属性被进一步挖掘，使得学生的学习更具灵活性、互动性和情境性。这样的学习模式不仅改变了学习内容的传递方式，还将学生从信息的被动接受者转变为积极的认知建构者。

在建构主义的教育框架下，教师鼓励学生自主发现学习原理并建立知识体系。这种学习方式强调学生的主动参与，要求他们通过探究、交流和互动来获取知识和经验。移动技术以其无缝的连接和多样化的功能，为学生提供

< 212 >

了参与学习活动的理想环境，并通过计算与信息管理功能充当认知工具，帮助学生在真实的情境中构建知识。借助移动设备，学生能够进入生活中的实际场景，通过具体的情境使信息传递成为可能。这不仅激发了学生的兴趣，还确保知识与实践相结合，使学生能更深刻地理解和内化学习内容。此外，移动设备的计算与管理能力可以引导并扩展学生的思维过程，促进问题解决与认知建构。在学生解决实际问题或执行复杂任务时，移动设备提供了强大的数据处理和信息组织功能，使学生能够更好地规划思路并获取所需的知识资源。通过这种方式，移动技术成为学生的思维辅助工具，帮助他们加深对问题的理解、厘清思路，并做出更具逻辑性和创造性的决策。在这种环境中，教师的角色也从传统的知识传授者转变为学习的支持者和引导者。教师需要为学生提供适当的工具和资源，帮助他们在移动设备的辅助下充分利用周围的学习环境，积极参与知识构建。同时，教师需要设计更具挑战性和现实意义的问题，以鼓励学生在移动设备的帮助下探索、研究和解决问题。因此，第二代移动学习通过更具交互性和情境性的学习活动，使学生能够真正成为知识的建构者。它不仅改变了学习的过程和内容，还激发了学生的自主性和积极性，使他们在移动技术的支持下实现更高层次的认知建构。这种全新的学习方式赋予了学生更大的自由，使他们能够随时随地利用移动设备获取信息、交流想法，并在实际情境中将知识应用于问题解决，实现真正意义上的学习。

移动技术逐步发展为学生信息获取与认知加工的强大助手，为学生创造社会认知建构与共享的全新方式。新的移动学习模式更加关注利用移动技术的便携性、计算能力、通信与情境模拟功能等特性，融合建构主义的理念，构建学生主导的学习模式。在这种模式下，学习过程围绕学生而非内容展开，既强调教师的引导作用，又充分激发学生的主体性，促进学生深入参与、认知内化和社会认知建构。这一阶段，移动学习模式包括基于问题的学习、移动探究式学习、参与式模拟体验、基于移动技术的社会性学习、移动探究实验室、移动教育游戏等。比如，移动探究实验室采用先进的测量技术，融合移动计算平台、传感技术、移动技术、光机电一体化和软件技术等，建立了对物理、化学和自然学科的探究实验系统。该系统包括实验台、各种传感器、控制头和常规仪器，与 PDA 等手持设备相配合，形成数据采

< 213 >

集装置，能够采集和处理真实世界中涉及位移、速度、温度、声音、光、力和电等领域的数据，并通过数学工具进行分析处理。手持设备的通信能力让 PDA 与计算机之间、PDA 与 PDA 之间能够进行数据、图像和程序的传输，实现实验数据的实时采集与分析的智能化。这些新型学习模式有效利用无线网络技术，集成物理测量、数据记录和数据分析等功能，为学生提供了全新的探究实验环境，构建了现代化的数据测量和处理平台。它不仅拥有一套适用于各类学科的实验系统，还可以让学生开展深入的探究实验活动，有效培养了学生的数据分析能力。通过将移动技术与现代教育相结合，学生能够体验全新的学习方式，在深入参与与互动的过程中实现知识内化与认知建构。同时，教师在这种环境下能够更灵活地为学生提供个性化指导，提高教学质量与效率。可以说，移动技术使学生能够随时随地开展学习，开拓思维，为学生未来的学习与实践打下坚实的基础。

（三）第三代移动学习：情境感知

随着科技不断发展，移动设备的情境感知能力日益增强。通过集成更丰富的传感器、探测器和数据采集器，移动设备可以捕获用户、设备、地点、问题和策略等现实世界的信息。这些微型感知设备能够采集生活环境中人类感官无法直接感知的信息，并将它们输入移动设备，形成数字化的虚拟世界。在这个虚拟世界中，信息经过计算和处理，转化为对人类学习和决策有参考价值的知识。这一过程将虚拟世界与现实世界联通，帮助人类通过虚拟世界的学习增强对现实的理解与掌控能力。在情境感知的学习环境中，移动学习更注重学生学习过程的情境性，实现按需学习。这种按需学习的特点让学生能够在恰当的环境中获得相关知识，既促进了学生对知识的吸收和应用，又让他们更深入地理解和掌握了现实世界的复杂性与多样性。

情境感知学习是移动学习领域的核心研究重点，强调学生的学习会因特定情境而发生变化，不同的情境会导致不同的学习效果。只有当学习嵌入实际运用知识的情境中时，有意义的学习才能真正实现。这就要求学生具备在不同情境中灵活运用知识的能力，能够正确理解并识别知识在不同情境下的表现，从而联系上下文，准确辨识问题本质并灵活解决问题。

< 214 >

三、泛在学习

泛在学习是未来学习领域的重要发展方向，其依托泛在计算、云端一体化智能技术和普适技术的发展，将学习引向情境感知的智能模式。未来的学校、图书馆、教室和博物馆将能够主动传输其信息，让学生沉浸于现实与数字世界交织的生态环境中。情境感知的移动设备使学生能够轻松获取学习对象的详细信息，穿戴设备和其他技术则打造出一个虚拟与现实交织的学习空间。在这一环境中，利用位置跟踪和实时网络连接，参与者可以身临其境地感受各种学习资源，将网络作为社交与学习的纽带。学生可以通过情境感知设备，参与到实践社区和社会过程的内化活动中，实现社交化学习。在这种智能生态系统中，学生的学习不仅仅是信息的传递，更是体验、探究和互动的过程。学生在社会互动中内化知识，体验共同学习和知识分享的乐趣，深化自身的理解与应用能力。泛在学习所提供的无缝连接体验，不仅可以打破传统的学习边界，将课堂从物理环境扩展到生活中的各个场所，更能够将现实世界的丰富信息融入数字化指导，创造个性化的学习途径。这一发展趋势将使学习变得无处不在、富有沉浸感，并通过实时的互动促进更深层次的知识建构与共享。

（一）泛在学习的核心特征

在智慧学习环境下，人们可以随时随地学习，从而形成了泛在学习的新形态。在这个环境中，最有效的技术是融入生活并让人不自觉地注意到它的存在，最有效的学习也是如此：与我们的日常生活交织在一起，灵活地满足学习需求。泛在学习的核心在于，学生应该专注于学习目标和任务，而不是受外部的学习工具和环境所干扰。技术应该在这个过程中扮演辅助角色，不应增加他们的认知负担。技术的存在应该自然而然，不需要学生付出额外的努力就能轻松掌握。

总体来看，智能空间支持的泛在学习具备一些关键特征，即泛在性、连续性、社会性、情境性和连接性（见图5-6）。

< 215 >

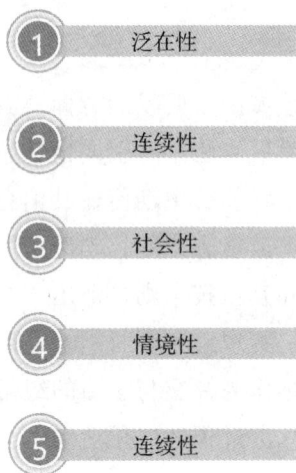

① 泛在性

② 连续性

③ 社会性

④ 情境性

⑤ 连续性

图 5-6　智能空间支持的泛在学习的关键特征

1. 泛在性

泛在性意味着学习已经不再受时间和空间的限制，学生可以在任何地点以任何形式接触到学习资源。无论是在学校、社区、交通工具上，还是在家里，学习都变得触手可及。通过移动终端、无线网络和云技术的支持，学生可以随时随地通过设备访问课程资料、在线互动或者进行虚拟实验室的模拟操作，获得丰富的学习体验。这样的学习环境使得知识与现实世界无缝融合，满足了学生随时学习的需求。在这个无所不在的学习模式中，教学资源不再局限于教室或特定的学习场所，学生也可以灵活地安排自己的学习时间，不必拘泥于课程表。例如，学生可以在公交车上利用碎片时间复习课堂知识，在社区或公园的活动中获取实践经验，甚至通过虚拟现实技术深入了解自然和科学现象。泛在学习不仅为传统的课堂教学提供了补充，还创造了新的学习方式，让学生在现实世界中实时应用并检验知识。此外，泛在学习也为学生和教师之间的互动提供了新的渠道。借助线上工具和即时通信，教师可以为学生提供个性化指导，学生则可以通过讨论社区和论坛与同学分享经验和学习心得。通过这样的方式，学生能够更好地理解和掌握所学内容，同时培养自主学习和合作学习的能力。总之，泛在性让学生的学习突破了传统界限，实现了无缝、灵活的知识获取和共享。

< 216 >

2. 连续性

连续性作为泛在学习的重要特征，体现在嵌入式学习融入日常生活中，它打破了正式和非正式学习之间的界限，结合个人与社群学习、课堂与网络学习，将不同学习方式连贯起来，形成无缝的学习体系。在这种体系下，学生不仅能从传统课堂教学中获取系统性知识，还能通过与现实世界的互动深化所学内容。例如，在课堂上学习的科学概念可以在社区科学实验或自然公园的实地考察中得到检验。课程资料和在线讨论组则让学生随时随地复习或交流课堂上不理解的知识点，打破时间和空间的限制。同时，教师可以灵活地将正式和非正式的学习内容融合在一起，帮助学生实现无缝的知识获取。例如，课程作业可以要求学生借助移动设备收集数据，完成探究性学习任务，或者在课堂上教授理论时，结合在线实验室的虚拟实验进行操作。学生通过课堂学习、线上资料、实践活动、社交讨论相结合的方式，能够将不同情境下的学习内容统一起来。这种融合性学习模式不仅提高了学生的知识掌握深度，还培养了他们的自主学习和合作能力。在课堂教学之外，通过跨越不同学习情境实现无缝衔接，学生能够在现实生活中发现知识应用的价值，激发学习兴趣并积极参与终身学习。最终，这种连续性的泛在学习给学生带来了一种全面、动态的学习体验。

3. 社会性

社会性是泛在学习不可或缺的属性，通过建立社会认知网络，学生能够共享和构建知识，提高学习效果。社会认知网络不仅是辅助学习的工具，更是学习的目标之一。它为学生提供了一个参与合作、相互学习的环境，帮助他们形成社交技能和团队协作能力。在这个网络中，学生通过线上和线下的互动，与同学、教师和外部资源建立联系，拓宽他们的知识范围。例如，线上讨论组和协作项目可以帮助学生在不同的学习主题和情境下互相启发，分享不同的见解和经验。这样的互动不仅加深了学生对课程内容的理解，还培养了他们分析问题的能力，鼓励他们用更广阔的视角看待学习内容。同时，通过社交媒体、在线论坛、即时通信工具和远程协作平台，学生与全球的同龄人建立联系，获得不同文化背景的观点并形成全球化的视野。这些网络互动活动不仅提供了知识共享的平台，也帮助学生在虚拟空间中培养沟通和团队合作的技巧。在课堂上，教师通过小组项目、案例分析和讨论活动等方式

< 217 >

引导学生进行协作学习，让他们在解决问题的过程中相互借鉴不同的思维模式。在这种环境中，每个学生都能成为团队不可或缺的一员，承担自己的责任并为集体目标贡献力量。这不仅提高了团队的学习效果，还让学生懂得尊重他人、有效沟通和共同达成目标的重要性。社会性学习的重要性在于它不只是促进知识共享的手段，更在过程中塑造了学生的社会技能和合作精神，为他们在未来的职业和生活中成为有效的团队成员奠定了基础。通过构建社会认知网络，学生能够培养终身学习的意识，并与他人共同成长。

4. 情境性

情境性在泛在学习中扮演重要角色，它强调学生通过与周围环境的互动，结合具体情境来构建和掌握知识。这种学习方式与传统的教师直接传授方法不同，更多依赖学生与情境间的互动。通过这种互动，学生能够将知识嵌入实际应用的情境中，实现灵活运用。

智能终端的技术优势，如增强现实、位置感知等，让学生的学习活动能够超越课堂的界限，扩展到真实的世界中。增强现实可将虚拟信息叠加到现实环境中，让学生获得更多关于周围事物的知识。位置感知则能够根据学生的具体位置为其提供相关的学习内容，如博物馆里的展览或自然公园中的生物。通过这些情境感知能力，学生的学习变得与其所处的环境高度相关，这令他们更专注于实际问题的解决。这些技术还通过移动性和感应器的结合，让学生能够随时随地获取信息，在课外环境中进行探索性学习。比如，在自然探险、社会调查或艺术考察中，学生可以使用这些终端设备获取实时信息，与其他学习资源交互，记录和分析自己的发现。

智能终端不仅为学生带来了即时信息获取的便利，还帮助他们在实际情境中开展探究活动，激发他们的求知欲望。情境性强调学习要以学生的实际情境为基础，这不仅让知识更加直观和实用，还能鼓励学生在真实世界中锻炼和应用技能。通过与真实环境的互动，他们能够发现新的知识点并将其整合到已有的认知体系中。这种通过环境互动获取知识的方式，为学生的学习增添了体验，使学生可以更深入地理解所学内容，提高自身的问题解决能力。

5. 连接性

在泛在学习的框架下，连接性扮演着重要角色，体现出个体认知网络和

< 218 >

社会认知网络之间的紧密联系。个体认知网络是学生自身的知识体系，在这里他们整合了个人经验与学习成果。而社会认知网络是通过与其他学生、老师的互动，共同分享、完善知识的网络。在这个过程中，学生既可以完善自己的个体认知网络，又能通过社会认知网络分享和构建新知识。互动和合作不仅给学生带来了新的视角和见解，还能够让学生彼此启发。通过团队合作或社交平台分享，学生可以在各种情境下学习，扩展思维的广度和深度。比如，学生在解决现实生活中的问题时，可以借助互联网的资源来补充他们的已有知识，并将新发现与自己的理解整合在一起。这种相互连接和融合的过程，能够强化学生的学习能力和问题解决能力。随着连接的数量和深度不断增加，学生的知识体系也会更加完善。他们能够利用更多的信息和资源，发展更灵活的认知策略，推动自我学习和知识分享。泛在学习强调这种内部和外部知识结构的整合，为学生带来真正全面的学习体验。在这个体系中，技术扮演着重要的支撑角色，使知识能够在不同情境、个体和群体之间自由流动，从而促进知识的传递、交流和创新。

（二）泛在学习实现正式学习与非正式学习的无缝融合

随着互联网的迅猛发展，终身学习的理念逐渐深入人心，人们对学习本质的认识也更加深入。尽管传统观念中的正式学习场景，如学校的学历教育和继续教育，仍在生活中占据重要位置，但人们在非正式场合通过社会交往等形式进行自我调节和自我负责的非正式学习也在悄然发挥着重要作用。随着信息时代的不断发展，正式学习与非正式学习之间的互补与融合更加显著，逐渐形成无缝衔接的学习趋势。

正式学习与非正式学习各自拥有独特的优势。正式学习的系统性和明确的目标导向可以帮助人们掌握逻辑性强、结构完整的知识体系。而非正式学习的灵活性和随意性允许它随时随地进行，能够根据情境变化调整内容，紧贴学生的生活实际，从而激发学生的学习兴趣。因此，两者的融合能够相互弥补各自的不足。许多教师和学者已经认识到这种优势互补的重要性，并在学校正式教育之外，借助现代移动设备、社会实践等形式的非正式学习项目，填补传统课堂中的空白。例如，滨州职业学院在植物栽培技术课程中创造了融合正式学习与非正式学习的环境，为学生提供了丰富的体验。第一周，教师通过传统课堂教学为学生介绍了植物栽培的基本知识和操作注意事

< 219 >

项。第二周，教师引导学生进入植物栽培实验室，利用平板电脑扫描实验室内的二维码，获取关于植物、生长环境、花盆、土壤的信息，并通过这些知识匹配植物和花盆，最终完成植物的栽种。第三周，学生回到实验室，再次利用二维码学习植物和花盆的信息，并基于前一周的知识独立选择和栽种植物。第四周，教师对学生此前栽种的植物进行点评。这个案例展示了现代技术在教育中的作用，平板电脑使得学生的学习更加直观，栽培实验室又为学生提供了实践机会。一方面，在课堂教学中，教师传授系统化的知识，并通过实验室活动提高学生的动手能力，实现了理论和实践的紧密结合；另一方面，教师通过让学生主动参与植物栽培活动，激发了学生的学习积极性，让学生能够在非正式学习的情境中实践课堂上学到的理论。这种无缝连接的学习方式将正式学习与非正式学习融合，体现了新时代教育的趋势。借助信息技术和社会实践项目，让学生在灵活多样的环境中学习和探索，有助于实现个性化、全面发展的教育目标。未来，这种多元化的学习方式必将在教育领域发挥越来越重要的作用。

四、游戏化学习

游戏化学习又称教学游戏，其结合游戏和教育，旨在创建一种有趣且富有竞争性的教学环境，从而激发学生的学习动机。通过明确的教学目标和精心设计的教学策略，学生能够在游戏活动中接受训练、发现知识。游戏化学习与普通游戏的本质区别在于，它有明确的教学目标和经过深思熟虑的教学内容。设计者利用游戏的形式传达特定的信息，旨在让学生在游戏中掌握知识，而不仅仅是为了娱乐。游戏化学习的设计通常围绕某个主题展开，提供学生感兴趣的任务和挑战，吸引他们主动参与。通过将这些教学内容整合到游戏的任务或关卡中，学习过程变得更具参与性、互动性和趣味性。游戏化学习的另一个重要特点是与问题解决能力的培养相结合。在虚拟现实的学习空间，学生可以与其他学习者协作解决问题，甚至通过全息成像技术，打破地理限制，将不同地方的学生会聚在同一个虚拟空间，共同学习、探讨。这种虚拟学习环境让学生仿佛置身于真实的游戏世界，不仅可以享受游戏的乐趣，还能与他人互动和合作，共同完成学习任务。

在游戏化学习中，娱乐性和教育的严肃性被巧妙地结合在一起，通过不

< 220 >

断变化的游戏表现形式和内容，避免了学生产生倦怠感，从而提高他们对学习的持续兴趣。通过层层推进的关卡，学生在完成任务时逐步获得成就感，这种设计能有效激发他们的主动性和学习热情。此外，游戏化学习的反馈机制也十分灵活，学生可以立即看到自己的进展并调整策略，从而更有效地掌握知识。在游戏化学习模式中，学生的学习体验被提升到新的水平。他们不再被动地接受信息，而是通过互动性较强的游戏活动主动学习，并以创新的方式培养各种技能。在这个过程中，他们不仅仅是知识的接受者，也是知识的实践者和创造者。这种寓教于乐的学习方式为未来教育提供了无限可能。

为了打造优质的游戏化学习，以下几个关键点是必不可少的：

第一，虚拟与现实的联结。学生在游戏中培养的信息收集、形势分析、方向判断、决策制定和知识运用等方面的技能，可以帮助他们更好地解决现实生活中的问题，实现综合能力的提升。

第二，知识和游戏的融合。在游戏化学习的过程中，平衡娱乐性和教育性是关键。知识呈现方式需融入游戏机制中，使学生在游戏的娱乐过程中获得教育收益，让学习变得有趣。

第三，情感价值观的体现。游戏化学习应发挥其独特的作用，使学生能够在游戏中形成正确的价值观和积极的生活态度。

五、个性化学习

（一）个性化学习的内涵

随着信息化时代的到来，增加教育的灵活性，尊重学生的个性特征，成为教学改革的目标与方向。每个学生的个性特征和学习需求都不同，因此他们的学习目标、内容、进度和方式也应有所差异。新兴智能技术的普及让个性化学习成为可能。个性化学习强调满足学生的独特需求，真正实现以学生为中心的学习体验，让他们自主掌握学习进度，自由选择学习路径，通过不断练习培养终身学习的习惯。

1.基于知识水平的个性化学习

基于知识水平的个性化学习是一种通过分析学生的学习表现，以量身定制教学策略的方式，帮助他们实现全面发展的教育模式。在这种模式下，教师通过学生在学习过程中的作业、考试和各类测试结果，能够深入了解他们

< 221 >

的知识掌握情况、能力结构以及核心素养状况。借助这些信息，教师可以根据学生的个体表现，提供符合其学习风格和知识水平的指导，助力每位学生实现个性化学习目标。在这种模式中，学生也能够通过作业和测试结果了解自身的知识水平，有针对性地调整学习策略。例如，学生可根据自身对不同知识点的掌握情况，进行不同层次的个性化练习。对于已经掌握的知识，他们可以选择建议性的练习以加深理解，对尚未掌握的知识则可采取补偿性练习，填补知识漏洞。这种方式可以确保学生根据自身情况，合理安排学习进度并优化知识结构，实现更加有效的学习。北京师范大学开发的"智慧学伴"系统就是一个典型的实践例子。该系统为每个学科的核心概念配备了至少三套微型测试，学生可以在课前预习、课后检测和考前复习时进行自测。系统会生成详细的分析报告，帮助学生发现薄弱点并解释错误的原因，随后推荐相关资源供学生补习。通过这种方式，学生能够以个性化的知识难度和学习路径进行自适应学习，逐步填补知识缺口，实现更为全面的发展。

2. 基于学习情境的个性化学习

基于学习情境的个性化学习通过智能技术实现了一种动态、灵活的学习方式，使教育能够更贴近学生的实际需求。智能设备能够感知学生的学习情境，并根据他们的当前状态和环境，推荐适合的学习内容、专家资源、学习伙伴等。这一方式依赖传感器、探测器和数据采集器等先进的电子化感知设备，捕捉用户行为、设备状态、学习地点、问题情境和应对策略等信息。对这些数据进行分析和处理，能够形成有助于学生学习和决策的参考知识。这样的技术不仅连接了虚拟世界和现实世界，也增强了学生的适应能力。例如，智能望远镜可以用于天文学科的学习，其通过感知学生的需求，主动推送他们需要的资源和学习内容。当学生将望远镜对准北斗星并按下按钮时，设备会立即呈现北斗星的高清照片和清晰视频，并且推送相关的天文知识。当学生对准某个星座时，望远镜会呈现该星座的虚拟形象和详细信息。通过这种虚拟与实物结合的方式，学生能够识别星座并了解每个星座的特征。这种基于情境感知的个性化学习为学生创造了沉浸式学习体验，并根据他们的需求和当下学习情境推荐相关的学习资源，不仅加深了学生对现实世界的理解，还可以通过探索虚拟环境的知识而提升学生解决实际问题的能力。

< 222 >

（二）个性化学习的开展

1. 提供支持工具

为了强化对个性化学习的支持，高校需要增加相关配置，为学生提供支持工具。例如，高校可以开发支持在线浏览、下载的资源和视频，帮助学生摆脱网络限制，随时离线观看。同时，高校可以将学生在移动端和 Web 端的课程学习进度实现同步化操作，让学生能够在不同设备间轻松切换学习内容，随时与他人讨论交流，从而支持多样化的学习方式和活动。此外，个性化学习路径的记录必不可少。高校可以为学生提供必要的支持工具，让学生能够详细记录自己的学习路径，清晰掌握自己的学习进展，明确自己在学习内容和路径上的选择，不断优化学习计划，实现富有成效的个性化学习。

2. 丰富学习资源

首先，高校要丰富自己的资源类型，使学生可以选择不同形式的学习材料，满足学生的多样化的学习需求。其次，高校应增加相关内容的颗粒度。课程资源应包含不同的媒体形式，如文字、音频、视频和图表等，以满足不同学生的学习需求。最后，高校要为学生提供微型化、碎片化的学习资源，满足学生随时随地获取知识的需求。有了足够的资源支撑，学生便可以在个性化学习过程中更好地掌握知识，并根据个人需求和兴趣找到适合自己的学习路径，提高学习效率。

3. 整合学习形式

个性化学习存在两种主要形式：一种由学生自主开展，即学生通过自我组织学习活动，使用智能设备、学习类应用和社交媒体等工具开展学习；另一种是由学校或教育机构实施的自适应学习，通常借助智能学习系统来感知学生的状态，为学生推荐学习资源，监督学生的学习进度并提供及时的反馈。高校应整合个性化学习形式，帮助学生按照自己的步骤进行展示和分享。例如，高校可以将互动教学软件与学生的移动设备整合起来，促进学生的写作、摄影和音视频制作，并鼓励他们以独特的方式展示掌握的知识。这样高校可以助力学生根据自身的能力和需求来设定学习目标，找到个人的学习路径，提高学习效果。

< 223 >

第六章 数字化时代人才培养与教学改革实践

第一节　基于项目学习的教学改革实践

在现代教育领域中，基于项目学习（PBL）的教学改革实践逐渐成为教育创新的重要方向。特别是在智慧时代背景下，将项目学习模式应用于高等职业技术教育领域，能够有效地激发学生的学习兴趣和自主学习能力。本节将基于项目学习和翻转课堂教学模式的结合应用，分析这种模式在高校课程教学中的实际效果。在这种教学模式中，PBL 和翻转课堂的结合，不仅强调了学生在学习过程中的主体地位，而且强化了学习过程中学生主动性和积极性的发挥。PBL 模式以问题为核心，鼓励学生通过自主探索来寻找问题的答案。而翻转课堂则要求学生在课前自主完成课程资源的学习，以便在课堂上进行深入的讨论和探究。这种教学模式的结合，在课前学习环节中，通过提出具体问题和学习任务，引导学生带着问题进行学习，再通过小组合作形式共同探究问题答案，有效地培养了学生的自主学习能力和团队合作能力。此外，翻转课堂的教学模式在应用时需要根据具体的学习环境、学生特点以及教师的教学特色进行调整和设计。这意味着教师在翻转课堂教学中扮演着重要的角色，不仅需要在学生的自主学习过程中提供必要的启发和引导，还需要监控整个教学过程，确保教学活动的有效性。同时，这种教学模式充分考虑到学生自主学习中的个体差异性和自主性，使得教学更加符合学生的实际需求。

一、基于 PBL 的课程教学资源的重构与开发

在实施基于项目学习（PBL）的教学模式时，对课程教学资源的重构与开发是重要的一环。教师首先需要根据 PBL 的理论框架及课程特性，对课程中的知识点进行综合和整合，将它们重构为一系列既包含核心知识点又彼此相连的项目。这样的设计使得学生在完成具体项目的同时，能够实现课程计划，进而达到培养所需人才的最终目的。为了顺利实施翻转课堂，教师需开发一系列学生课前自主学习的资源，如视频（微课）、PPT、图片以及 PBL 任务单等。这些资源库的建立为学生提供了丰富的学习材料，有助于他们在课前有效地自学和准备。此外，网络教学系统的建设对于翻转课堂的

< 227 >

成功实施同样关键。由于多数教师可能缺乏开发此类教学系统的能力，选择使用用户友好、广受欢迎的通信软件，如腾讯 QQ，成了一种可行的解决方案。腾讯 QQ 的操作简便，易于理解，能够满足教师和学生的交流需求。通过 QQ 群，教师可以与全班学生建立一个交流平台，不仅可以进行群体讨论，也可以进行一对一的交流，同时支持文件共享和传输，完全符合翻转课堂的需求。因此，在基于 PBL 的课程教学中，对教学资源的重构和数字化教学工具的有效利用，是提高教学效果和实现教学目标的关键。

二、课前基于 PBL 任务单的学生自主学习

在基于 PBL 的教学模式中，课前的学生自主学习是一个关键环节。为了有效实施这一环节，教师需要针对课程内容和学生的特点，精心准备和提供包括视频（微课）、PPT、图片以及特别设计的 PBL 任务单等多种学习资源，并通过适宜的平台如 QQ 群进行分发，以便学生能够轻松地下载并制定个性化的学习计划。PBL 任务单的设计是以问题形式呈现，目的在于引导学生深入理解每个学习项目中包含的核心知识点。学生在学习过程中首先需要理解 PBL 任务单中提出的问题，然后在观看视频等学习资源的过程中，探索和寻找问题的答案。这种方法不仅减少了学生学习的盲目性，还提高了其自主学习的效率。

鉴于学生之间存在的个体差异，特别是在新知识掌握的速度上，PBL 任务单中还包含一些需要深入思考才能回答的综合性问题。这样的设计旨在满足自觉性强、学习能力较高的学生的需求，从而实现针对不同学生特点的个性化教学。在学习过程中，学生遇到的问题和疑惑可以在 QQ 群中进行讨论，这样的互动不仅促进了学生间的交流，也让教师能够及时了解学生的学习状况。对于课前未能解决的问题，教师可以在课堂上进行详细解答，确保学生对学习内容理解和掌握。

三、基于 PBL 的翻转课堂教学实施过程

在基于 PBL 的翻转课堂教学实施中，学生的学习过程从传统的知识接受转变为知识的内化与应用。这种教学模式将课堂变成了一个更加活跃的学习空间，学生的角色由被动的信息接收者转变为主动的知识探索者。在这种教学环境中，教师的角色也从传统的知识传授者转变为学生学习过程中的引

< 228 >

导者和协助者。

课堂教学活动在 PBL 的框架下被分为三个阶段：第一阶段是知识梳理阶段，学生分享自己课前的学习体验，提出疑问和困难，通过小组讨论与互助解决问题。在这一阶段中，教师扮演课堂管理者和讨论参与者的角色，对学生的个别问题进行针对性辅导，并引导学生进行深入思考。第二阶段是学生的独立探究和协作学习阶段。教师在这个阶段中创设新项目，要求学生应用课前和课堂上获得的知识来完成任务。对于学习能力较强的学生，教师要设计更具挑战性和综合性的项目任务。教师不仅给出项目完成的评价标准和解决问题的相关信息，还指导学生进行分组和项目管理，以培养学生的团队合作精神。第三阶段是展示交流阶段，学生在这一阶段中展示他们的项目成果，分享经验和想法。教师在这一阶段中进行点评和总结，旨在加深学生对知识的理解和应用。

通过这种基于 PBL 的翻转课堂教学模式，学生不仅能够在课堂上深入地理解和应用知识，还能够通过合作学习培养团队合作能力，提升解决实际问题的能力。教师在整个教学过程中提供必要的引导和支持，确保教学活动有效进行，帮助学生达成学习目标。这种教学模式有效地促进了学生主动学习的积极性，提高了学习的效果和质量。

四、课后基于 PBL 的翻转课堂教学效果评估

在基于 PBL 的翻转课堂教学模式中，教师对教学效果的评估是重要的环节。为全面了解和评价学生在这种教学模式下的学习成效，教师采取了以学生项目作品为核心的评估方法。这种方法既包括教师对学生作品的直接评价，也涉及学生之间的相互评价，以确保评估的全面性和客观性。具体来说，教师首先根据课程教学内容的要求布置项目任务，并明确评分标准。之后，学生按照这些标准提交他们的项目作品。在评估过程中，一方面，教师对每个项目作品进行评价并给出得分；另一方面，教师将学生分成若干评分小组，并将与小组人数相同的项目作品分配给这些小组，由小组成员对分配到的作品进行评分。每个作品的最终得分是基于教师评分和学生小组评分的加权平均值。通过这种评估方法，教师不仅能够从自己的角度对学生的学习成果进行评价，还能够获得学生对同伴工作的看法和反馈。这种互评机制鼓

< 229 >

励学生积极参与学习过程，同时增强了评估的透明度和公平性。最终，教师根据学生的课堂表现和作品成绩综合评定每位学生的学习效果，确保了教学评估的全面性和准确性。通过这样的教学效果评估，基于 PBL 的翻转课堂教学模式不仅能够有效地提高学生的学习动力和参与度，还能够促进学生批判性思维和创造性思考能力的发展，为学生综合素质的提升提供了有力支持。

五、课后基于 PBL 的翻转课堂教学总结与反思

在基于 PBL 的翻转课堂教学模式下，课程结束后的总结和反思对于教师和学生来说都是非常重要的。对于学习效果不理想的学生，教师应该提供额外的学习支持，比如建议他们重新观看相关的教学视频并完成一些附加练习，以加强对课程内容的理解和掌握。教师需要根据这些学生对知识的掌握程度来决定他们是否可以进入下一个学习阶段。对于学习效果较好的学生，教师可以提供一些拓展性的微课，帮助学生更好地衔接课程内容或者全面地掌握整个课程体系。这种差异化的教学方法有助于满足不同学生的学习需求，同时鼓励学生根据自己的能力和兴趣进行深入学习。此外，对于整个教学实施过程的总结和反思对教师来说至关重要。教师需要对自己的教学方法、教学内容以及学生的学习反应进行详细的评估，识别教学过程中存在的问题，并思考如何改进。通过这种持续的自我评价和调整，教师能够不断优化自己的教学实践，提高教学效果。同时，这也鼓励学生在学习过程中进行自我反思，增强他们的学习自主性和批判性思维能力。

第二节　基于 SPOC 教学模式的教学改革实践

随着"互联网＋"时代的深入发展，高等教育领域正面临着教学模式的变革。当前，伴随着数字技术的普及，"90 后"和"00 后"的学生群体，作为"数字原住民"，已经习惯了在移动互联网环境中获取信息和学习。这一代学生的学习特征，对高等教育的教学模式提出了新的挑战。在诸多高校的课堂上，学生使用手机等移动设备成为一种常态，传统的教学模式已难以适

< 230 >

应这一变化。因此，探索将移动终端融入教学过程，以适应现代学生的学习特点成为迫切的需求。

在这一背景下，本文将基于 SPOC（小规模限制性在线课程）的混合式教学模式分析其在高校课程中的应用。这一研究旨在探索如何有效地将现代网络技术和移动终端应用于教学中，并激发学生的学习兴趣，最终实现教学目标。研究发现，通过 SPOC 混合式教学模式，结合 MOOC 和传统课堂教学，将手机等移动终端纳入教学过程，不仅能够提高学生的学习兴趣和自主学习能力，还便于教师更好地掌控课堂并了解学生的学习情况。此外，利用如学习通等教学软件，将线上和线下教学相结合，还可以有效地促进学生的学习和参与。这种教学模式的探索和实践，不仅体现了高等教育对数字化趋势的适应，也为其他课程和学科提供了一种有效的教学模式参考。

一、实施 SPOC 混合式教学模式的具体措施

SPOC 混合式教学模式可与线上、线下教学进行有效结合。该教学模式遵循明确的教学目标和原则，同时考虑学生的兴趣和需求，将教学内容分配到课前、课中和课后三个不同阶段，以实现高效和互动性的学习体验。

（一）课程形式

在高校课程中，通过采用 SPOC 混合式教学模式，课程内容丰富多元，有效整合了线上、线下多种教学形式。以学习通 App 为主要平台，该课程结合了视频课程、PPT 课件、线上签到、课堂抢答、线上测验以及线下实践体验等多种教学手段。具体来说，教师精心制作个性化的教学视频和 PPT 材料，以满足教学目标；学生通过线上平台观看视频，完成作业并进行线上互动；在课堂上，则侧重于师生及学生间的交流与互动，教师在其中发挥着引导和激发思考的重要作用。

1. 课前任务

在 SPOC 混合式教学模式的实施过程中，课前任务的设置是至关重要的。教师针对课程内容制作视频，并配合推荐阅读材料，以促进学生的在线自主学习。通过学习通这一平台，教师不仅能够向学生提供学习资源，还能监控学生的自学进度，并进行必要的提醒，教师也可以自制录像或动画微课来提高学生的学习兴趣。为了提高学生的参与度和理解能力，视频中适时穿

< 231 >

插问题，让学生在线上及时练习，并自我检测学习情况。此外，学习通 App 的聊天功能为教师和学生提供了一个便捷的在线互动平台。通过这个功能，学生可以在学习过程中与教师进行实时交流，解决学习中的疑惑。课前还可以设计讨论问题，从而激励学生在课前进行深入思考和资料查阅，为课堂上的小组讨论做准备。

2. 课中基本教学模式

课堂开始时，学生首先进行在线签到，这不仅是对学生出勤的记录，也是评价其课堂表现的一部分。接着，学生利用 5 分钟的时间回顾线上学习的内容，紧接着进行 15 分钟的课堂前测。这一阶段，教师重点讲解学生在学习中遇到的问题，确保学生对知识点有深刻理解。课堂的后半部分主要用于讨论线上提出的问题。学生通过举例等方式来阐述自己的观点，教师则通过抢答等互动形式激发学生的学习兴趣。在学生讨论和回答问题的过程中，教师的角色是引导和协助，确保讨论的高效和深入。最后，教师进行课堂总结，利用思维导图等工具帮助学生全面理解本节课的学习内容。通过这样的课中教学模式，结合线上和线下资源的优势，课堂不仅能够激发学生的兴趣，还能有效避免学生在课堂上分心，同时充分利用学习通 App 的功能，确保学生手机在课堂上专注于学习。

3. 课后阶段

课后阶段学生需要对课堂内容进行全面复习，并通过学习通平台在线完成相应的练习题。这些练习题主要以客观题为主，学习通平台能够根据学生的答案自动进行评分，并生成图表分析，方便教师有效地了解和评估学生对知识点的掌握情况。通过这种方式，学习通不仅是作为一个学习工具，更是成为教师与学生互动的桥梁，促进了双方的有效沟通。这种课后学习和评估机制，确保了学生在课后能够巩固和深化课堂上学到的知识，同时为教师提供了反馈，帮助他们更好地调整教学策略，创造出具有互动性的课堂环境。

（二）课程效果

SPOC 混合式教学模式显著提升了学生的学习效果和整体素质。该教学模式的核心在于引导学生主动思考、查阅资料并在有意义的问题情境下进行学习。教师通过设置在线作业、测试和发帖的时间限制等措施，在学习通平台上加强了对学生学习进度的监控和管理，有效地鼓励了学生按时完成学习

< 232 >

任务，培养了他们观察、查阅和反思的习惯。此外，该教学模式采用了多元化、全面的考核方式，不仅关注学生的学习过程和态度，还注重学习效果的综合评价。课堂表现、平时作业、学习笔记、在线互动、课程论文、阶段测试和期末汇报等各方面都被纳入最终的课程成绩评定中，这样的评估体系不仅增加了学生的学习动力，也全面地反映了学生的学习成效。

二、SPOC 混合式教学模式开展的条件及展望

SPOC 混合式教学模式，作为一种符合现代大学教育理念且贴合学生特点的创新教学方法，正日益受到高等教育界的重视和推崇。要实现这种教学模式的有效推广和实施，需要教育行政部门、高校、教师以及学生之间的协同合作和共同参与，共同推进这一现代教育模式的发展与完善，具体来说，SPOC 混合式教学模式的开展需要具备以下几个条件（见图 6-1）。

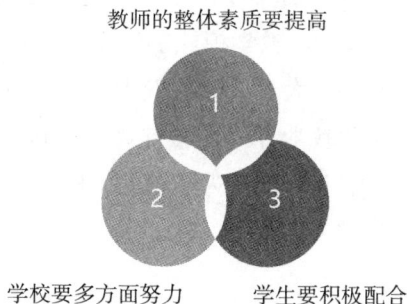

图 6-1　开展 SPOC 混合式教学模式需具备的条件

（一）教师的整体素质要提高

教师需对教授的课程内容有深入理解，并准备丰富的教学资源，包括高质量的 PPT 和视频材料。此外，教师应深入了解学生的特点，包括他们的兴趣、知识水平和学习习惯，并能够有效地分析和解答学生在线上、线下学习中遇到的问题。同时，教师需要对学生的评估方法进行创新，实施全面和公正的成绩评定方式，以适应 SPOC 混合式教学模式的特点。这些要求都指向了教师整体素质的提升，以确保教学模式的有效实施和教学质量的提高。

（二）学校要多方面努力

为了有效支持和推进 SPOC 混合式教学模式，学校需要在多个方面做出努

< 233 >

力。首先，学校应提供符合该教学模式需要的教学环境和设施，尤其是确保校园内 Wi-Fi 网络的全面覆盖，以便学生能够在移动设备上无障碍学习。其次，考虑到 SPOC 模式下教师所需投入的额外时间和精力，学校应对现有的教师绩效评估体系进行调整和改革。最后，学校需定期为教师提供专业培训，以确保他们能够掌握最新的教学方法和理念，并熟练使用学习通等教学平台。

（三）学生要积极配合

学生需要安装必要的学习软件，并将注意力集中在学习过程中，积极完成线上的课程学习和交流互动。同时，在线下环节，学生应主动参与课堂讨论和互动，以充分利用课堂时间，增强学习效果。在这个全新的教学模式下，教师不仅仅是知识的传递者，而是学生学习过程中的引导者和协助者。SPOC 教学模式鼓励学生在教师的指导下进行自主探究性学习，这不仅与现代教学改革的趋势相符，还符合学生的学习习惯，更能发挥学生的主体性，激发他们的学习积极性。SPOC 教学模式的实施，是适应数字时代教育需求的重要步骤。它不仅能够展现大学课堂的魅力，而且有助于培养学生的创新能力和促进全面发展。这种教学方式能够有效地控制课堂秩序，增强师生间的情感交流，使学生在课堂上真正成为学习的主体。

第三节　基于个性化学习模式的教学改革实践

在当今的教育领域中，利用互联网技术推进教育改革，实现"互联网 +"的教育模式已成为重要趋势。这一模式不仅作为新的"信息能源"促进教育行业的快速整合，还有效利用产业和社会资源来丰富教育内容。在这样的背景下，教育变得更加开放，教师与学生之间的联系更为紧密，从而更易于实施和推广 O2O（线上到线下）的个性化教学方式。

一、线上线下一体化个性化教学模式

在现代教育体系中，随着国家对"互联网 +"战略的高度重视，互联网与教育融合的新教学理念和模式正逐渐成为教育领域的热点。"互联网 +"

< 234 >

教学的实现需要对现有教学模式进行个性化、协作化等多模式的整合性改革。在构建"互联网+"个性化教学环境方面，可从教学准备、课前自学、课堂互动学习、协作学习、个性化学习、课后提升及反馈评价等方面入手。这些策略旨在通过线上线下的一体化设计，实现高效和个性化的教学模式，进而满足学生的学习需求和提高教学质量。此外，还强调教师在这一过程中的关键作用，包括如何有效利用网络资源、引导学生进行深入学习和研究，以及如何进行有效的课堂管理和学生评估。通过这样的一体化教学模式，既能够充分利用互联网技术的优势，又能确保教育质量的稳步提升，展现了"互联网+"时代教育改革的广阔前景。

开展线上线下一体化个性化教学模式需从以下两方面入手（见图6-2）。

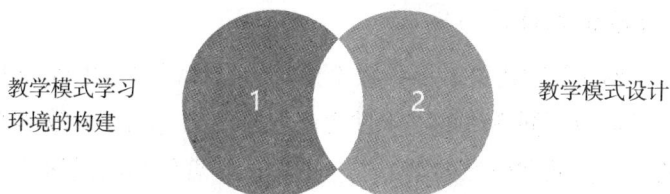

图6-2　开展线上线下一体化个性化教学模式的准备工作

（一）教学模式学习环境的构建

在"互联网+"的教育背景下，构建适应新时代要求的教学模式学习环境变得尤为重要。这一过程中，教学模式的转变从传统以教师为中心的管理导向，转向以学生为中心的个性化和协作型学习。李秉德教授指出，教学模式学习环境对于教学模式和活动的有效实施具有重大影响。在互联网环境下的教学，更加注重学生个性化的发展和自主学习的潜力，鼓励学生在充分协作的基础上，积极参与教学活动，通过实践和互动来获得知识和经验。

在"互联网+"教学模式下，借鉴建构主义学习理论的精髓，教学模式学习环境的构建重点放在尊重学生个体差异和培养学生的知识重构能力上。这种教学模式强调创建真实且相关的学习情境，利用现代化的教学工具，提供丰富的学习资源，并构建有效的组织架构来支持个性化学习。"互联网+"教学的学习情境设计紧密结合日常生活和实际任务，适合于线上线下混合教学的需求，同时考虑到多元社会文化和健康舆论导向。在教学工具方面，诸

< 235 >

如过程加工工具、处理工具、交流工具和可视化工具等被广泛应用，以促进教师围绕学生中心设计教学方案，提供多媒体资源，并组织协作学习和讨论。此外，教学资源的概念在这种模式下被扩展，不仅包括多种形式的静态和动态素材，还特指为满足个体需求而经过特定教学策略组织和加工的元知识。而组织架构侧重于根据个体需求对知识在互联网上的表现形式进行重组，包括知识图谱的排列、元认知形式、知识使用程序和学习策略。

综上所述，"互联网+"教学模式学习环境的构建不仅仅是对物理环境的优化，更是对教学理念和方法的革新。通过科学搭建这样的学习环境，教师能够更有效地激发学生的学习兴趣，促进学生的主动学习，从而提高教学效果和教育质量。

（二）教学模式设计

在"互联网+"时代背景下，教学模式的设计需要考虑到线上与线下教学的结合，以适应不同学生的需求并提高教学效果。纯在线教学模式虽然提供了灵活的学习体验和较低的学习成本，但面临着较高的退学率、缺乏面对面指导和认证难题。这些问题指出了纯在线模式过分依赖于学生个人主动性和探索能力的局限性。相较之下，线上线下相结合的教学模式能够更好地解决这些问题。这种模式在提供线上学习的便利性的同时，通过线下教学弥补了纯在线模式的不足，如教学支持和考核认证。然而，这种模式对教学场所和学习人数有一定要求，虽然不如纯在线模式灵活，但其教学效果接近传统教学。

在设计"互联网+"教学模式时，笔者借鉴了翻转课堂和MOOC模式的优势，提出了一种结合个性化和协作化的教学方法。这种方法尊重每个学生的学习习惯和兴趣，同时考虑不同学生的认知能力，组成协作小组。这样的设计既允许学生根据自身能力进行分层递进式学习，又促使他们在合作中互补和学习，加强情感交流，内化学习动力。通过这种方式，学生不仅能够获得适合自己的教学体验，还能在知识和能力上得到提升，真正实现主动学习的目标。

1.教学准备

在构建"互联网+"教学模式下的教学准备阶段，教师的角色变得尤为关键。首先，教师需要组建一个多功能的教学团队，并对团队成员进行明

< 236 >

确的分工，以确保课程的有效设计和资源的高效整合。教学准备的核心内容涵盖了多个方面：①教学设计。明确设定具体的教学目标，同时考虑学生的个体差异，确保教学设计满足个性化的需求。②教学内容。教学内容的设计需既广泛又深入，确保材料的前沿性与实时更新，以适应学科发展的最新趋势。③教学资源的区分。需要明确线上与线下材料的不同用途。线上材料，比如教学视频，应简短精练、画质清晰，并富含吸引力和思考性，以便有效激发学生的兴趣并促进课堂互动。同时，确保这些资源能够符合网络教学平台的技术规范。④线下教学。对于线下教学环节，应采用翻转课堂等模式，将学生的学习重心转移到讨论、实操、应用和研究上，确保每位学生都能在面对面的互动中受到充分关注。⑤答疑环节。设置有效的机制以快速回应学生的疑问，促进学生之间以及师生之间的在线及线下沟通。⑥考核评价。考核和评估方法应多样化，包括同行评审和第三方评价，以保证评估的全面性和公正性。通过这些细致周到的教学准备，教师能够为学生创造一个丰富、多元且高效的学习环境，促进学生的个性化学习和全面发展。

2. 课前自学

在这一阶段，学生主要通过网络平台接触和利用多样的视频和多媒体资源，从而对课程的目标、任务和内容有清晰认识。通过教师预先录制的视频，学生可以在网络虚拟教室中自主学习理论知识，进行相应的练习和自我测试。此外，学生还能参与网络讨论，以自主或小组形式，探讨并总结重要且有意义的问题，从而为接下来的线下知识应用和创新活动做好准备。同时，教师需同步筹备线下或线上的虚拟课堂，为后续的协作式和探究式个性化教学活动做好组织准备。在课前自学的过程中，合作学习成为一种重要的学习方式。通过与同伴的交流和合作，学生不仅能够获得知识，还能够在交流中建构属于自己的知识体系和学习经验。这种自主和合作相结合的学习方式，不仅能够增强学生的学习动力和兴趣，还能够促进学生的批判性思维和创新能力的发展，为后续的线下学习打下坚实基础。

3. 课堂学习

在"互联网+"教学模式下的课堂学习环节，教师的角色转变为引导者和协调者。这一环节的核心是通过创设生动的学习场景，激发学生的学习兴趣，引导学生深入探讨相关主题。教师首先提供多个与教学相关的学习任务

< 237 >

或讨论主题，同时鼓励学生在教师提出的任务和主题中选择他们感兴趣的任务和主题。学生根据自己的学习能力和教师的建议，可以选择独立探究或参与协作学习。在探究式学习过程中，教师扮演着个性化辅导的角色，密切关注学生学习的难题，记录他们的进步，并检查学习目标是否实现。学生则有机会通过演示他们的工作成果，来进行小组或个体之间的分享，他们还能利用在线平台提出问题，以便进行互动讨论。接着，教师将对学生的工作成果给予反馈，对学习的关键点和困难进行深入解析。学生的成绩评估既考虑课堂参与表现，也包括作业或考试，以全面评价他们对知识和技能的掌握情况。

4. 协作学习

在"互联网+"教学模式中，协作学习作为一种重要的教学方法，其成功实施依赖于两个关键要素的有效组合和运用。第一，协作小组作为协作学习的核心，通常由 3 ~ 5 名学生组成，以确保每位成员都能积极参与并贡献自己的意见。小组成员的选择应考虑到学习成绩、认知能力、学习风格和性格特点等多种因素，以实现成员之间的互补和协作效果。第二，辅导教师在协作学习中扮演着重要的角色。教师不再仅是知识的传授者，而是需要转变为协作学习的组织者和辅导者，促进学生从被动接受知识向主动探索知识的转变，为学生提供更多的自主学习空间。具体的实施过程如图 6-3 所示。

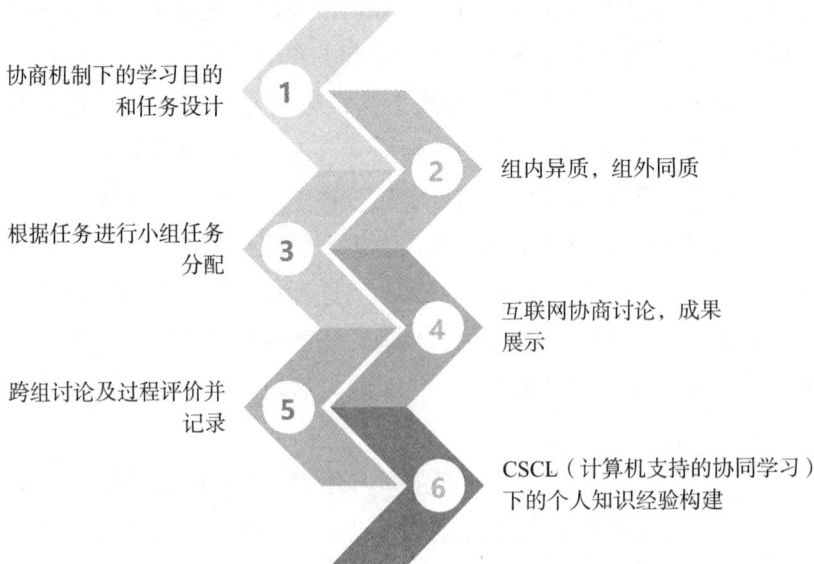

图 6-3　基于"互联网+"教学模式的协作组织路径

< 238 >

5. 个性化学习

在"互联网+"教学模式中，个性化学习的推行是关键环节，其核心在于为学生提供量身定制的教学内容、教学模式和学习平台。这种个性化学习方式允许学生在学习开始前进行自我评估，以更好地了解自己的学习需求和能力水平。学习过程中，学生和教师可以利用学习平台提供的大数据工具，对学生的学习进度和效果进行实时分析和评估。此外，个性化学习强调补充式学习的重要性。学生可以通过平台上的资源，根据自己当前的学习任务或知识点需求，有效链接并获取必要的前置知识，深化对学习内容的理解和掌握。这种方法不仅帮助学生在学习过程中填补知识空白，还促进了他们对学习内容的深层次理解，从而实现真正意义上的个性化学习。

6. 课后提升

在"互联网+"教学模式下的课后提升环节，教师扮演着关键的指导和激励角色。为了进一步扩展学生的知识面和提高学习能力，教师需要布置多样化和个性化的课后任务。这些任务可以是知识技能的综合运用，如完成一个大型项目，或者围绕特定主题进行深入探究。课后学习活动依赖于系统化的学习平台，学生在此平台上接收拓展任务，上传学习过程中的资料，参与网络讨论，并接受对学习成果的评价。教师则在这个过程中进行定时监控和答疑，旨在鼓励学生的创新思维和探索精神，同时激发他们的学习兴趣。重要的是，教师应该鼓励学生独立完成这些任务，同时提供必要的指导和反馈。这种课后提升的设计不仅有助于学生巩固和拓展课堂上学到的知识，还能够促进学生的自主学习能力和综合素质的提升。

7. 反馈评价

在当今的"互联网+"教育背景下，评估和反馈过程成了教学环节中不可或缺的一部分，专注于满足学生各自的学习路径和速度。这个评价体系深入考虑了学习个体化和测试环境的多样性，同时着重于学习旅程的整体性和分阶段的评估。通过采取多种评估方式，该体系目标在于收集并分析学生的学习数据，利用这些分析结果来优化和调整每个学生的学习计划及习惯，增强个体的学习体验和自主及协作学习的能力。在这样的评价框架下，教师能够在集成了线上线下资源的个性化教学环境中，将学科知识以生动和直观的形式呈现，同时营造出鼓励合作学习的氛围，有效提升学生的学习兴趣。教

< 239 >

师还可以为学生定制学习计划，尤其是为那些学习能力较弱的学生设计任务，旨在减轻他们的学习负担并帮助他们形成个性化学习策略。此外，通过对学生学习过程的持续监控和分析，教师能够及时发现并调整教学策略和内容，确保每位学生都能够有效掌握课程目标。最终，通过终结性测试对学生的学习成果进行评价，确保学生能够达到课程的学习目标。这种动态调整和连续评价的过程，不仅提高了教学效果，也推动了教育改革的深入发展。

"互联网+"教学模式作为现代教育革新的重要组成部分，不仅为学生提供了个性化、高效的学习体验，同时也推动了教育模式的深刻变革。第一，该模式将过去被视为干扰因素的互联网转变为创造教育新价值的重要渠道。互联网的广泛应用使得教育资源更加丰富，教学方式更为多元，为学习者创造了全新的学习环境。第二，"互联网+"教学模式提供了满足学生个人学习需求的有效途径。借助互联网学习平台，学生能够根据自己的兴趣和能力选择合适的学习内容，实现真正意义上的个性化学习。第三，这一模式通过运用多样的教学工具和方法，低成本提供高附加值的教学资源，从而激发学生的学习兴趣，促进了新型的师生互动和协作学习模式的形成。第四，面向大量学生的个性化教学在互联网技术、大数据分析和云计算技术的支持下已成为可能。现阶段的挑战在于如何优化算法、改进分析方法，以使得对教学数据的分析更加准确和有价值，进而提高教学的有效性。第五，实施"互联网+"教学的过程中，挑战和机遇并存，不断改进和创新是必要的。关键在于培养学生对"互联网+"的认识和使用习惯，使他们能够主动并有效地利用这些资源进行学习。只有当学生真正内化并利用"互联网+"教学资源，这种新型教学模式才能真正实现对传统教学模式的有效变革。

第四节　混合式教学创新探索

在当今"互联网+"时代，混合式教学作为一种教育创新模式，其重要性日益凸显。特别是在高等教育领域，混合式教学模式的创新探索对于提升学生的学习效率和教学质量具有显著意义。混合式教学有多个可创新的点，

< 240 >

这些创新不仅符合未来教育发展的趋势，而且对于促进教学方法的多样化和提高教学效果均具有重要价值。

一、课程实践过程

（一）基础设施

在混合式教学模式中，基础设施的建设和应用起着至关重要的作用。这一模式依赖于先进的网络课程平台及多样化的教学设备支持，以确保线上和线下教学活动的顺畅进行。为此，高校应配备高规格的投影仪及一系列多媒体教学实验室，如音频实验室、教育电视教材制作实验室、微格教学实验室、录播教室等，旨在满足师生在教学和学习过程中的多元化需求。

此外，学校可设置课程中心，由教务处与计算机与信息工程学院联合设计，其中集成包括MOOC、微课、网络辅助课程在内的众多优质教学资源，同时引进其他高校的精品课程，形成了丰富的教学内容体系。通过移动图书馆，教师和学生可以方便地访问和阅读学术资源，包括报纸、有声读物、视频教材等，并能实时查询图书馆的藏书情况和借阅信息。学习通平台作为一个开放的学习资源库，不仅可以为学生提供了丰富的学习材料和资源，还为教师发布课程、监控学生学习进度、解答疑问和反馈提供了便利。该平台的同伴互评功能还能促进学生间的交流与合作，加强了学生的自我学习能力和相互学习的效果。

（二）课程设计

在"互联网＋"时代下的高等教育领域，课程设计成了提高教育质量和实现人才培养目标的关键。一个有效的课程设计不仅涵盖了明确的教学目标、突出的教学重难点，还包括丰富的教学资源、多样的教学活动以及合理的教学评价机制。这种课程设计应考虑创造一个有利于学习的教学环境。

面向未来，"互联网＋教育"的核心在于以课程设计为中心，整合各类优质教育资源，打造一个像"网络超市"一样的教育资源平台，旨在为社会提供多层次、高品质的公共教育服务。这种"网络超市"不仅能实现教育资源的有效输入和输出，还能确保这些资源被广泛采纳和利用。因此，课程设计在这一背景下需要更多的投入和创新，以制作出能够满足多方需求的高质量教育内容。

< 241 >

1、课前

在混合式教学模式的课前准备阶段，教师面临着不小的挑战和工作量。这一阶段的成功实施对于混合式教学的整体效果至关重要。首先，教师需要深入研究混合式教学的理论和实际案例，持续更新自己的知识和教学方法，以适应这种教学模式的不断变化和发展。课前准备涉及多个方面，包括教材的选择和研究、教案的编写、电子资源的准备以及教学环境的布置。教材的选择和研究要求教师对课程标准和内容有全面的理解。教案编写则需明确教学目标、重点和难点，并设计出行之有效的教学过程，同时预估教学效果。对于电子资源的准备，教师需考虑如何有效整合现有资源，如利用已有的优质网络课程视频，或在条件允许时录制自己的授课视频，以丰富教学内容并提高学生的学习兴趣。这一过程不仅能够提升教师的网络教学能力，还能够使教学资源设计更加高效。最后，教师还需布置和优化教学环境，确保线上线下教学的顺畅进行。这一阶段的准备工作虽然烦琐，但对于实现混合式教学模式的最大效益和提升学生学习体验至关重要。

混合式教学模式通常要求学生在课前完成线上学习，包括观看视频讲座、参与在线讨论和完成网络作业等。这种教学模式多基于移动教育、MOOC 或翻转课堂的框架，其中以 MOOC 为基础的混合式教学尤为流行。随着移动教育、MOOC 和翻转课堂等创新教学方式的推广，教育领域正在经历快速的变革。尽管这些新型学习方式推动了教育模式的更新，但在实际应用中仍面临一些挑战和不足。混合式教学的实施，通过结合线上与线下教学的优势，有效地解决了这些问题，从而提高了教学质量和学习效果。

在实施混合式教学模式时，线上教学成分通常通过多个企业开发的应用程序，如湖北大学课程中心或中国大学 MOOC 等平台实现。为了最大化线上教学的效果，教师需要在课前综合考虑课程目标和内容，精心挑选或开发适合的线上教学材料，并上传到选定的平台上供学生学习。教师需要在每次课前明确指导学生完成线上课程的学习任务，或者在课堂上安排时间让学生完成这些任务。在课程设计过程中，合理规划时间非常重要，以确保课程的流畅性和完整性。在课程安排紧凑或线上习题较多时，可以要求学生在课外时间完成线上学习，同时要注意平衡学生的学习时间，避免增加额外的学业负担。选择适宜的教学环境也是课前设计的重要部分，应考虑教学设施的可

< 242 >

用性和教学场所的适宜性。值得注意的是，课前设计不是一次性活动，而是一个动态的、迭代的过程，需要在实际教学中不断调整和完善，以适应学生的学习需求和提高教学效果。

2. 课中

课中环节融合了网络教学和面对面教学两种形式。在这个阶段，教师的角色主要是作为引导者和监督者，同时确保给予学生充足的自主学习空间。课中教学的关键在于合理安排师生互动和生生互动，这有助于提升学生的参与度和学习主体性。在网络教学环节，学生可以通过在线平台交流学习难题，也可直接向教师提问。这不仅使他们能够掌握基本教学内容，还能借助网络资源进行深入学习。学生在教学平台上交流心得和学习策略，提出对课程的反馈，这种做法极大丰富了学习资源库，为其他学习者提供参考。在直接的课堂互动中，教师的角色转变为课程内容的深化者和互动的促进者，他们通过组织小组讨论和鼓励学生积极参与来培养学生的批判性思维和表达技巧。鉴于学生在实体课堂中可能遇到的紧张感，教师需设计有效的教学活动和环境，以缓解学生的焦虑，增强其对学习的兴趣和热情。

3. 课后

在课后环节，教师通常会通过线上学习平台布置适量的课后作业，这些作业旨在帮助学生复习课堂所学内容，鼓励他们将知识应用于实践。虽然现代教育改革倡导减轻学生学习负担，混合式教学恰好能够平衡学习效率和学生的学习压力，实现高效而愉快的学习体验。

课后作业是学习过程中不可或缺的一部分，它要求学生持续关注并积极参与学习活动。松懈或忽视课后作业可能导致学习成果的流失。因此，持续的学习和复习是重要的，只有不断地学习和巩固知识，保持对学习的热情和兴趣，学生才能在学术道路上取得实质性的进步。教师在布置课后作业时应考虑到学生的实际承受能力，确保作业既有挑战性又不过度增加学生负担，从而优化学习效果。

混合式教学模式作为一种新兴的教学方式，正处于不断探索和发展的阶段。在这个过程中，课后评价显得尤为重要。评价涵盖了线上和线下教学环节，包括师生对课程的评价、相互评价以及学生之间的互评等多个方面。这些评价反映了教学的效果和质量，是深化教育教学改革的关键环节。实践是

< 243 >

对任何教学模式的最好检验，评价则是对教学效果的反馈。在教育改革中，评价不仅是衡量改革成果的工具，还是推动教育变革的关键因素。教育改革是一个漫长而复杂的过程，需要不断地探索、尝试，并从失败中吸取教训，不断进步。评价是确保教学改革取得成功的关键。学生是混合式教学实施效果的直接见证者，也是最有发言权的参与者。他们的学习体验至关重要，必须被认真对待。作为教学的主要受益者，学生的权益应得到充分尊重。他们有权对课程和教师的表现进行评价，这不仅是他们的权利，也是他们的义务。

（三）课程实施

在混合式教学模式下，课程的实施过程不再是简单的单向传授知识，而是建立在双向输出与双向反馈的机制上。这一过程注重了教师与学生之间的互动，以确保学生真正掌握所学知识。混合式教学中的课程实施是一个互惠互利的机制，通过师生互动和生生互动共同提高教育质量。传统教学中，教师通常是知识的单一提供者，而学生是被动接受者。然而，在混合式教学中，这种关系发生了变化。教师仍然扮演着知识传授的角色，但需要关注教学效果，确保学生真正理解和掌握了知识。这就需要学生主动参与，提供反馈和意见，以帮助教师更好地调整教学方法和内容。师生互动不仅有助于学生更好地理解课程内容，还能够提高他们的参与度和学习动力。在混合式教学中，教师可以鼓励学生提问、讨论和分享想法，这有助于激发学生的思维和创造力。教师也可以在课堂上安排小组讨论，让学生共同解决问题，培养他们的协作能力。

此外，在混合式教学中，教师和学生之间的互动不局限于面对面教学，还包括线上教学。学生可以在在线平台上提出问题，与教师和同学进行交流。这种互动扩展了教学的范围，使学习更加灵活和多样化。课程实施过程中也需要进行过程性评价。这意味着教师要及时收集并分析学生的反馈和表现，以了解课程的实际效果。然而，课程的实际执行往往会与设计时有所不同，可能会出现意外情况。例如，网络故障可能会影响在线教学，需要教师在课堂上灵活调整教学计划。这种情况下，教师需要根据实际情况做出决策，以确保课程能够继续进行。

最终，教师需要根据实际效果对课程进行评估。有时候，课程可能达不

< 244 >

到预期效果，但也可能超出预期。教师在过程性评价中应该挖掘出课程中的亮点，并积极改进教学中存在的不足之处。这个过程是不断提高教育质量的关键，有助于深化混合式教学的双向互动，使教育变得更加富有活力和有效。混合式教学模式的实施作为教育改革的一个重要环节，通过评价不断推动教育质量的提升。

二、创新之处

混合式教学的创新之处主要包括以下四个方面（见图 6-4）。

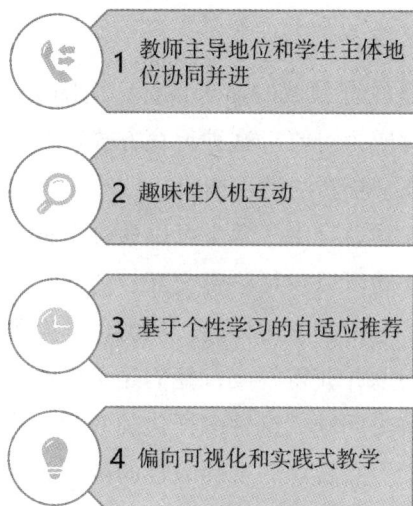

图 6-4　混合式教学的创新之处

（一）教师主导地位和学生主体地位协同并进

传统课堂中，教师往往扮演主导角色，而学生被动接受知识。这种教学模式的局限性导致学生的主体性和创造性受到抑制。然而，在混合式教学中，教师主导地位与学生主体地位得以协同融合，创造了丰富和灵活的教育环境。在混合式教学中，学生在线上学习阶段扮演着主体的角色。他们独立完成学习任务，自主管理学习进度，培养了自我学习和自我管理的能力。在线学习的自主性让学生有更多的时间和空间去深入思考和探索知识，不再仅仅是被动地接受教师的讲解。同时，在线下的面对面教学中，教师仍然发挥着主导作用。教师引导学生思考、讨论、解决问题，提供专业的知识和指

< 245 >

导。这种互动式教学让学生在实际操作中巩固所学知识，培养了批判性思维和问题解决能力。教师的主导地位确保了课程的质量和有效性。

混合式教学模式还赋予了学生更多的自主学习权利。学生可以在课程中选择感兴趣的领域深入学习，提出问题并寻求解答。这种学习方式激发了学生的学习兴趣和主动性，培养了他们的创新潜力。此外，混合式教学中的互动性强化了师生之间的情感交流。教师不再仅仅是知识的传授者，还是学生的引导者和支持者。这种亲近的师生关系有助于建立积极的学习氛围，激发学生的学习热情。

（二）趣味性人机互动

趣味性教育一直是教育领域的追求目标，而随着人工智能技术的发展，趣味性的人机互动教育成为可能。这种教育方式结合了创新的教育理念和先进的技术，为学生带来了全新的学习体验。

在趣味性的人机互动教育中，学生可以通过多种方式与智能机器人或计算机进行互动。这种互动可以包括语音交互、姿势交互、触摸交互以及多模式交互，为学生提供了丰富的学习体验。例如，学生可以通过语音与智能机器人进行对话，提出问题并获得答案；他们还可以通过触摸屏幕进行互动操作，参与虚拟实验或解决问题。这种多样化的互动方式使学习变得更加生动有趣，激发了学生的学习兴趣。一项代表性的应用是能够代替学生上学的机器人。对于因病住院或行动不便而无法亲临学校的学生来说，这种机器人提供了极大的便利。它可以在课堂上代替学生实时参与，具备观看、听取、发言等功能。学生通过机器人可以与教师和其他同学进行实时互动，不再感到孤独，实现了异地学习的无缝连接。这种趣味性的人机交互不仅促进了学习，还缓解了学生的孤独感，提高了学习体验。趣味性的人机互动教育还适用于实践类课程。学生可以通过互动式的虚拟实验或模拟场景来探索知识，培养实际操作能力。这种教育方式将线上和线下的交互融合在一起，让学生在趣味中学习，激发了他们的好奇心和创造力。

总的来说，趣味性的人机互动教育为传统教育带来了全新的可能性。它通过创新的教育方式和先进的技术，提供了更加丰富的学习体验，激发了学生的学习兴趣和积极性。

< 246 >

（三）基于个性学习的自适应推荐

智能个性化学习推荐系统是自适应学习的重要组成部分，它基于学生的特征和行为，为每个学生提供定制化的学习资源和指导，以提高学习效果。在人工智能技术的支持下，智能个性化学习推荐系统已经取得了显著的进展，使学习更加智能化和个性化。这一系统的运作方式是通过记录学生在网络学习中的行为和表现，例如登录时间、在线时长、参与讨论次数、作业完成情况等，系统能够分析每个学生的学习路径和特点。根据这些数据，系统能够了解学生的兴趣和学习偏好，以及学习表现的差异性。基于这些信息，系统能够进行智能的知识推送和资源推荐。

在学习内容方面，系统可以根据学生的兴趣和需求，推荐相关的学习资源。如果系统发现学生对某一领域的兴趣较高，它会提供更多相关的学习材料和资源，以满足学生的需求。此外，系统可以根据学生的学习表现，推荐适合其水平的教学内容。对于那些表现较好的学生，系统会挑选更高难度的教材，以挑战他们的学习能力。而对于那些需要巩固的学生，系统会提供更多基础知识和练习材料，帮助他们夯实基础。

这种个性化的学习模式使得学生可以自主地安排学习时间和学习内容，满足了不同学生的学习需求。学生之间的差异性也更加突出，有利于培养出更多的杰出人才。此外，智能个性化学习推荐系统还可以为教师提供有关学生学习情况的反馈信息，帮助教师更好地了解和指导学生的学习过程。

（四）偏向可视化和实践式教学

混合式教学正积极探索将可视化和实践式教学融合到课程中，以提高学习效果和学生的实践能力。这一趋势将教育从传统的纯文字讲述向更具可视化和实践性的教学方式转变，使学生能够更深入地理解和应用所学知识。在高校，可视化工具如 MindManager（思维导图）和 SPSS（统计产品与服务解决方案）等被广泛应用。这些工具不仅有助于将知识可视化，还能帮助师生整理思维、建立知识框架、突出重点和难点。通过可视化工具，学生能够更清晰地理解抽象的概念和复杂的数据，提高他们的学习效率。此外，高校也引入了新兴技术，如虚拟现实（VR）、增强现实（AR）、3D 打印技术等，以促进实践式教学。学生有机会在虚拟世界中亲身体验复杂的概念和场景，

< 247 >

从而深刻地理解学科知识。例如，在医学领域，学生可以使用 VR 技术进行人体解剖的虚拟操作，以提高他们的临床技能。这种实践式教学不仅培养了学生的实际操作能力，还拓宽了他们的思维和创新能力。对于高校的学生来说，具备实践能力已经变得至关重要。在竞争激烈的人才市场中，实际动手能力越来越受到重视。因此，学校不仅鼓励学生参加各种实践活动，还为他们提供了模拟招聘会、职业培训会等机会，以提升他们的职业竞争力。

教育信息化与混合式教学的不断发展是高校积极追求的教育创新之路。在这一过程中，各大高校积极参与研究并与其他学府进行交流合作，以确保信息的流动和教育领域的前沿知识得到广泛传播。同时，混合式教学的创新逐渐成为高等教育的关键焦点，它将教育理论与实践相结合，为学生提供多样化的学习体验，提高了学习的趣味性和效率。混合式教学的创新探索具有重要的教育意义。这种教育模式将传统课堂教学与在线学习相结合，为学生提供了多元化的教学情境。学生可以在课堂上与教师和同学互动，同时在在线学习环境中进行自主学习。这种多样性的教学方式激发了学生的学习兴趣，使他们积极参与教育过程。教育领域的创新不局限于教学方法，还包括了教育信息化的应用。高校关注教育信息化的发展，以满足学生对先进教育技术的需求。通过使用在线学习平台和教育应用程序，学生可以轻松地获取教育资源，扩展他们的知识领域。这种信息化的教育方式不仅提高了学生的学习效率，还培养了他们的信息素养和自主学习能力。然而，教育改革是一个不断前进的过程，需要不断创新以适应时代的需求。社会进步带来了人们对精神层面需求的增加，教育领域也在不断演进，以满足这些新需求。因此，混合式教学需要不断吸纳新的思想和方法，保持活力和创新性。

< 248 >

参考文献

[1]宁钢，冯浩．人才培养与教学改革 [M].南昌：江西高校出版社，2018.

[2]范钧，顾春梅，楼天阳．数字时代的新营销人才培养模式与教学改革实践 [M].杭州：浙江工商大学出版社，2021.

[3]王任祥，傅海威，邵万清．应用型人才培养教学改革案例 [M].杭州：浙江工商大学出版社，2019.

[4]周明星．藩篱与跨越：高等职业教育人才培养模式与政策 [M].武汉：华中师范大学出版社，2018.

[5]林金辉．高素质创新人才培养模式研究 [M].厦门：厦门大学出版社，2016.

[6]刘昆，刘忠明．民办高校"订单式"人才培养模式分析：以人力资源管理专业为例 [J].老字号品牌营销，2023（20）：161-164.

[7]王勃．本科层次职业教育人才培养模式的探究与发展对策 [J].现代职业教育，2023（29）：57-60.

[8]李泳璋．数字化时代技术技能人才学习特征分析及教学对策研究 [J].中国储运，2023（10）：175.

[9]王晓红．中等职业教育校企合作人才培养模式的思考 [J].现代职业教育，2023（25）：173-176.

[10]蒋广学．数字化时代高校创新人才培养环境建设探索 [J].中国高校科技，2023（8）：1-4.

[11]李家豪．数字化时代高校教学方式变革研究 [J].互联网周刊，2023（16）：83-85.

[12]刘东皇，林新波，刘凡．基于创新创业教育的地方应用型高校人才培养模式的优化与创新 [J].海峡科技与产业，2023（7）：52-55.

< 249 >

[13]罗小丽，秦祖泽，练红海，等．"技能中国"建设背景下职业院校"工匠型"人才培养模式构建与实践策略 [J].职业技术教育，2023（20）：11-16.

[14]吴雨諹．高等教育国际化对我国高校人才培养模式的影响及对策探讨 [J].中国多媒体与网络教学学报（上旬刊），2023（7）：33-36.

[15]唐伟迤，熊征伟．欠发达地区高职"工作室制"人才培养模式探究 [J].教育科学论坛，2023（18）：46-49.

[16]刘洋，李淑．数字化时代高校教师数字素养提升策略研究 [J].中国成人教育，2023（12）：72-76.

[17]刘晓叶，盛丽娜，杨海澎，等．职教本科背景下河北省高职影视多媒体技术专业人才培养模式改革与创新研究 [J].就业与保障，2023（5）：148-150.

[18]向云波，林娅兰．乡村振兴战略下城乡规划人才培养模式与实践 [J].安徽建筑，2023（5）：110-112.

[19]周小青，姜乐军．基于高层次技术技能人才定位的职业本科人才培养模式研究 [J].教育与职业，2023（10）：53-58.

[20]田园，岳斌．大数据背景下"互联网+"创新教育人才培养模式探索 [J].林区教学，2023（5）：56-59.

[21]舒晓杨，王连喜．数字化时代高职多模态教学模式探究 [J].中国职业技术教育，2023（14）：80-87.

[22]谢晓军．新文科背景下行政管理专业人才培养模式探究 [J].人才资源开发，2023（9）：50-52.

[23]柳赛男．数字化时代高职院校双创教育课堂教学模式探索 [J].天津职业大学学报，2023（2）：33-38.

[24]蔡月，张鹏．数字化时代下高校学生职业规划与就业指导的多维审视 [J].就业与保障，2023（3）：115-117.

[25]张苗苗，何锦．数字媒体技术专业"工学结合"人才培养模式研究 [J].张家口职业技术学院学报，2023（1）：78-80.

[26]运红娥．数字化时代丰富和创新高职历史教学方法的策略探析 [J].中国多媒体与网络教学学报（中旬刊），2023（3）：17-20.

< 250 >

[27]文淑斌．数字化时代下微课在高职院校体育教学中的应用 [J]. 当代体育科技，2022（35）：73-76.

[28]陈钰芬．深化科教产教融合 强化数据素养：数字化时代统计人才培养模式的探索与思考 [J]. 统计科学与实践，2022（10）：55-58.

[29]齐民．数字化时代高等工程教育教学的思考 [J]. 中国现代教育装备，2022（19）：1-2，9.

[30]曹薇．数字化时代下管理信息系统课程教学改革探索 [J]. 电子质量，2022（8）：161-163，167.

[31]邹宏秋，王玉龙．数字化时代职业院校"三教"改革的实然之境与应然之策 [J]. 高等工程教育研究，2022（4）：169-175.

[32]李艳，郭玉华．高校智慧课堂教学模式的设计与实施 [J]. 嘉兴学院学报，2021（6）：109-114.

[33]沈波，廖嘉莉．数字化时代信息管理与信息系统专业人才培养的思考 [J]. 高教学刊，2021（23）：161-164.

[34]侯怡．数字时代双高院校教师数字化教学的现状、问题及制约因素 [J]. 现代职业教育，2021（32）：106-107.

[35]刘古月．数字化时代下标志设计课程教学模式的改革研究 [J]. 文化产业，2021（18）：142-143.

[36]陈瑞华，陈晓东．从批判到实践：数字化时代媒介素养理念变迁与教学改革 [J]. 南昌工程学院学报，2021（2）：58-62.

[37]周波，徐启江．数字化时代高校混合教学的研究与实践 [J]. 高等农业教育，2020（6）：74-78.

[38]张爱辉．数字化时代民办本科院校会计人才培养路径创新思考 [J]. 农村经济与科技，2020（14）：293-294.

[39]谢易，杨杏芳．高等教育人才培养模式的数字化转型 [J]. 广西社会科学，2020（2）：185-188.

[40]王莹．数字化时代高校课程教学的创新与改革 [J]. 江苏高教，2019，（9）：72-77.

[41]黄玮雯．数字化时代培养艺术设计专业创新人才的课程评价体系构建 [J]. 美术大观，2018（12）：134-135.

< 251 >

[42]赵存河 . 高职教育弹性学制下的人才培养模式研究 [D]. 石家庄：河北师范大学，2013.

[43]刘笛，崔西印 . 浅谈校企联合培养模式下的高校人才培养体系构建 [J]. 四川劳动保障，2024，（4）：36-37.

[44]韩立敏，王立志，化文平 . 应用型高校生物科学专业师范生"专创融合"培养模式的研究与实践 [J]. 江苏科技信息，2024，41（8）：38-42.

[45]张帆，李丹丹，王茹华，等 . 基于产教融合的园艺人才培养模式探索 [J]. 现代园艺，2024，47（13）：194-197.

[46]赵岚，陈恩西 . 欧洲高校人文社科类拔尖创新人才培养模式与启示 [J]. 中国考试，2024，（6）：22-32.

[47]孙兵，裴存原，李鹏举，等 . 服务区域经济发展导向下地方高校专业研究生培养模式改革与实践 [J]. 才智，2024，（17）：169-172.

[48]田再民，孟悌清，张国徽，等 . 地方高校转型发展背景下农学专业建设创新与人才培养体系优化研究——以河北北方学院农学专业为例 [J]. 高教学刊，2024，10（16）：71-74.

[49]黄小燕 . 校企合作模式下民办高校应用型人才培养长效机制研究 [J]. 高教学刊，2024，10（16）：158-161.

[50]朱广冰 . 数智化背景下高校会计学专业人才培养模式研究 [J]. 山西青年，2024，（10）：157-159.

[51]刘亚荣，熊淦，屈潇潇，等 . 新时代我国高校人才培养模式解析 [J]. 中国高校科技，2024，（5）：65-71.

[52]綦凤，潘庆娜，周琳 . 智慧侦查人才培养模式下高校"反恐怖对策"课程教学改革研究——以湖南警察学院为例 [J]. 成才之路，2024，（15）：13-16.

[53]贾玉山，格根图，王志军，等 . 高校研究生应用创新型人才培养模式探索——以内蒙古农业大学草学专业为例 [J]. 智慧农业导刊，2024，4（10）：136-139.

[54]吴朝辉 . 校企合作人才培养模式下的高校就业创业教育现状与对策 [J]. 中国就业，2024，（5）：99-101.

[55]李菲菲，崔金栋，李冬焱 ."双碳"背景下高校碳金融人才培养生态模式研究 [J]. 现代教育科学，2024，（3）：43-49.

< 252 >

[56]钱静.协同创新视域下高校人才培养模式重构与选择研究 [J]. 成才之路, 2024,（14）: 1-4.

[57]吴雪.数智时代地方高校新财经人才培养模式的探索 [J]. 湖北经济学院学报 (人文社会科学版),2024, 21（5）: 110-113.

[58]禤丽敏.基于职业生涯规划的高校人才培养模式创新 [J]. 中阿科技论坛 (中英文),2024,（5）: 128-132.

[59]寇瑞冰,杨茜茜.英国高校数字媒体艺术人才培养模式研究——以伦敦艺术大学为例 [J]. 湖南包装, 2024, 39（2）: 172-175.

[60]熊卿.数智时代应用型高校新商科会计专业人才培养模式研究 [J]. 支点, 2024,（S1）: 103-105.

[61]高天明,谭德新,何东宁,等.高分子材料与工程专业"校企联合"应用型高校人才培养模式探究 [J]. 热带农业工程, 2024, 48（2）: 137-139.

[62]司徒博文.综合类高校大提琴专业应用型人才培养策略探索 [J]. 剧影月报, 2024,（2）: 121-123.

[63]袁雅娜."高校 + 基地"模式下创新型会计人才培养模型研究 [J]. 财会通讯, 2024,（8）: 164-169.

[64]徐涛.数字化转型背景下高校金融专业人才培养模式分析 [J]. 现代商贸工业, 2024, 45（9）: 119-120.

[65]王静.高校人才队伍建设中关键岗位人才培养模式探究 [J]. 商讯, 2024,（8）: 191-194.

[66]张琪,尹芳芳.高校荣誉学院拔尖创新人才培养模式探索 [J]. 科教导刊, 2024,（11）: 4-6.

[67]旦智多杰.民族地区高校文化产业人才培养模式探析 [J]. 四川农业科技, 2024,（4）: 16-19.

[68]张瑞.高校产学研人才培养模式改革研究：影响因素与发展路径 [J]. 云南科技管理, 2024, 37（2）: 11-15.

[69]王科.高校电子商务创新创业人才培养现状及优化策略研究 [J]. 湖北开放职业学院学报, 2024, 37（7）: 18-20.

[70]雷琼.OBE 视域下高校通信工程专业人才培养路径探索及模式创新 [J]. 陕西教育 (高教),2024,（4）: 58-60.

< 253 >

[71]杨洪升，杨东红，李丽丽，等.新农科背景下地方高校园林创新人才培养模式探究与实践路径 [J].农业与技术，2024，44（7）：178-180.

[72]杨沁.产教融合下高校专业群双创教育协同育人的人才培养模式研究 [J].秦智，2024，（4）：154-156.

[73]陈雷.高校基础学科拔尖创新人才培养模式探究——以北京科技大学理科试验班为例 [J].山西青年，2024，（7）：154-156.

[74]陈鸿海，王章豹，李巧林，等.特色高校人才培养模式改革创新的实践与思考 [J].继续教育研究，2010，（12）：95-97.

[75]何皓怡，韦丽娟，何永波，等.新工科背景下数据驱动的人才培养模式研究——以广西某高校网络工程专业为例 [J].科技风，2024，（10）：149-151.

[76]刘少东，林彦宇，姜伟，等.基于 OBE 理念的农业高校水利类专业人才培养模式改革研究 [J].农机使用与维修，2024，（4）：133-136.

[77]翟福强，丁明德，陈西浩，等.产学研结合与人才培养模式创新的研究与实践 [J].大学，2024，（10）：100-103.

[78]黄冰毅.数智时代应用型本科高校电子商务专业人才培养问题与对策研究 [J].黑龙江教育 (理论与实践)，2024，（4）：94-97.

[79]赵建龙，刘春宇.高校校企合作人才培养模式研究 [J].中关村，2024，（4）：102-103.

[80]年玥.产教融合背景下高校学前教育专业人才培养模式构建 [J].产业与科技论坛，2024，23（7）：111-113.

[81]潘德松.产教融合视域下高校工程测量技术人才培养模式创新研究 [J].教育观察，2024，13（10）：114-117.

[82]李晖.我国高校大类招生人才培养模式改革研究——上海理工大学的实践探索 [J].大学教育，2024，（7）：115-117，125.

[83]刘君，王学伟.地方高校与产业园区"双园融合"应用型人才培养模式研究 [J].湖北成人教育学院学报，2024，30（2）：1-5，102.

[84]李霞，陈凤真，康晓飞，等.地方应用型高校园林专业人才培养定位与教学模式探究 [J].现代园艺，2024，47（6）：198-200.

[85]胡宇.产教研一体化模式对艺术高校设计专业人才培养的影响与优

< 254 >

化策略 [J]. 美术教育研究，2024，（6）：144-146.

[86]王海燕．高质量发展视域下西部地方高校创新人才培养研究 [J]. 现代职业教育，2024，（9）：65-68.

[87]宗俊伟，马凯露．新文科背景下高校融媒人才培养模式创新研究 [J]. 河南教育（高教），2024，（3）：70-71.

[88]高钦刚，王磊．体育教育专业人才培养与基础教育体育课程改革递进关系的研究 [J]. 淮北职业技术学院学报，2010，9（6）：68-69.

[89]刘春国．民办高校多学科交叉复合型人才培养的研究 [J]. 价值工程，2010，29（36）：296-297.

[90]季靖．应用型本科高校实验班人才培养模式 [J]. 当代青年研究，2010，（12）：80-83.

[91]黎伟，许静．论新时期学籍管理在高校人才培养中的杠杆作用 [J]. 中国冶金教育，2010，（6）：75-78.

[92]陈兵，盛海燕．21 世纪高校科技俄语翻译人才培养模式研究 [J]. 西伯利亚研究，2010，37（6）：66-68.

[93]闫爱青．山西高校创新型与应用型人才培养模式研究 [J]. 山西高等学校社会科学学报，2010，22（12）：118-120.

[94]刘春国．浅析民办高校人才培养模式的构建 [J]. 黑龙江科技信息，2010，（36）：232.

[95]张金俊．高校学校社会工作人才的培养要求 [J]. 社会工作（下半月），2010，（12）：54-56.

[96]赵薇，马彩霞．企业家创业精神视角下高校创业人才培养模式研究 [J]. 东岳论丛，2010，31（12）：38-42.

[97]严杰．论职业素养在高校计算机人才培养过程中的内涵 [J]. 科技风，2010，（24）：50.

[98]刘平昌．地方高校科技创新与海洋经济发展 [J]. 现代经济信息，2010，（24）：310-311.

[99]周莲芳．基于创新人才培养的高校教学管理研究 [J]. 开封教育学院学报，2010，30（4）：51-53.

[100]杨有振，王书华，卫博．高校人才培养目标与课程体系设置改革研

< 255 >

究 [J]. 山西财经大学学报（高等教育版），2010，13（4）：10-15.

[101] 梁化奎 . 论高校在创新人才培养中的地位及核心价值目标 [J]. 高教论坛，2010，（12）：30-32，36.

[102] 边双燕 . 地方高校法学教育特色人才培养模式探究 [J]. 衡水学院学报，2010，12（6）：117-119.

[103] 谢鸿全，王俊波，董发勤 . 西部地方高校创新人才培养模式研究 [J]. 中国电力教育，2010，（36）：26-28.

[104] 王立荣 . 创新型人才培养与高校思想政治理论课考试改革 [J]. 思想理论教育导刊，2010，（12）：90-93.

[105] 高志华，康敬青 . 高校创新人才培养模式探索 [J]. 社会科学论坛，2010，（24）：179-182.

[106] 许志国，邓安远，柳超 . 地方高校计算机专业人才培养模式调研报告 [J]. 九江学院学报（自然科学版），2010，25（4）：94-97，119.

[107] 李俐俐，唐跃辉，王永立，等 . 创新创业视域下地方本科高校工科类专业人才培养模式探索与实践 [J]. 周口师范学院学报，2024，41（2）：72-75.

[108] 石艾鑫 . 应用型高校人才培养模式改革与创新研究 [J]. 教育信息化论坛，2024，（3）：81-83.

[109] 徐秀秀 . 我国高校精英人才培养模式个案研究 [D]. 上海：上海交通大学，2010.

[110] 郭芮 . 我国综合大学应用性理科人才培养模式研究 [D]. 兰州：兰州大学，2009.

[111] 梁家君 . 学分制下高校按大类招生人才培养模式的探索 [D]. 长春：东北师范大学，2006.

[112] 王平祥 . 研究型农业大学农科本科人才培养模式研究 [D]. 武汉：华中农业大学，2006.

[113] 杨池 . 基于学生视角的教育学本科专业人才培养模式的满意度调查研究 [D]. 荆州：长江大学，2023.

[114] 欧金波 . 新建本科院校应用型人才培养模式现存问题与对策研究 [D]. 南昌：江西师范大学，2023.

< 256 >